北京教育科学研究院学术著作出版资助项目

小学生阅读素养提升的有效教学路径

李英杰 著

首都师范大学出版社
CAPITAL NORMAL UNIVERSITY PRESS

图书在版编目(CIP)数据

小学生阅读素养提升的有效教学路径 / 李英杰著. —北京：首都师范大学出版社，2024.5

ISBN 978-7-5656-7838-7

Ⅰ.①小… Ⅱ.①李… Ⅲ.①阅读课—教学研究—小学 Ⅳ.①G623.232

中国国家版本馆 CIP 数据核字(2024)第 063840 号

XIAOXUESHENG YUEDU SUYANG TISHENG DE YOUXIAO JIAOXUE LUJING

小学生阅读素养提升的有效教学路径

李英杰 著

责任编辑 陈娇娇

首都师范大学出版社出版发行

地 址 北京西三环北路 105 号

邮 编 100048

电 话 68418523(总编室) 68982468(发行部)

网 址 http://cnupn.cnu.edu.cn

印 刷 北京印刷集团有限责任公司

经 销 全国新华书店

版 次 2024 年 5 月第 1 版

印 次 2024 年 5 月第 1 次印刷

开 本 710mm×1000mm 1/16

印 张 14.75

字 数 269 千

定 价 45.00 元

前　言

阅读素养事关国民素质和民族未来，是国家与民族文化水平和创造力的重要标志。阅读素养是核心素养的重要组成部分，是学生学习其他学科的前提和基础，也是个体实现精神成长的重要途径。小学阶段是阅读素养养成的关键时期，因此如何提升小学生的阅读素养就成为重中之重的话题。

围绕这个话题，本书首先通过梳理国内外阅读研究的基本脉络，探寻阅读观念和阅读教学观念发展的基本路径，为探讨阅读素养的内涵及形成机制提供依据。其次，在梳理有关阅读研究成果的基础上，尝试揭示阅读素养的内涵、特征及形成机制，为提升小学生阅读素养的实践探索提供必要的理论基础。再次，针对影响小学生阅读素养提升的因素展开实证调查，确定影响小学生阅读素养提升的主要因素。然后，在综合分析影响小学生阅读素养提升的相关因素的基础上，尝试改革小学阅读教学方式，提出相关教学改进的策略。最后，以五年级小学生为研究对象，采用等组对比实验的方法，对北京市三类不同学校进行为期一年的教学改进跟踪，以检验研究中提出的阅读教学改进策略对提升小学生阅读素养的有效性。

通过对已有阅读研究成果的梳理发现，我国的阅读研究大体经历了经验取向、行为取向、认知取向和素养取向四个阶段。与此对应，阅读教学也经历了以个体阅读活动中的自发经验积累为重点，以文本内容和知识为核心目标，以阅读技能或能力为核心目标，以阅读素养培养为核心目标四个发展阶段。阅读教学目标和教学内容的转变受社会发展和阅读研究等多种因素的制约，呈现出较为复杂的迭代过程。直至最近几年，培养学生阅读素养才逐渐成为我国阅读教学的核心追求。

基于此，本书提出阅读素养是阅读主体根据实际阅读情境的需要，与文本有效互动、主动建构意义的复杂心智力量的聚合。阅读素养由三个子系统构成——认知经验系统、情感态度经验系统和对象经验系统。其中，认知经验系统指的是支配主体与文本互动过程的心智技能因素，包括阅读思维、阅读策略、阅读方式方法等。情感态度经验系统指的是调节主体与情境中各因素(文本、他人、社会文化等)关系的情感态度与价值观因素，包括阅读兴趣、阅读习惯、阅读动机、阅读意志、阅读品质等。对象经验系统指的是主体自身建构的语言、文本、文化知识与经验，包括语言文字知识、文本经验、文化理解等。这三个子系统共同参与阅读活动，识别阅读情境特征，支配阅读互动过程，调节主体与文本、主体与阅读活动之间的关系。同时，三个子系统也在阅读活动过程中不断被同化和顺应，从而使主体的阅读素养得到整体发展。根据对阅读素养本质及结构的分析，本书还初步提出了阅读素养的形成机制：阅读素养是在大量的阅读实践活动中逐渐积累和建构起来的。阅读素养的形成和发展，既离不开主体在阅读活动中的主动建构，也离不开外部资源、空间、互动等条件的支持。

通过对影响小学生阅读素养发展关键因素的调查发现，影响小学生阅读素养提升的主体因素主要是阅读兴趣、阅读习惯、阅读策略，它们之间存在着复杂的交互影响关系。影响小学生阅读素养提升的教学因素主要是阅读课堂教学、阅读氛围、阅读资源，其中阅读课堂教学的影响力最大。目前小学生阅读素养发展中存在着四个方面的问题：其一，四年级(10 岁左右)是学生阅读情感态度经验发展中的一个拐点。其二，随着年级升高，学生对阅读策略的需求度呈逐渐增加趋势。其三，课堂教学还没有真正指向阅读素养的培养，单向传递、知识中心、思维浅化等问题都还存在。其四，学校阅读氛围、阅读资源、教师阅读均落后于学生发展的现实需求。

针对上述调查结果，本书提出了提高小学生阅读素养的实践路径：要聚焦小学生阅读素养发展的关键时期、关键因素，集中力量解决关键问题；同时也要关注多个影响因素之间的复杂关系，整体构建小学生阅读素养提升的教学支持体系。首先，抓住四年级这一关键期，在阅读素养培养中注重三个转变：从直观感性之趣到思维理性之趣；从自由阅读到经典阅读；从参与活动到实践运用。其次，聚焦关键因素，激发阅读兴趣、培养阅读习惯、内化阅读策略。最后，立足关键环节——课堂教学，落实指向小学生阅读素养提升的课堂教学改进策略，以积极的阅读活动情境为核心，制定阅读目标、安排阅读活动、组织阅读资源、提供方法策略、加强师生互动、持续评价定向。整体设计小学生的阅读课堂学习历程，对小学生阅读素养进行系统培养。

基于上述理论构想，笔者在北京市城区、郊县和农村地区各选择了一所学校，采用等组对比的方式，进行了为期一年的实验研究。实验结果表明，实施本研究提出的阅读教学改进策略，不仅可以有效提升小学生的阅读素养，克服小学生阅读素养发展过程中的“四年级现象”，还可以在一定程度上弥补城乡条件差异对小学生阅读素养发展的影响。

最后，本书的顺利出版离不开北京教育科学研究院的大力支持，在此感谢北京教育科学研究院各位领导、老师的帮助和指导。书中相关研究成果来源于笔者在北京师范大学攻读博士学位期间的学习和研究，没有北师大任翔老师的引领和点拨，笔者对于阅读素养内涵机制和教学培养路径的梳理也难成体系。在此深躬为谢！

北京教育科学研究院　李英杰

2023 年 4 月

目　　录

绪　论

阅读是人们认识世界、理解他人、实现自身精神成长的重要方式之一，同时也是每个社会人参与社会生活的必备素养之一。从这个意义上说，阅读素养的培养过程就是落实立德树人根本任务的过程，这是一件关乎国民素质、关乎综合国力、关乎民族未来的大事。阅读素养是核心素养的重要组成部分。进入21世纪，联合国经济合作组织、欧盟、日本、新加坡、美国、加拿大、新西兰等国际组织和国家均在其核心素养体系中明确提及"阅读素养"①。

阅读素养，不仅是学生语文素养的重要组成部分，也是学生进行其他学科学习的前提和基础。心理学家林传鼎曾指出："在许多场合下，特别是教育活动中，成功的智力操作显然是以阅读为基础的……因为阅读是获得知识的主要手段之一。"②不只如此，阅读还是发展思维、形成价值观、积累文化的重要方式。儿童的阅读素养发展水平不仅会直接影响他们今后的生活与学习，还会对整个社会与民族的发展进步产生重要的影响。

阅读素养的培养主要是通过学校教育完成的。学校教育及课堂教学实效性的高低直接影响了学生阅读素养的高低。小学阶段是阅读素养养成的基础阶段，提高小学阶段学校阅读素养培养的质量，提升小学生阅读素养，就是帮助学生提高终身发展的能力，提高适应社会发展需要的能力，就是提高我国教育的国际竞争力。这是每一个学生家长、教育工作者，甚至全社会都关注的问题。

一、提升小学生阅读素养的意义

(一)时代的发展需要关注小学生阅读素养的提升

1. 贯彻国家的全民阅读战略

阅读不仅是人类获取知识、增长智慧的重要方式，也是一个国家、一个民族精神发展和文化传承的重要途径。一个国家国民的阅读素养水平是这个国家竞争力的重要表现。1972年，联合国教科文组织向全世界发出了"走向阅读社会"的号召，倡导人人读书，把读书作为日常生活中必不可少的一部分。此后，世界上多个国家都将阅读提升到国家战略的层面进行推动。党的十八

① 黄四林、左璜、莫雷等：《学生发展核心素养研究的国际分析》，《中国教育学刊》，2016年第6期。

② 林传鼎：《智力开发的心理学问题》，北京：知识出版社，1985年，第102页。

大以来，党中央高度重视全民阅读。2014年至今，“全民阅读”连续六年写入国务院政府工作报告。开展全民阅读活动已经成为党中央的一项重要战略部署。

小学生阅读是全民阅读的重要组成部分。国家新闻出版广电总局在《关于开展2017年全民阅读工作的通知》中强调要着力推动重点群体，特别是少年儿童的阅读。[①] 贯彻落实全民阅读，就要从小学生阅读开始。从发展的角度看，小学生是未来社会的主人。培养小学生的阅读素养，就是在养成一代爱阅读、会阅读的社会公民；培养小学生阅读，就是在从根本上创建书香社会，落实全民阅读战略。

2. *满足社会对阅读素养的要求*

20世纪50年代以来，科学技术飞速进步，人类知识积累急剧增加。特别是近年来，随着全球化、信息化社会的不断发展，对人才及教育的要求都发生了巨大的变化。

信息化的不断发展，带来的不仅是社会信息总量的激增，也使信息的传播主体、传播方式、传播渠道等变得更加多元。人们所面临的信息比以往任何一个时候都要庞杂和繁复。这就要求人们具有更高的阅读素养，不仅能够有效地获取信息、整合信息、利用信息，更要具有判断、筛选、评价信息的能力和品质。

全球化程度的不断加深，带来了全球范围的产业分工和协作。产业链将世界各地的人们紧密地联系在一起，不同文化之间的交往、融合，甚至冲突都越发频繁。这就使得人们不仅要更好地理解自身文化，还要面临多元文化的冲击。对阅读的要求也更强调基于本国文化体系和个人价值，对所获取的信息进行分析、判断、识别、加工、批判，这种要求已经超越了一般知识技能层面，包含了态度、情感、价值观等诸多内容。

全球化、信息化社会的不断发展，使得整个社会对学习能力、合作能力、文化理解、批判性思维、终身学习等一系列教育目标呈现出了前所未有的重视程度。人类已经没有办法在有限的时间里通过传递-接受的方式掌握所有知识经验，也没有必要再去追求经验的简单传递。教育的目标不仅是要传递人类已有经验，更重要的是培养学生获得更强的、更持久的学习能力，使学习成为“贯穿于人生每个阶段的一种营生”[②]。而阅读力正是学习能力的基础。正如国际阅读素养进展研究项目(Progress in International Reading Literacy Study，PIRLS)所认为的，“学生应该从小学开始，就要学会掌握阅读素养这

---

① 国家新闻出版广电总局《关于开展2017年全民阅读工作的通知》，https：//www.nppa.gov.cn/xxfb/tzgs/201702/t20170206_666101.html.

② Kelly Young and Ed Rosenberg. Lifelong Learning in the United States and Japan. *The LLI Review Fall*，2006(9).

一项关键能力"①。

因此，学校教育如何面对社会发展对阅读素养提出的新要求，从原有的以学科知识为中心传递人类基本经验，转向以学会学习、学会合作为中心，关注人的发展；如何从关注阅读知识、技能，转向关注阅读能力、素养，是当前亟须解决的一个重要问题。

3. 实践课程改革的育人目标

随着全球化、信息化社会的不断发展，全世界范围内形成了新一轮课程改革浪潮，其中重要的表现之一就是基于社会发展的要求重构课程目标与内容，突出对人的素养培养。美国、英国、日本、新加坡等国家纷纷出台了适应自身社会发展要求的课程方案或培养目标。2014 年 3 月 30 日，我国教育部印发《关于全面深化课程改革 落实立德树人根本任务的意见》，提出"为谁培养人、培养什么人、怎样培养人"这一关键问题，课程改革的重点再次聚焦到学校教育的育人功能上。2016 年 9 月，中国学生发展核心素养研究成果发布，从总体上回答了培养什么样的人。2018 年 1 月，《普通高中语文课程标准(2017 年版)》(以下简称《高中语文课程标准》)正式颁布，明确提出语文课程的根本任务是全面提高学生的语文素养及整体素质。语文学科教学如何在这一总体要求下，更好地发挥学科育人功能，全面提升学生语文素养，成为学科教学改革要面临的主要问题。

阅读教学是语文教学中用时最多、最主要的一部分，是语文学科育人的重要途径。阅读素养是一种重要的学习素养，是人整体素养的重要标志之一。因此，语文学科育人功能的发挥必须重视阅读教学，必须集中思考如何通过改进阅读教学，有效提高学生阅读素养这一关键问题。这是课程改革的必然要求。换句话说，通过改进阅读教学，实现从知识中心向素养中心的转变，就是在实现语文学科的育人功能，实现学校教育的育人目标。

总之，国家全民阅读的战略部署，社会对阅读素养提出的新要求，语文课程育人目标的落实，都要求对小学生阅读素养问题展开深入研究。

(二)个人的成长离不开阅读素养的提升

1. 拓宽小学生的认识世界

直接经验和间接经验是人类进行知识积累的两条基本途径。随着社会的不断发展，知识呈爆炸式增长，想要依靠直接经验获得适应社会需要的知识体系成了一件越来越困难的事情。有限的时间和空间都限制了人对世界认识的深度和广度。而阅读能够帮助人们打破时间以及空间的限制，高效地拓宽人的认识世界。

---

① IEA. PIRLS 2016 Assessment Framework (2nd Edition). http://timssandpirls.bc.edu/pirls2016/downloads/P16_Framework_2ndEd.pdf.

有研究指出，阅读在获取和扩展人类知识上的作用，是阅读价值的根本所在。① 一个人的知识建构，直接经验不足20%，而通过阅读得到的间接经验却在80%以上。河南大学王立群教授也曾指出，获取知识，亲身实践固然重要，但阅读是主渠道。② 这一点对于正处在学习初始阶段的小学生尤为重要。面对这个丰富多彩的世界，小学生有着比任何人都强的求知欲和探索欲，也正是他们身上蓬勃的求知欲和探索欲推动他们主动进行学习、主动认识世界。但时间、空间等方面的限制却使得小学生探索世界的欲望不可能都通过直接经验获得。阅读是人类最主要的一种学习方式。人类几乎所有重要的认识成果，都是有赖于语言才得以存在的。阅读可以打破时间和空间的限制，在最短的时间内满足学生对世界的探索欲望，保护他们的求知欲，拓宽他们的认识世界。正如小学生对夜晚的天空充满了好奇，阅读便可以帮助他们认识无穷的宇宙；对波提切利感兴趣，阅读便可以带他们回到文艺复兴时期的艺术世界；对夸克、原子等概念充满了疑问，阅读便可以邀他们一起领略构成物质的微观世界……如果在小学阶段，学生没有形成良好的阅读素养，那么不仅他们的求知欲和探索欲不能得到满足，影响他们认识世界的宽度，更重要的是还会影响其终身学习的状态。因此，阅读素养对拓宽小学生的认识世界，保护小学生的求知欲具有重要的作用和意义。

另外，语言文字是概念、认识得以存在的重要方式。小学生在学校学习的任何一门学科，其学习内容都离不开语言文字的描述。阅读素养“是培养人才知识结构中不可缺少的重要环节”③，是小学生成长与发展的必备素养。阅读素养高的学生有更大的可能学好其他学科。如阅读素养高的学生，可以准确抓住数学问题情境中的关键信息，可以快速厘清历史事件的发展过程，可以形成对科学文本、科学现象、科学道理之间的关联性理解……提高阅读素养，对学生增加识字量、提高表达水平、整体提升语文素养也具有积极的推动作用。很多研究都表明，阅读素养和习作素养有着明显的正相关。所谓“读书破万卷，下笔如有神”“问渠那得清如许，为有源头活水来”，这些讲的都是阅读与写作之间的关系。阅读还可以有效地提高学生的识字量和对字词的理解水平。一方面，阅读可以增加已经识记汉字的复现率；另一方面，阅读可以扩大学生的识字视野，帮助学生认识更多的生字，提高学生的识字量。此外，汉字表意文字的特点决定了每一个汉字都具有独特的意义，同一个汉字还会因为语言情境的不同产生意思上的差别。如同样是“有”字，在“在大家的帮助下，我有了很大的进步”“有人性子急，有人性子慢，这很正常”和“这里

① 曾祥芹、韩雪屏：《阅读学原理》，郑州：大象出版社，1992年，第299页。

② 王立群：《全民阅读与文化传承》，《中国出版》，2008年第5期。

③ 曾祥芹、韩雪屏：《阅读学原理》，郑州：大象出版社，1992年，第2页。

的水有一丈多深”三句话中，表达的意思是完全不同的。阅读可以帮助学生联系具体的语境理解、掌握汉字的不同意思，从而达到对汉字的深度掌握。

2. 丰富小学生的精神世界

教育的目标在于立德树人，培养社会主义建设者和接班人是我国教育的根本任务。但在网络蓬勃发展、意识形态格外丰富的今天，实现这一根本任务比以往任何一个时期都更加艰巨，同时也更加重要。小学生正处在价值观养成的起始阶段，他们还没有完全形成对美与丑、善与恶、真与假的辨识能力，还没有形成对这个世界的深刻认识。比起简单直接的说教，阅读是最浸润心灵、潜移默化的价值观教育方式。

北京师范大学任翔教授曾指出，阅读是一种传承文化与文明的行为。[①] 每一个民族、每一个时代精神的精华，人类最美好的创造都包蕴在语言文字之中，汇集于文学作品之中。如伯仲叔季体现的是中华民族的家族观念，忠孝节义体现的是中华民族的家国情怀，礼义廉耻体现的是中华民族的人际体系，琴棋书画体现的是中华民族的文化追求。汉语言文字中包蕴了中华民族几千年来创造的优秀文明成果。再如《盘古开天地》中无私的献身精神；《愚公移山》中面对困难不屈的抗争精神；《捞铁牛》《赵州桥》《曹冲称象》等作品中蕴含的劳动人民无穷的智慧……人类精神文明的成果，就是通过名著、经典的阅读代代相传的。小学生阅读，就是走进先贤精神世界，触摸他人思想，理解真善美的过程。

提升小学生的阅读素养，引导小学生阅读优秀、经典的文学作品，就是在丰厚小学生的精神世界，传承中华民族优秀文化传统，形成一代人的精神底色，培养合格的社会主义建设者和接班人。正如著名哲学家雅斯贝尔斯说的：那些从少年时代就开始濡染古希腊文化之高贵的人们，会终生都保持一种生命的灵感。[②] 生活在中华大地，提升小学生的阅读素养，就是要让学生从小耳濡目染中华优秀文化的精华，传承中华精神的基因。

提升小学生的阅读素养还可以促进小学生的社会化进程。语言文字中包含了社会约定俗成的内容。阅读可以帮助小学生熟悉社会规则，了解社会文化，从而促进自身社会化。如《呼兰河传》中对放河灯、扎彩人、逛庙会等民俗活动的描写，《边城》中端午节赛龙舟的民俗、湘西姑娘翠翠口里的山歌，阅读这些内容的过程，就是了解各地民俗风情，促进小学生社会化的过程。

3. 提高小学生的创新能力

思维是创新能力的核心。语言是思维的外壳，书面语言就是经过揣摩后逻辑清晰、严谨的思维成果。学生通过阅读他人的语言文字，不仅可以建构

① 任翔：《哲学的星空》，济南：济南出版社，2016 年，第 3 页。

② 余小茅：《书香中国畅想曲》，《教育研究》，2012 年第 1 期。

对文字的理解，同时可以透过语言文字，理解文字背后所包蕴的思维过程，提高自己的思维能力。美国阅读专家 M. A. 汀克的研究表明："在绝大多数情况下，阅读时用于眼睛移动的时间仅占总时间的 5%，其余 95%的时间则用于思维。"①长期的阅读，不仅能促进主体内部言语的发展，而且能改善思维的准确性、条理性，提高思维的开阔性、深刻性、灵活性和创造性。如阅读《两个铁球同时着地》，学生透过语言文字，可以看到伽利略对实验过程的严谨设计，提高自己思维的严谨性；阅读《飞向蓝天的恐龙》，学生可以体会到科学家对恐龙演化过程的推理过程，提高自己思维的系统性；阅读《观潮》，学生可以依据语言文字想象钱塘江潮水到来时的景象，发展自己思维的丰富性……

阅读素养的提高有利于创新思维的形成。阅读不仅丰富人们对世界的认识，同时与人们的联想力、创造力、感受力、理解力、记忆力等的发展都有极大的关联。无论阅读什么作品，通过语词等文字为媒介，都会触发主体产生种种联想和想象。阅读时，主体可以自由想象书中的故事情节，可以把自己已有的直接生活经验和书本上的间接经验结合起来，产生无穷的联想，激发丰富的想象。② 即使是同一篇文章，反复阅读，也会因时间、地点、心境的不同产生不同的意义。正如李克强总理在 2014 年"世界读书日"前一天给北京三联韬奋书店全体员工的回信中所说："阅读能使人常思常新。"对于小学生的个人成长而言，唯有阅读，才能使其知识不会僵化，思维不会固化，能力不会退化；对于一个民族来说，唯有阅读才能使其文化不断地推陈出新、革故鼎新，始终显示顽强的生命力和无穷的魅力，延续并迸发出新的灿烂辉煌。

如今，我们身处知识经济时代和信息化社会，海量信息纷至沓来，文化与政治、经济交融不断加深，更需要我们重视阅读，特别是重视小学生的阅读。避免一搜即可的求知态度，摆脱浅尝辄止、不求甚解的求知风气。在阅读中提高人的思维活力，增强人的创造性，这不论对于小学生还是整个中华民族，都是至关重要的。

（三）阅读教学的现状需要有效的阅读素养提升策略

小学阶段是阅读素养养成的重要阶段。小学生阅读素养的发展状况，不论是对社会进步、国家强盛，还是对人的终身发展都具有重要的基础意义。学校教育，特别是阅读教学是小学生学习阅读的主要途径。可以说，学校阅读教育的成功与否直接决定着下一代社会建设人才能否具有足够的阅读素养。阅读教学效率的高低不仅对学生阅读素养的形成至关重要，更对其能否学会

---

① 曾祥芹、韩雪屏：《阅读学原理》，郑州：大象出版社，1992 年，第 301—302 页。

② 怀特海智慧教育研究中心课题编委会：《阅读是最好的教育》，北京：石油工业出版社，2009 年，第 11 页。

学习，形成持久的学习力；能否学会生存，适应现代社会信息迅速膨胀的变化，起着决定性的作用。但长期以来，我国小学生的阅读素养发展状况以及小学阶段的阅读教学状况并不尽如人意。

1. 小学生阅读素养现状不理想

21 世纪初，笔者有幸参与了一项持续十几年、共涉及全国各省市数十万名小学生样本的学业评价研究项目。项目调研数据表明，我国义务教育阶段学生阅读能力的发展整体落后于其在识字与写字、习作等语文能力上的发展，学生对阅读方法策略的使用还处于比较随意的状态。以 2015 年为例，三年级学生在阅读上的优秀率为 36%，而在识字与写字、习作上的优秀率分别为 38%和 50%；学生阅读策略的平均使用频度为 3.65，也即“有时使用”，学生尚未形成使用阅读方法策略的稳定习惯。①

笔者参与的另一项持续十几年、共涉及北京市各区县学生样本二十余万人的学业评价项目，其调研数据也表明：学生在阅读上的学业表现整体较弱，部分学生还没有掌握基本的阅读方法与策略。以 2014 年为例，五年级学生在识字与写字、阅读、习作三项上的优秀率分别为 52.4%、41.0%、43.7%。学生在阅读的具体考查维度上，提取信息和形成解释的得分率都较高(分别为 84.5%和 88.8%)，整体感知和做出评价的得分率都较低(分别为 80.8%和 81.0%)，解决问题的得分率最低(79.0%)。能经常运用“根据中心句概括自然段”这一策略的学生比例不足一半(A 水平学生有 65.5%经常运用，B 水平学生有 47.6%经常运用，C 水平学生有 31.7%经常运用)。② 可见，学生的阅读素养在语文素养整体中发展较为落后，特别是现代社会强调的筛选、整理、应用信息的能力，发展状况更不理想。

2. 学校阅读教学有待改进

学生阅读素养发展状况不理想，和我国当前学校教育教学的基本方式、阅读素养的培养方式是有着紧密关系的。20 世纪 90 年代之前，我国的阅读教学主要是以文章范例为中心，更关注对文本中所包含的作家感受的基本理解，强调多读多背。这对学生积累语言经验固然是有好处的，但是由于没有形成清晰的阅读能力培养路径，没有自觉地关注影响阅读的复杂因素，其对提高学生阅读素养的作用并不明显。90 年代之后，人们开始逐渐重视阅读能力的培养，但主要是以阅读技能和方法的训练为中心，强调训练对技能获得的价值，缺乏对文本的建构性理解，也缺乏对阅读过程中学生思维和情感等方面的关注。时至今日，阅读教学中仍存在诸多问题亟待解决。

① 本处数据出自北京师范大学基础教育质量监测协同创新中心“建立全国中小学生学业质量分析、反馈与评价系统”研究项目，笔者是本项目 2015 年的核心参与成员。

② 本处数据出自北京市“义务教育学业质量评价与反馈项目”2014 年五年级学业质量评价调研数据，笔者是本项目小学语文学科负责人。

(1)知识中心、教材中心的教学观

由于将教学看作“教师向学生传授系统知识、技能和技巧的活动”①，长期以来，我国的教学一直是以知识传授为起点，以知识要素为轴心的。教学的主要任务是如何使学生掌握知识，形成技能，发展能力，其他方面都是传授知识过程中的副产品。② 在这一大背景下的阅读教学也呈现出明显的知识中心、文本中心的特征。阅读知识成为设计阅读课程、进行阅读教学研究、开展阅读教学实践的核心要素。

第一，阅读教学研究中过于追求知识技能的抽象化和体系化，忽略了知识所处情境的复杂性，忽略了知识产生的条件，运用的对象和情境。教师在教学准备时关注的不是阅读活动情境，而是阅读文本中所包含的内容及相关的语法修辞等知识；在教学设计时思考的核心问题不是学生如何学习、如何阅读和思考，而是教科书如何处理；在课堂实施过程中，关心的不是学生如何建构意义和理解，而是学生是否记住了教材的结论。一批研究者锲而不舍地试图寻找课文背后的知识，并努力将这些知识序列化。诸如“小说阅读教学序列化研究”“小学语文阅读课程内容的序列化研究”“建构体系化语文知识”等研究屡见不鲜。

第二，一些教师将对教科书的统一理解等同于教学的知识内容目标。嵇辉通过对一线教师的调查发现：为数不少的教师对教材的认识不清晰，将教材奉为宝典。③ 杨军对安徽六所初中1258名学生调查的数据显示：76%左右的学生都认为语文老师在阅读教学过程中没有真正考虑学生的学习兴趣，而是将重点停留在教材内容上。④ 正因教师心中只见教材而不见学生，他们会把同一个教学设计在不同时间、不同学生身上反复使用，只因教材没有发生变化。2012年，笔者参与的一项针对北京市小学语文教师的问卷调研显示，教师因为工作任务等各种原因使用旧有教学设计的比例高达66.2%。⑤

第三，在知识中心、教材中心的教学观念下，一部分教师在阅读课堂实施过程中关心的不是学生如何建构意义，而是学生是否记住了教材的结论。对具体教学篇目的结论性理解成了教师课堂实施过程中的核心追求。教师甚至会要求所有学生形成对课文完全相同的理解，给出完全相同的答案。2012

① [苏]凯洛夫：《教育学》，沈颖、南致善、贝璋衡等译，北京：人民教育出版社，1950年，第15页。

② 徐勋、施良方选编：《教学》中册，《教育学文集》第10卷，北京：人民教育出版社，1988年，第657页。

③ 嵇辉：《别再让教师成为教材的“奴隶”——新课改中教师教材观的落后现状与对策》，《四川教育学院学报》，2005年第8期。

④ 杨军：《当前初中语文阅读教学中存在的问题及对策》，《语文建设》，2015年第5期。

⑤ 本处数据出自北京市“义务教育学业质量评价与反馈项目”2012年五年级学业质量评价调研数据，笔者是本项目小学语文学科负责人。

年，一项针对北京市小学五年级学生的调研显示，70.6%的教师在教完一篇课文后要求学生记住课文的主要内容，31.5%的学生课堂写话内容是“抄写课文主要内容”。①

(2)单向传递的教学模式

《全日制义务教育语文课程标准(2011年版)》(以下简称《课程标准》)指出：“阅读教学是学生、教师、教科书编者、文本之间对话的过程……不应以教师的分析来代替学生的阅读实践，不应以模式化的解读来代替学生的体验和思考。”②但在现行的阅读教学中，教师一言堂仍然是课堂教学的问题之一。

笔者通过对随机抽选的11节小学语文录像课的师生语言进行分析发现：11节课所有的教师语言中，讲授所占比例最高，占15.1%；其次为提问，占10.9%；接纳或利用学生的观点占7.3%，接纳学生的情感则仅占0.3%；对学生的称赞、鼓励占1.2%。③ 可见，教师的注意力主要集中在讲授上，教师与学生之间还没有形成充分的互动与交流。吴永军、吴康宁等人通过设计“课堂交往时间构成表”对江苏省七市7所小学五年级28个班级的数学、语文课进行了观察统计。结果发现：我国小学课堂交往的时间结构比例严重失调，仍以教师对全体学生的“满堂灌”为主，师生交往占绝对优势。④ 一方面，占课堂主体的师生交往只是一种静态、单向的个体交往；另一方面，生生之间的交往和互动严重不足，群体交往缺失。这样的研究结果在其他研究中也多有发现。如，高原、吴支奎通过调查发现，师生间的交流往往是一种“来而不往”的表达方式。或者表现为教师问、学生答的单向问答形式；或者表现为师生依次表达想法，但双方都没有进行针对性的回应和反馈。这样的对话只是言语交谈层面的对话，并不是解释学意义上的、主客体之间的、多元开放的对话，自然也不会形成真实的学习。⑤ 张蒙等人也在研究中指出：我国当下多数学生在语文学习过程中还处于从课堂上单向接受知识的状态。⑥

可见，当前的课堂教学中，师生、生生之间仍然以接受式的单向传递为主，听教师讲课是学生学习的主要形式。⑦ 学生在学校内接触的大多数新知识

---

① 本处数据出自北京市“义务教育学业质量评价与反馈项目”2012年五年级学业质量评价调研数据，笔者是本项目小学语文学科负责人。

② 中华人民共和国教育部：《义务教育语文课程标准(2011年版)》，北京：北京师范大学出版社，2012年，第22页。

③ 李英杰：《小学语文学科教学质量的课堂评价——基于对11节录像课的分析》，《教育科学研究》，2014年第4期。

④ 吴永军、吴康宁、程晓樵等：《我国小学课堂交往时间构成的社会学分析》，《上海教育科研》，1995年第5期。

⑤ 高原、吴之奎：《课堂互动的社会学分析及优化策略》，《教育理论与实践》，2012年第32期。

⑥ 张蒙、王维超：《PISA阅读素养测试变化与对我国语文核心素养教育的启示》，《教育导刊》，2018年第4期。

⑦ 王策三：《教学论稿》，北京：人民教育出版社，2005年，第378页。

都是通过听讲得来的，其他各种学习形式，比如复习、练习等，也都是在听讲的基础上进行的。

(3)阅读思维的简单化

由于过于强调知识和教材本身(包括教学参考资料)，绝大多数教师设计的阅读教学目标都是简单事实的重现或简单比较，缺少高阶思维能力的要求；学生的学习方式主要是记忆、提取式的，难以在高层次的认知活动中将知识结构化。

第一，阅读教学的目标整体偏低。何立新将课程教学目标的低层次徘徊作为语文阅读教学的首个困境，并指出：阅读教学目标在思维品质和思维能力上的低阶化取向，直接导致语文课程学习价值和品位的降低。① 俞向军等人也在其研究中指出：我国义务教育阶段语文课标对阅读评价较少关注反思、自主评价等高阶阅读。②

第二，教师在阅读教学实施过程中过多关注简单事实性信息的提取，对高层次认知问题的关注过于薄弱。对北京市小学语文学科录像课的分析显示，教师课堂提问中的48.0%以上都属于二元判断或事实回忆的类型，真正需要学生对信息进行加工处理的问题仅占27.9%。③ 龚婧等人通过对广西省三、四年级学生的阅读素养进行实证调研发现：学生在“进入与提取”“阐释与整合”以及“反思与评价”方面的素养均有待发展和提高，教师在通过阅读提升学生思维水平上还有很大的操作空间。④

第三，教师“讲授式”的课堂教学推进模式，实现了学生知识的增加，但却难以提升学生的认知品质和思维水平。学生得到的阅读知识往往是以远离情境的抽象概念方式存在的，不能与应用知识解决问题的实际情境产生密切联系。学校教学所训练的这些“阅读能力”不能有效地在现实生活中应用，也不能转化为学生的阅读素养。

上述三个方面的问题相互交织，共同影响了阅读教学的有效实施。知识中心、教材中心的教学观念导致了教学中过度强调教材、教学参考资料的结论的重要性，固定结论成了阅读教学的出发点和最终归宿。因此，教师往往采用单向传授的教学模式，学生在课堂中并没有和文本、教师、其他同学形成真实的互动，没有体验真实的阅读意义建构过程。学生处于无目的、无情

---

① 何立新：《阅读素养的教学逻辑与变革策略》，《中国教育学刊》，2017年第4期。

② 俞向军、宋乃庆、王雁玲：《PISA2018阅读素养测试内容变化与对我国语文阅读教学的借鉴》，《比较教育研究》，2017年第5期。

③ 北京教育科学研究院基础教育教学研究中心项目组：《课堂教学如何为学生核心素养发展提供有效支点？——北京市学生发展核心素养的教与学研究报告(2015)》，《中小学管理》，2016年第10期。

④ 龚婧、罗德红：《广西三四年级学生阅读素养的现状分析与教学建议》，《现代中小学教育》，2015年第5期。

境、无需要、无真实互动与建构的状态，自然无法有效形成和提高其阅读素养。

二、提升小学生阅读素养的研究思路

阅读素养提升是一个系统工程。影响小学生阅读素养提升的因素是复杂的、多层面的。一方面，某些影响因素，如人的先天心智条件，是难以被简单干预的；另一方面，某些影响因素，如家庭背景、社会经济地位、社会整体氛围等，需要全社会多方力量的共同参与、持续努力。小学阶段是阅读素养形成和发展的基础阶段。小学生阅读素养提升主要是通过学校教育，特别是小学语文课堂教学完成的。为此，本书聚焦小学语文学科阅读教学，探讨学科教学中小学生阅读素养提升的有效策略，旨在改进小学语文学科阅读教学实践，提升小学生阅读素养。

围绕这一目标，本书包括三部分内容。

1. 确定阅读素养的结构及形成机制

阅读素养是一种涵盖了观念态度、知识能力等多维要素的复杂认知能力和思维品质。要想提升小学生阅读素养，前提和基础是明确阅读素养的内涵、构成和形成机制。这样才能遵循小学生阅读素养本身的结构规律，有效提高小学生阅读素养。为此，本书将首先对阅读研究、阅读教学研究的发展脉络进行梳理和分析，并提出阅读素养的内涵、构成及形成机制。

2. 梳理影响小学生阅读素养提升的关键因素

影响小学生阅读素养提升的因素是错综复杂的。本书将围绕小学生阅读素养提升，从学生和教学两方面展开实证调研，通过数据分析提炼其中的关键因素，明确小学生阅读素养发展中的主要问题，为切实提高小学生阅读素养找准方向。

3. 探索提升小学生阅读素养的教学策略

基于对阅读素养形成机制的认识和对小学生阅读素养提升影响因素的分析结果，本书将从关键时期、关键因素、关键环节三个方面，寻找指向小学生阅读素养提升的教学改进策略。在此基础上，再次回到教育教学现场，通过一年的教育实验研究检验所提策略的有效性和可行性。

这三个方面相互联系，围绕关键问题——小学生阅读素养提升，形成了一个整体：阅读素养的内涵和形成机制是什么——影响小学生阅读素养提升的学生和教学因素有哪些——如何通过教学有效提升小学生阅读素养。

第一章　阅读素养相关研究的文献考证

长期以来，阅读素养都是一个日常概念，近年来才逐渐成为学术界，特别是教育界深入研究的科学概念。出现这一转变，是阅读观不断发展和阅读教学研究不断进步的综合结果。阅读观的不断发展反映了人们对阅读本质认识的不断变化，阅读教学研究的不断进步体现的是人们对阅读形成机制的认识和理解。阅读观、阅读教学观的形成与发展又都受到社会发展的影响，都有其特定历史背景和历史承继性；对阅读观、阅读教学的发展脉络进行梳理，可以从历史的视角对阅读素养提出的背景、阅读素养的本质、形成机制、培养方法等问题形成更深入的认识。为此，本章将首先从对阅读及阅读教学研究的发展脉络梳理开始，并在此基础上对阅读素养研究的现状进行分析，为后续的小学生阅读素养提升研究奠定基础。

第一节　阅读研究的文献考证

阅读是个体社会化的重要途径，也是推动社会认识发展的基础性力量。阅读一直以来都是研究者关注的一个焦点。对阅读的研究总是受到社会对人的需求，语言学、心理学、学习科学等基础科学的研究进展等因素的综合影响。总体看来，根据研究理论基础的不同，在素养取向的阅读研究到来之前，阅读研究的发展大致经历了经验取向、行为取向、认知取向三个主要的研究阶段。

经验取向的阅读研究主要存在于早期学校教育时期。由于还没有形成专门的阅读研究门类，对阅读的研究主要都是通过名家大儒对自身阅读经验的反思、提炼形成的，强调阅读活动经验对阅读素养提升的重要作用。研究后期虽然也开始提及阅读素养，不过此时的阅读素养主要是以生活概念的方式存在的，还没有成为一个科学研究的概念。

进入 19 世纪，世界各主要国家完成了从农业化到工业化社会的转变，工业的蓬勃发展使得整个社会迫切需要大量熟练掌握技术的工人。如何尽快完成已有经验的传递，培养出社会所需要的技术工人逐渐成为教育最主要的任务。教育研究的焦点也逐渐聚焦于人的外显行为。在这一大的社会背景下，20 世纪初，行为主义的思想和观点逐渐被众多研究者认可。刺激-反应理论从根本上动摇了人们对认知、学习、发展等关键内容的认识。信息加工理论的出现也促使人们重新审视文本意义的存在方式。越来越多的研究者把阅读看作文本固有意义的提取过程。对阅读的研究也逐渐从单纯强调阅读经验走向关注个体外显的阅读行为。

20 世纪中期，随着心理学研究从行为主义到认知加工主义的视角转变，研究者开始将语言看作一种认知活动，将阅读的过程看作对文本信息进行认知加工的过程。阅读研究的视角也发生转变，从关注外在阅读行为逐渐转向关注阅读内部认知过程的研究。

20 世纪末期以及进入 21 世纪之后，全球化、信息化社会的不断发展对人才和阅读素养的要求越来越复杂；语言学、学习科学的不断进步，使人们对阅读素养的认识越来越趋于完善。行为取向和认知取向的阅读研究在不断的自我反思和完善中，试图完整呈现所有重要的阅读要素，阅读研究也呈现出要素逐渐复杂的趋势，并最终走向了素养取向的阅读研究。

经验取向、行为取向、认知取向、素养取向，这四个阶段是研究者对阅读本质认识不断丰富与完善的过程，是一个发展的迭代过程，而不是简单的更替过程。本节对四个阶段的划分也只是为了呈现对阅读本质认识的发展过程，这只是一种相对划分，而不是时间点上的截然分割。

下面将对素养取向之前的三个研究阶段进行梳理和分析，以便将阅读素养作为正式学术概念讨论之前和之后的历史相对区分开来。

一、经验取向的阅读研究

农业社会时期，人们对阅读的认识是基于经验的、前科学的、非分析性的。这个时期人们往往用读书来代表阅读，并没有形成独立的阅读研究，对阅读的认识主要是基于对自身阅读经验的反思和提炼。比如，朱熹就曾根据自己的阅读经验提出了一篇文章的阅读顺序："凡读书，须有次序。且如一章三句，先理会上一句，待通透；次理会第二句，第三句，待分晓；然后将全章反覆紬绎玩味。如未通透，却看前辈讲解，更第二番读过。"

由于将阅读看作一种言语活动的经验，对阅读的内在结构和形成机制都停留在个体经验反思的层面，没有形成系统的认识，因此，衡量阅读水平高低的标准自然就被定位为这种言语活动经验数量的多少和质量的高低。阅读水平提升的机制自然就是阅读活动经验的数量增加和质量提升。表现在阅读价值的追求上，一方面是强调多读多背、博览群书，以实现阅读经验数量的增加；另一方面则是强调经典阅读、读思结合，以实现阅读经验质量的提升。

(一)强调多读多背

经验取向的阅读观认为，通过阅读活动经验的增加自然而然就能达成阅读素养的提高。正所谓"书读百遍，其义自见"，书读的次数多了，自然就能够实现意义的理解；所谓"熟读唐诗三百首，不会作诗也会吟"，阅读活动经验丰富了，读得多背得多，自身的阅读素养自然也就提高了。

因此，这一阶段的人们往往认为一本书、一篇文章要多读、反复读，直到达到准确背诵的程度。朱熹在《训学斋规》中就曾说过："凡读书……须要读得字字响亮，不可误一字，不可少一字，不可多一字，不可倒一字，不可牵强暗记，只是要多诵遍数，自然上口，久远不忘。"①这个时期，衡量一个人才学水平高低的重要标志之一就是他能够背诵多少篇文章。

（二）倡导读思结合

这一时期的人们还倡导，阅读过程要同时伴随着思考过程，这样才能真正将所读内容内化为自己的理解。这一点，中外学者都有共同的认识。如苏轼曾说：故书不厌百回读，熟读深思子自知。朱熹曾提出读书要切己体察。卢梭也曾指出："读书不要贪多，而是要多加思索，这样的读书使我获益不少。"不过，由于这一阶段的读书往往带有功利色彩，所以这一阶段的思考往往也受到诸多限制。比如中国隋唐以后，读书主要是为了科举应试，所以读书过程中的思考往往是远离实际生活的，为满足统治者和上层社会的需要而思考。这和现在我们所倡导的自主思考还是有一定区别的。

经验取向的阅读研究，关注了阅读活动经验对阅读素养提升的重要作用，确有其合理性。现代心理学研究证明：学习就是新信息与原有认知结构的互动与重组过程，文本意义的理解就是在既有经验基础上的建构过程。重视学生阅读活动经验的累积，显然既有利于学生提高学习力和理解力，同时也有利于学生形成对语言的感受力，提高语感。但由于这一阶段的研究主要是基于经验自省的，缺少对阅读活动内在机制的科学认识，所以学生阅读素养的提升更多地停留在一种自然发展的状态。

二、行为取向的阅读研究

从20世纪初开始，行为主义在相当长的一段时间里居于心理学研究的统治地位。不论是桑代克的联结主义、华生的条件学习，还是斯金纳的操作性条件学习，他们的共同之处在于都强调可观察的行为。20世纪中期，随着新行为主义理论的发展和认知加工理论的兴起，对人的心理过程的研究虽然开始从关注外部行为转向关注内部认知加工过程，但对阅读的解释，仍然是基于"提取观"的。因此，在这一基础上开展的阅读研究也主要聚焦于人的各种外显性行为，呈现出比较明显的行为取向特征。同时，受到教育研究科学化倾向的影响，研究者不仅注重对阅读是什么的本质内涵的梳理，也开始对阅读的构成要素进行探寻。本部分将对这一阶段的研究进行梳理。

（一）行为取向的阅读观——"提取观"

在行为取向的研究者看来，文本一经创作完成，它的意义就是固定不变的了。

① 朱熹：《训学斋规》，http：//www.360doc.com/content/11/0728/22/426471_136426995.shtml.

阅读就是从文本中提取已有意义的过程，因此可以被概括为阅读的“提取观”。

“提取观”对阅读的认识是以文本为中心的，文本的意义就是由众多词语构成的客观存在。假设读者知道每个词的意思，就可以唤起词语的声音和意义，一系列的词语、句子就可以构成整体的意义。[①] 阅读的过程就是个体将文本中每一个词语的意思进行组合后理解句子的意思，再将句子意思组合后理解段落甚至篇章意思的过程。在这个过程中，每个词、句、段、篇的意义都是固定的，读者是否具有充足的字、词、句、篇知识，能否准确地还原文本的意思是决定阅读水平高低的关键。因此，阅读的形成机制就是学生掌握的字、词、句、篇等语言文字知识的增加。表现在阅读教学的价值追求上，就是试图通过训练来实现学生语言文字知识的增加，阅读水平的提高。

这种观点在国外主要盛行于 20 世纪初期到中期。例如古德曼(Kenneth S. Goodman)认为阅读是对书写语言所传播内容的接收。[②] Rayner 和 Pollatsek 认为阅读指的是一种从页面抽取视觉资料和理解篇章意义的过程。[③] 史密斯和维彻特曾提出阅读是对书写符号的知觉。[④] Gibson 和 Levin 把阅读看作从篇章中提取意义的过程，并将这个过程解释为：首先要把文字符号译码为声音，使它具有相应的心理词典，接下来再从语意记忆中获得这个词的意义，最后还能把这些词的意义整合在一起。[⑤]

在我国，这种观点出现的时间虽然比较晚，但其影响却十分深远。在 20 世纪 90 年代之前相当长的一段时间里，这种观点一直在我国的阅读研究领域中占据主流地位。《中国大百科全书》中就采纳了这一观点，提出“阅读是一种从书面语言中获取意义的心理过程……”[⑥]罗大同在《实用语文教学词典》中也曾指出：阅读是通过视觉转向大脑接收书面语言信息的学习实践活动。[⑦] 此外，朱绍禹、王文延、王素芳、曹光灿、阳海清等众多研究者皆提出过类似观点。

“提取观”对阅读的基本认识可以总结如下。

1. 文本的意义是一种既定的客观存在

这一阶段，研究者们将阅读界定为“通过文字符号获得信息”[⑧]的过程。对所阅读的文本给予了充分的重视，认为阅读的意义是先于读者而客观存在的，

---

① 王晓平、胡娇：《西方阅读教学模式及其发展述评》，《江西教育科研》，2007 年第 6 期。

② 马笑霞：《阅读教学心理学》，石家庄：河北教育出版社，1997 年，第 3 页。

③ Freed B. Second language learning in a study abroad context. *Encyclopedia of language and education*, New York: Springer US, 2008.

④ 李广建：《青少年阅读心理与读书方法》，北京：海洋出版社，1993 年，第 1 页。

⑤ 彭聃龄：《语言心理学》，北京：北京师范大学出版社，1991 年，第 281 页。

⑥ 中国大百科全书总编辑委员会《教育》编辑委员会、中国大百科全书出版社编辑部编：《中国大百科全书·教育》，北京：中国大百科全书出版社，1985 年，第 505 页。

⑦ 罗大同：《实用语文教学词典》，天津：天津教育出版社，1989 年，第 111 页。

⑧ 王文延：《语文教育学教程》，郑州：河南大学出版社，1996 年，第 138 页。

是不因阅读主体、阅读情境变化而发生变化的；将书面信息界定为“已有”的，认为阅读是人从已有的书面信息符号中提取意义的心智活动。读者在获取信息的过程中处于完全被动的接受地位，就像曹光灿对阅读的界定：阅读是以文本为中介的作者传达与读者接受过程。① 美国的威廉·D. 佩奇也曾表达过同样的认识：阅读是一个从作者文字的表层结构，经感知表层结构、深层结构、意义等阶段向读者知识转换的过程。②

2. 阅读过程是读者从文本中“提取”固有信息的过程

由于将文本意义看作一种客观存在，阅读的过程就成了对已有客观存在的探寻，能否准确地获取已有意义成为阅读的关键。诸多学者明确提出阅读过程是一个“提取”过程。如彭聃龄提出“阅读是指从文字系统（包括具有一定意义的其他符号、图表等）中提取信息的过程”③。曾祥芹、韩雪屏也曾指出“阅读是读者从写的或印刷的书面材料中提取意义或情感信息的过程”④。

“提取观”对阅读过程的理解是线性的。这种观点虽然对于阅读过程中的客体（文本）给予了充分的重视，但是却忽视了阅读主体（读者）在意义建构过程中的主动性和能动性，忽视了阅读过程中信息之间的交互作用。因此，“提取观”对阅读的界定没能抓住实际阅读活动最本质的特点，不能涵盖阅读的整个心理过程。根据建构主义的观点，主体对文本的意义建构、应用、评价都应成为阅读过程的一部分。阅读除了要对文章的内容进行提取，还要结合自身的已有经验对所读材料进行重新的加工和建构。

（二）行为取向的阅读能力结构研究

19 世纪后期，教育研究逐渐走上了科学化的道路。对阅读内部构成要素及要素结构的研究开始成为阅读研究的一个重要内容。研究者从行为主义理论或早期认知加工理论的视角出发，或是以阅读活动的加工单位（字、词、句等）为依据，或是以阅读活动的加工过程及水平（记忆、理解、评价等）为依据，或是综合考虑阅读活动展开过程中的所有相关内容，将读者还原、提取文本信息的能力分为不同阶段（要素），形成他们对阅读能力结构的认识。这些研究的划分依据虽然略有差别，但共同点在于都是过程性的，都关注阅读活动的展开过程。

下面，将按照划分依据的不同对阅读能力结构研究进行梳理。

1. 以阅读活动的加工单位为依据

这类研究立足阅读活动的展开过程，按照阅读加工单位的不同来描述阅读能力的结构。由于将阅读的本质看作对文本意义的提取，研究者往往根据

① 曹光灿：《阅读本质论》，《西南师范大学学报》（哲学社会科学版），1996 年第 1 期。

② 钱兆明：《国外英语阅读教学》，《外国教育动态》，1981 年第 2 期。

③ 彭聃龄：《语言心理学》，北京：北京师范大学出版社，1991 年，第 281 页。

④ 曾祥芹、韩雪屏：《阅读学原理》，郑州：大象出版社，1992 年，第 273 页。

文本的单位描述阅读能力的构成要素。如美国匹兹堡大学的诺里斯将阅读技能分为5类：认识和理解的速度、认识词汇和理解、句子结构和句子理解、段落结构和段落理解、对选文的完全理解。① 显然，他主要是按照阅读时加工单位的大小来描述阅读构成要素的。词汇、句子、段落、全文是基本的阅读活动单位，而认识和理解的速度则是读者加工水平的外部表征。

这类观点在我国也得到了一部分研究者的认可。如刘守立认为阅读能力可分解为语感、文感和情感三项能力。其中，语感是对文章中语言文字的微观感受的能力，包括语音感、语义感和语法感；文感是与语感相对存在的表现对整篇文章的宏观感受的能力，包括文意感、文路感和文技感；情感是对渗透在语感和文感中的情感信息的感受能力，包括描述性、表述性和阐述性情感。② 刘润清和韩宝成从高、低两个层次对阅读能力进行了划分。低层能力包括理解各种语法概念、句法结构、句段标志、词汇意义等。高层能力包括：(1)掌握主旨和大意；(2)了解事实和细节；(3)判断重点词语、短语的意义；(4)理解上下文之间的逻辑关系；(5)根据所读材料做出判断或者推论；(6)领会作者的观点、意图和态度。③

2. 以阅读活动的加工过程及水平为依据

这类研究立足阅读活动的展开过程，按照阅读加工过程的水平不同描述阅读能力的结构，如识别、记忆、理解、评价等。

这种观点在国外出现的时间要早于国内。如美国的史密斯(N. B. Smith)于20世纪70年代提出了四种阅读能力结构：字面的理解能力、解释、评价性阅读和创造性阅读。④ 显然，他是按照阅读活动推进过程中的几个阶段来描述阅读的构成要素的。

国内从20世纪80年代开始出现这类观点。直到现在，这种观点仍然深刻地影响着人们对阅读的认识以及阅读教学实践。持这类观点的研究者中，邝怀熙的说法比较具有代表性。邝怀熙在1982年曾对阅读能力的构成做了如下解释：阅读文章，一般来说要经历三个步骤。第一步，要把文字正确地读出来；第二步，理解文章的思想内容，包括理解语言的能力和理解结构的能力；第三步，把文章的思想内容消化吸收为自己的东西，包括鉴赏能力、探索能力和记忆能力。这三步可以概括地表达为：认读能力、理解能力和分析吸收能力。⑤ 从这段解释不难看出：首先，邝怀熙对阅读能力进行解释的前提

---

① W. E. 诺里斯：《教高级阅读：目标、技巧和顺序》，马俊明等译，北京：北京师范大学出版社，1981年，第61页。

② 刘守立：《文感论——阅读教学论系列论文一》，《扬州师院学报》(社会科学版)，1987年第1期。

③ 刘润清、韩宝成：《语言测试和它的方法(修订版)》，北京：外语教学与研究出版社，2000年。

④ 朱作仁：《语文测验原理与实施法》，上海：上海教育出版社，1991年，第222页。

⑤ 邝怀熙：《阅读能力结构试探》，《中学语文教学》，1982年第1期。

是将阅读活动看作由文字到思想、由部分到整体、由形式到内容的自下而上的线性加工过程，对阅读过程中多个主体间的相互作用，高阶段加工对低阶段加工的影响没有充分地考虑。其次，邝怀熙对于阅读能力的这一解释实际是对阅读展开过程中几个不同水平阶段的描述，几个步骤之间是逐层递进的关系。最后，这一描述是以阅读经验和教育研究经验为基础的。

正是因为这类观点以阅读经验和阅读教育经验为基础，比较容易在实际教学中应用和推广，故而一经出现，就得到了众多教育工作者的认可。如张鸿苓提出阅读能力包括认读能力、理解能力、鉴赏能力、思维能力。① 田本娜认为阅读能力包括认读能力、理解能力、记忆能力和阅读速度。② 钱梦龙认为阅读能力包括认读能力、理解能力、评价能力、记忆能力、应用能力、速读能力。③ 高瑞卿提出阅读能力由理解能力、思维能力、记忆能力、想象能力、表达能力和快速阅读能力构成。④

进入 20 世纪 90 年代，随着社会对创新人才的逐步关注，教育对创造力的呼唤，研究者在罗列阅读活动加工水平时开始有意识地把创造能力纳入其中。如武永明认为阅读能力包括认读能力、理解能力、评价能力和创造能力。⑤ 王继坤在《现代阅读学》中提出阅读能力逐步发展的台阶是"认读能力—记忆能力—理解能力—评价鉴赏能力—创造能力"⑥。此外，章熊（1989）⑦、王松泉（1991）⑧、陈亚丽（1993）⑨、祝新华（1995）⑩、韩雪屏（1998）⑪、王云峰（1999）⑫、傅伟（2000）⑬等人均提出过此类观点。他们对阅读活动过程中加工水平的关注是共同的，对阅读能力的过程性描述也是共同的，只是在具体加工水平的数目确定上略有差异，并在总体上呈现出随着社会的发展需要而不断增加要素数目的趋势。

3. *综合考虑阅读活动过程相关要素*

同样是立足阅读活动的展开过程，还有一类研究者为了完整地呈现阅读

---

① 张鸿苓：《语文能力及其培养》，《语文学习》，1981 年第 7 期。

② 田本娜：《阅读能力因素分析》，《江西教育》，1983 年第 11 期。

③ 钱梦龙：《中学生阅读能力结构浅谈》，《教育科研情况交流》，1983 年第 3 期。

④ 高瑞卿：《阅读学概论》，长春：吉林教育出版社，1987 年，第 65—74 页。

⑤ 武永明：《阅读能力结构初探》，《语文教学通讯》，1990 年第 9 期。

⑥ 王继坤：《现代阅读学》，济南：济南出版社，1992 年，第 122 页。

⑦ 章熊：《谈谈现代阅读的能力要求》，《中学语文教学》，1989 年第 1 期。

⑧ 王松泉：《论阅读教学内容》，《课程·教材·教法》，1991 年第 9 期。

⑨ 陈亚丽：《摭谈文章阅读及其能力训练》，《上饶师专学报》，1993 年第 4 期。

⑩ 祝新华：《语文能力结构研究》，《教育研究》，1995 年第 11 期。

⑪ 韩雪屏：《中国当代阅读理论与阅读教学》，成都：四川教育出版社，1998 年，第 137 页。

⑫ 王云峰：《近二十年阅读能力研究与阅读教学模式的发展》，《中学语文教学参考》，1999 年第 6 期。

⑬ 傅伟：《学会阅读：中小学语文教学的一项重要任务》，《中国教育学刊》，2000 年第 3 期。

活动展开过程中所有相关的重要因素，不仅关注到了阅读活动的加工水平和加工单位，还涉及了阅读活动的相关要素。

如夏正江在分析阅读能力时，把阅读能力分成本体性阅读能力和相关性阅读能力两部分。其中本体性阅读能力包括知识性阅读能力、理解性阅读能力、探索性阅读能力。相关性阅读能力包括自动化阅读能力、朗读与默读能力、浏览检索能力、查阅工具书的能力、摘录制作卡片的能力、写内容提要和读书笔记的能力。① 和夏正江类似的，张先亮等人把阅读能力分成外围能力和核心能力。其中，阅读的外围能力包括目标定位能力、文本选择能力、干扰抗拒能力、读速提升能力、时间运筹能力、集体合作能力。阅读的核心能力又可划分为三个层级：基础层级，即字面具体理解能力，包括识别、记忆和表层理解；发展层级，即分析综合能力，包括分析、综合和审问；创新层级，即鉴赏评价与创造性应用能力，包括重组、鉴评(重构)和应用。②

虽然这些阅读的外围能力对于学生阅读能力的形成以及提高都有促进作用，在整个阅读能力培养过程中应该辅以阅读外围能力的培养。但是在夏正江的观点中，朗读与默读、浏览检索分属于不同的阅读方式；摘录制作卡片、写读书笔记等属于不同的活动内容，将它们都纳入阅读能力显然是不合适的。此外，根据冯忠良对能力的认识：能力是对活动进程和方式直接起稳定调节控制作用的个体心理特性③，张先亮等人提出的干扰抗拒能力以及时间运筹能力等都不能算是直接对阅读活动起稳定作用的个性心理特性，将其纳入阅读能力显然也是不合理的。将阅读活动的相关因素都看成阅读能力的构成要素，混淆了"能力"以及"活动"两个不同的概念。

4. 分析与梳理

行为取向的研究共同点在于：它们都将阅读看作从文本中提取意义的单向过程，文本是阅读的中心，文本意义的准确提取是衡量阅读能力高低的标志。基于这样的阅读观，它们试图从不同角度寻找、确定构成阅读能力的关键要素。研究的差别主要在于分类标准的不同和要素数量的不同。通过这一阶段的研究，人们逐步对阅读能力的构成要素及结构有了更清晰的认识。这些认识也和阅读教学实践结合在一起，推动了阅读能力培养的研究。

总体来看，研究者总是力图完整地描绘阅读活动展开过程中的所有重要因素，力图回应社会发展对阅读能力提出的各种要求，所以在对阅读能力构

---

① 夏正江：《试论中小学生语文阅读能力的层级结构及其培养》，《课程·教材·教法》，2001 年第 2 期。

② 张先亮、张继定、蔡伟：《论中学生语文阅读能力的层级——〈中学生语文水平标准研究〉课题组研究报告之一》，《湛江师范学院学报》，2002 年第 4 期。

③ 冯忠良：《结构化与定向化教学心理学原理》，北京：北京师范大学出版社，1998 年，第 145 页。

成要素的认识上也呈现出了逐步增加要素的趋势：有的研究者将阅读能力分为认读、理解、鉴赏三因素；有的研究者将阅读能力分为理解、记忆、速度和辨别四因素；也有的研究者将阅读能力分为认知、理解、记忆、速度和技能五因素。到了研究后期，甚至有研究者开始把一些非本质要素纳入阅读能力构成要素之中的问题。这样的研究趋势反映出研究者逐步关注到了社会需要与阅读能力之间的复杂关系，这也为后续阅读的研究出现素养转向奠定了基础。

不过，这些研究还都是过程性的、线性的，对主体在阅读过程中的作用缺乏必要的关注，没能揭示阅读过程中的复杂交互关系。这一问题也造成了在阅读教学中以文本为中心、以教材讲解为中心，过分追求语言文字知识等问题。同时，这一阶段的研究还存在着语义不清或概念不统一的问题。不同的研究者从自己的用语习惯出发对阅读能力构成要素进行界定，常常出现同一个概念包含不同内涵的情况，给阅读能力构成要素的研究带来了困难。例如：邝怀熙提出阅读能力的构成要素之一是“分析吸收能力”，在这里“分析吸收能力”指的是记忆、鉴赏和探索的能力，但是在祝新华提出的阅读能力构成要素中，“吸收能力”和“鉴赏能力”分属于两种不同的能力。朱作仁在阅读能力构成要素中提出“辨别能力”，并解释这一能力主要是和“评价能力”相关的。[①] 而章熊又将“评价能力”界定为“扩展能力”(对作品的是非、得失、优劣加以判断)。这些都体现出，在阅读能力构成要素研究中存在着语义不清的现象。

三、认知取向的阅读研究

20 世纪中后期，在认知加工理论的影响下，越来越多的研究者把语言看作一种认知活动[②]，阅读的过程就是读者通过与文本互动，对文本信息进行认知加工，进而建构意义的过程。研究者，特别是来自心理学领域的研究者，强调要关注阅读过程中潜在的认知过程，并试图通过实证研究的方法确定阅读能力构成的认知要素。阅读研究的视角逐步从外在行为转向主体内在的认知过程。

(一)认知取向的阅读观——“解释观”

1. 解释观产生的理论背景

认知取向的研究者对阅读的认识不仅受到了认知主义理论的影响，同时也受到了解释学、对话理论、接受美学等一系列理论的共同影响。以海德格尔等人为主要代表的现代哲学解释学，抛弃了传统解释观对文本的固着和对解释者个人成见、经历、所处社会现状等的回避，提出理解具有某种前结构，

---

① 朱作仁：《语文测验原理与实施法》，上海：上海教育出版社，1991 年，第 246 页。

② 赵艳芳：《认知语言学概论》，上海：上海外语教育出版社，2001 年，第 10 页。

任何理解和解释都是在此基础上进行的。他们主张解释者总是带着自己的成见进入解释对象的领域，并通过自己和文本融合创造出新的视野。伽达默尔还明确提出，解释者与文本交流的过程是基于一种"对话式"的逻辑。① 苏联人文学者、哲学家米哈伊尔·巴赫金在其提出的对话理论中也强调了读者与作品的相互对话在阅读活动中的重要地位。他力图把文学研究的对象由作品引向由作者、世界、作品、读者共同构成的四维空间，强调作者、作品、读者之间的相互理解、相互对话。他认为"作者与读者均不可失却对方而孤立存在。文本只有在作者、读者的双向创造中才有生命力，才有意义价值的不断生成"。② 接受美学的开创者之一沃尔夫冈·伊瑟尔(Wolfgang Iser)在其代表作《阅读活动——审美反应理论》中提出："文学作品是审美客体，读者是接受主体，文学作品是由读者在与文本交流与对话的基础上进行审美再创造的结果。"③H. R. 姚斯(Hans Robert Jauss)还用管弦乐谱来比喻文学作品，认为文学作品就像管弦乐谱一样，会在读者中不断激起新的回响，并将作品文本从语词材料中解放出来，赋予它现实的存在。④

在现代哲学解释学、对话理论以及接受美学观点的共同影响下，研究者对阅读的认识也逐渐发生变化：人们改变了传统文艺理论只承认读者对文本被动接受的观点，开始强调读者的能动创造，并给这种创造以充分而广阔的自由天地，提出阅读是"主客体之间不断相互作用的过程"。⑤ 面对文本，读者的地位和作用与作者相当，二者都是作品意义创造的积极参与者。⑥读者不仅接受作者、文本本身所固有的意义，同时基于其自身原有的认知经验、社会文化背景、阅读需求等参与文本意义的建构过程。这就是阅读的"解释观"。

2. 解释观的主要观点

"解释观"一经形成，就得到了广大研究者的高度认可。美国阅读委员会在《成为一个国家的读者》一书的第一章就明确指出：阅读是建构文本意义的过程。⑦ 倪文锦等人认为："阅读是一个读者与文本相互作用，构建意义的动态过程。构建意义的实质是读者激活原有的知识，运用阅读策略适应阅读条

---

① 张首映：《西方二十世纪文史论史》，北京：北京大学出版社，1999 年，第 248 页。

② 马琳：《论巴赫金对话理论的双主体性》，《济南大学学报》(社会科学版)，2004 年第 1 期。

③ Freed B. Second language learning in a study abroad context. *Encyclopedia of language and education*, New York: Springer US, 2008.

④ [德]H. R. 姚斯、[美]R. C. 霍拉勃：《接受美学与接受理论》，周宁、金元浦译，沈阳：辽宁人民出版社，1987 年，第 26 页。

⑤ 马笑霞：《阅读教学心理学》，石家庄：河北教育出版社，1997 年，第 12 页。

⑥ 李镇西：《阅读教学的解释学思考》，《语文建设》，2002 年第 9 期。

⑦ Richard C. Anderson, Elfrida Ⅱ. Ifichert. Becoming a Nation of Readers: The Report of the Commission on Reading. *The National Institute of Education U. S department of Education*, 1985, p. 7.

件的能力。”[①]杜殿收认为：阅读不是一个被动机械地吸收文章信息的过程，而是积极主动地获取各种信息的过程。[②] 曹明海等人提出，阅读不仅是获取知识和信息的过程，而且“是对各类文章的理解、解释和建构；从其属性来说，阅读活动就是读者与创作者(即文章)的对话和交流活动”。[③]

总体来看，“解释观”对阅读过程的认识基本可以总结为如下三个主要观点。

(1)文本意义的建构性

接受美学的不断发展改变了传统文艺理论只承认读者对文本被动接受的状态，对阅读的认识从“作者中心”“作品中心”逐步转向“读者中心”。从文本的角度讲，研究者逐步改变了对文本意义先验性的认识，提出文本只是一个充满内在生命力的“召唤结构”。读者的阅读就是在这一“召唤结构”的召唤下去破解作者设置的文本密码，并基于既有经验创造性地建构属于自己的意义的过程。

在这一过程中，读者的主动建构赋予文本新的生命与活力。读者的生活经历不同、道德修养不同、文化水平不同，甚至阅读时的心境不同，都会造成意义的千差万别。一千个读者心中就会有一千个哈姆莱特，究其原因就在于读者基于既有经验参与了文本意义的建构过程。正因如此，有专家指出：真正不朽的作品并非只是作家个人独创的作品，它同时也是读者的作品，是由作家和读者共同创作的，读者的阅读和接受是对作品的构建。交流与对话，构成了文学的根本性质。

(2)文本意义的协商性

“解释观”强调读者对文本意义的能动创造，认为文本的意义不是先验性地存在于文本中的，而是读者基于自身的已有经验，通过与文本、作者的互动性对话建构出来的。但这并不是说读者可以对文本的意义进行随意解释。阅读过程中，读者、文本、作者、社会文化情境等共同参与意义建构过程的因素，要通过多层次的对话协商，建构出被各因素所接受的一致、稳定的意义。

首先，文本意义是读者、作者、文本之间协商的结果。文本是认识的客体，负载着作者显露或者隐藏的见解、意愿，并对阅读的主体——读者产生影响；同时，读者带着自己的已有经验走进文本，不断地顺应、同化或逆反

---

① 倪文锦、欧阳汝颖主编：《语文教育展望》，上海：华东师范大学出版社，2002年，第453页。

② 杜殿收：《现代认知理论与叶圣陶阅读教育观》，《中学语文教学》，2001年第5期。

③ 曹明海、宫梅娟：《理解与建构——语文阅读活动论》，青岛：青岛海洋大学出版社，1998年，第10页。

文本所负载的信息。“阅读就是一个主客体之间不断相互作用的过程。”①

其次，文本意义是读者与社会文化情境协商的结果。任何语言都处在具体的社会文化情境中。只有将语言与社会文化情境相结合，并且所建构的意义与社会和物理世界相适应时②，人才能在这个过程中得到发展。因此，阅读意义的建构，不仅要受到阅读具体情境的制约，同时要受到历史的社会文化情境(以既有经验的方式存在于作者身上和作品中)和当下的社会文化情境(以既有经验的方式存在于读者身上)的制约。

(3)文本意义的历史性

“解释观”将阅读理解的过程看作读者带着前理解，在“解释学循环”过程中与文本不断地发生视界融合，不断地获取效果历史的过程。阅读理解不是一个简单的线性过程，而是一个在历史进程中开放的对话过程。文本就像一个充满内在生命力的“召唤结构”。阅读就是在这一“召唤结构”的召唤下去破解作者设置的文本密码，并基于既有经验创造性地建构属于自己的意义的过程。在这个过程中，前理解是理解的起点和基础。我们之所以对一个事物有这样或那样的认识，其解释基点都是建立在先有、先见与先概念之上。正是前理解的存在，构成了理解者历史中的存在，才可能理解历史中的传承物。因此，读者所建构的意义本身不仅包含了读者、作者、文本、社会文化情境，还包含了文本所使用的具体情境。其中，除了文本和作者是不变量，其余均处在变化之中。这也决定了意义的动态性和历史性。

持“解释观”的研究者甚至提出文本的意义在于文本的使用，使用的不同会导致意义的不同。阅读不是获取已有结论的过程，而是读者创造文本的“非自然意义”③的过程。使用的不同，不仅指作者和读者的不同，也指在特定的语言情境中作者或者读者所意向的内容(目的)不同。

3. 分析与梳理

“解释观”是以阅读过程的相互作用模式为基本出发点，以文学阐释学和接受美学为理论基础的。它对阅读的认识符合人类认知的基本规律，揭示了阅读理解的本质。

皮亚杰提出，认识是主体的原有认知结构与客体刺激的交互作用，是主体认知结构不断重构的过程。④ 持“解释观”的研究者强调阅读过程中主客体的交互作用，认为阅读是读者与文本互动的过程。这一认识与皮亚杰提出的认知的建构本质是一致的。

---

① 王云峰：《近20年阅读能力研究与阅读教学模式的发展(续)》，《中学语文教学参考》，1999年第7期。

② 高文：《维果茨基心理发展理论与社会建构主义》，《外国教育资料》，1999年第4期。

③ 江怡：《维特根斯坦：一种后哲学文化》，《哲学动态》，1992年第12期。

④ [瑞士]皮亚杰：《发生认识论原理》，北京：商务印书馆，1981年，第21页。

“解释观”还强调社会历史文化因素在阅读意义建构与协商过程中的重要作用。这一点和维果茨基对认识过程的认识是一致的。维果茨基提出，所有认识都是在一定的历史、社会文化背景下进行的。所建构的意义虽然是主观的，但不是随意建构的，而是在与他人协商的过程中不断地加以调整和修正，并受到当时文化与社会的影响而建构的。①

“解释观”认为阅读不是一个简单的线性过程，而是各种信息交互作用最终形成理解的复杂过程。因此，它强调阅读过程中读者对文本意义的主动建构，同时重视读者在阅读过程中的情感体验。和“提取观”相比，“解释观”从对客体——阅读文本的关注转向了对主体——读者自身的关注，从线性的意义信息还原转向了复杂的情感信息阐释与建构，是研究者在研究过程中不断接近阅读本质的体现。

(二)认知取向的阅读能力构成研究

在认知主义理论的影响下，研究者，特别是心理学研究者采用要素分析的方法对阅读的内在认知过程进行了一系列的实验研究。这些研究并不着眼于对阅读能力的外显行为的描述，而是深入到阅读活动内部，对阅读活动的内在认知机制进行探讨。

例如，美国心理学家 Freed 提出阅读能力由七个子能力构成，分别是：了解事实与细节、掌握主要思想、理解事件或步骤的顺序、做出推论或结论、组织思想与关系、运用阅读获得的知识解决问题与检验假设、评价。②

我国研究者也在这方面进行了积极的探索。莫雷在 1988 年就利用活动-因素分析的方法对小学、初中和高中学生的阅读能力结构做了较为科学的分析。通过实验，他指出阅读能力包括语言解码能力、组织连贯能力、模式辨别能力、筛选贮存能力、语感能力、阅读迁移能力、评价能力、语义情景推断能力、词义理解能力、阅读概括能力十种因素。③ 臧铁军从教育测量的方向出发，将阅读能力界定为：掌握字词、理解能力、推论能力、评价能力。④ 其中，对字词的掌握又包括两个相互交替的互逆过程：从理解字词开始，进入到对整个句子的理解；在理解句子的基础上进一步确定和加深对字词的理解。李毓秋、张厚粲等人在 2001 年提出小学四年级到初中一年级学生的阅读能力由归纳概括、句意整合、情感理解、评价赏析、推理学习、词汇量、综合应

---

① 马秀芳、李克东：《皮亚杰与维果斯基知识建构观的比较》，《中国电化教育》，2004 年第 1 期。

② Freed B. Second language learning in a study abroad context. *Encyclopedia of language and education*，New York：Springer US，2008，pp. 1215—1227.

③ 莫雷：《中小学生语文阅读能力结构的研究》，《华南师范大学学报》(社会科学版)，1996 年第 1 期。

④ 臧铁军：《小学生阅读能力诊断性测评研究(上)》，《学科教育》，1998 年第 5 期。

用七种成分构成。[1] 其中，句意整合以及推理学习能力又可统称为一般理解能力，归纳概括和情感理解又可统称为深层理解能力。2003，李毓秋等人采用探索性因素分析方法，再次在中小学生群体中确认了他们的观点。[2]

总体来看，这类研究均着眼于阅读活动的内部认知过程，成果都是建立在严密的科学实验基础上的，具有较强的科学性，对于认清阅读活动的本质具有积极的推动意义。同时，这些研究不仅关注了阅读过程中的认知因素，还逐渐关注了阅读过程中的情感因素。对阅读构成要素的认识越来越复杂。不过，由于这些成果是对阅读过程中脑的内部认知活动的划分，一方面忽视了实际阅读活动中认知活动的复杂性，与人的实际阅读活动不符；另一方面忽视了脑的认知活动的内隐性，难以通过外显的行为明确标示不同的认知活动，难以应用于教师的阅读教学实践。

从经验取向的阅读研究到认知取向的阅读研究，人们对阅读的认识经历了一个从简单到复杂，并不断接近阅读本质的过程。在这个发展过程中，各种观点之间并不是非此即彼的相互替代，而是对阅读本质认识的不断丰富与完善，是一个迭代发展的过程。

经验取向的研究者将阅读看作一种言语活动的经验，因此强调经验本身对阅读能力提升的重要价值，强调多读、多背、多思。这一阶段的研究虽然对阅读的研究还是基于经验的、前科学的，对阅读的形成机制还没有形成深入的认识，但是对言语活动经验本身的强调，既有利于学生提高理解力，同时也有利于学生形成对语言的感受力，提高语感。在今天的阅读素养培养中仍然有积极的借鉴价值。

行为取向的研究者将阅读看作从文字中单向提取意义的过程，对阅读的认识是以文本为中心的，而文本的意义则是固定不变的。阅读的过程就是个体将文本中每一个词语的意思进行组合后理解句子的意思，再将句子意思组合后理解段落甚至篇章意思的过程。基于这一认识，研究者试图从不同角度寻找、确定构成阅读能力的关键要素。这一阶段的研究虽然对阅读本质的理解是线性的、以文本为中心的，忽略了阅读主体在阅读过程中的重要作用，但是对阅读能力结构的探索，帮助人们对阅读能力有了更清晰的认识。这些认识也和阅读教学实践结合在一起，在一定程度上推动了阅读能力培养的效率。

认知取向的研究者将阅读看作读者与文本互动对话，主动建构意义的过程。对阅读的认识从文本走向了读者，从单向的意义还原走向了复杂的交互

① 李毓秋、张厚粲：《关于小学四年级至初中一年级学生阅读理解能力的研究》，《心理科学》，2001年第1期。

② 李毓秋、张厚粲、李彬等：《中小学生阅读理解能力结构的研究》，《中国教育学刊》，2003年第3期。

与建构，从被动地接受走向了读者经验图式的改造和重构。人们在研究的过程中越来越接近阅读的本质。这一阶段的研究关注主体在阅读中的作用，强调阅读过程中主体既有经验及参与度对意义建构的影响。

到20世纪末，大多数研究者都倾向于从交互和建构的角度理解阅读的本质。新一轮课程改革中研制的课程标准也采纳了这种观点。在《义务教育语文课程标准(2011年版)》中就指出"阅读教学是学生、教师、教科书编者、文本之间对话的过程"①。《全日制义务教育语文课程标准(实验稿)解读》将阅读界定为"读者与文本相互作用、构建意义的动态过程"②。

在阅读能力构成要素的认识上，来自心理学的研究和来自阅读学、教育学的研究同时存在，研究呈现出要素越来越复杂，且要素逐渐增加的趋势。曾祥芹③、陈良启④等人纷纷提出了阅读能力构成的多维系统。研究者开始不仅关注构成阅读能力的认知要素，也关注情感、态度、价值观念等方面的要素；关注文本特征、文化意义、主体特征等因素对阅读的影响。同时也开始有研究者关注阅读能力构成的复杂性，提出阅读能力是一个复杂的系统，"阅读能力实际上是知识、技能、自发经验和自觉经验通过一定的阅读活动不断整合的结果"⑤。这一趋势为阅读研究的素养转向奠定了基础。

第二节　阅读教学研究的文献考证

受到阅读研究取向变化的影响，阅读教学研究也经历了一个不断发展变化的过程。总体而言，可以将阅读素养之前的研究分为指向活动经验的阅读教学、指向知识技能的阅读教学和指向能力的阅读教学三个阶段。

需要说明的是，这三个阶段的划分是相对的。从总体上来看，受到教育改革总体方向的影响，阅读教学确实存在一个迭代发展的纵向过程。但教学观念和教学行为的改进过程是非常复杂的，学校教育变革的进程并不均衡。既有一部分善于学习、勇于探索的优秀教师和教师群体，一代代地努力变革教学观念和教学行为，也仍有一部分教师沿袭着传统的经验和做法。因此，我们这里所描述的发展阶段是按照总体发展趋势做出的相对划分。

从学校教育诞生之初，阅读就占据了学校教育中最为重要的位置。但早

---

① 中华人民共和国教育部：《义务教育语文课程标准(2011年版)》，北京：北京师范大学出版社，2012年，第22页。

② 教育部基础教育司、语文课程标准研制组编：《全日制义务教育语文课程标准(实验稿)解读》，武汉：湖北教育出版社，2002年，第120页。

③ 曾祥芹：《阅读学新论》，北京：语文出版社，1999年。

④ 陈良启：《建构中小学语文阅读能力结构体系的设想》，《成都教育学院学报》，2005年第1期。

⑤ 王云峰：《近20年阅读能力研究与阅读教学模式的发展(续)》，《中学语文教学参考》，1999年第7期。

期学校教育主要以继承前人的经验为目的，以经典阅读为主要方式，并没有形成专门的阅读教学研究。阅读教学是和各学科教育融为一体的。人们强调阅读活动经验对阅读素养提升的重要作用，主张通过增加阅读活动经验的数量、提高阅读活动经验的质量来更好地获得和传承前人的经验，而提升阅读素养本身并不是阅读活动的核心目的。多读多背、博览群书成为当时阅读教学的主要方式。因此，我们把这一阶段的阅读教学称为指向活动经验的阅读教学。

随着心理学的兴起与发展，教育研究走上了科学化的道路。行为主义成为影响教育及阅读研究的第一个重要理论。研究者从行为主义观点出发，将阅读看作人对客观世界做出的一种行为反应，这种行为反应是可以通过刺激-反应不断强化的。同时受到形式主义语言学的影响，研究者认为语言的意义是固定的，语言研究的重点是对语言、文本中包含的普遍结构和一般语法的探寻和发现。在行为主义理论和形式主义语言学的共同影响下，阅读教学聚焦于一系列抽象的语言文字知识和概念，试图通过对阅读外显行为的分解与强化训练使学生掌握阅读技能。因此，我们将这一阶段的阅读教学称为指向知识技能的阅读教学。

进入 20 世纪，人们在对行为主义理论的不断反思中，逐渐接受了认知加工主义的理论。研究者将阅读看作主体对文本的认知加工过程。同时，语言学的发展也改变了研究者对文本意义存在方式的认识。文本的意义不再是一种固定的存在，而是主体对文本主动加工和建构的结果。阅读教学开始关注对学生加工语言文字的认知能力的培养，并且通过一系列程序化、策略性的知识使培养过程更加高效。因此，我们认为这一阶段的阅读教学可以被称为指向能力的阅读教学。

21 世纪以来，在社会发展及教育研究素养转向的大背景下，研究者对阅读素养的认识从一种认知能力转变为包含了认知能力、情感态度、思维品质等的复杂心智力量的集合。阅读教学也从关注能力的培养逐渐转向对如何提升素养的思考。

下面分别对三个阶段的阅读教学进行梳理，为后文探讨指向素养的阅读教学提供理论基础。

一、指向活动经验的阅读教学

这一阶段，不论我国还是西方的学校教育都将阅读作为获取前人经验的主要方式之一，阅读教学是和其他学科教学融合在一起的。这个时期还没有形成科学主义的研究范式，没能对阅读的构成因素或内部结构等进行深入的研究，对阅读的研究主要是通过名家大儒对自身经验的反思总结而成的。因此，在阅读教学过程中就呈现出以阅读活动本身为中心的特征。强调要多读书、广泛地读书，以增加阅读活动的经验；强调要多积累、多记忆、多思考，以提高阅读活动经验的质量；强调要读经典的书，以提高阅读活动经验的品质。具体来看，此阶段的阅读教学呈现出如下特点。

（一）以读解意

在指向活动经验的阅读教学阶段，人们常常用读书表达与阅读相同的意思。读，不仅是阅读教学的目的，同时也是教师阅读教学的方式，学生阅读理解的途径。学生对文本的理解主要是通过其自主地、反复地读书来实现的。教师的讲解只是一种辅助手段。俞琰在《周易参同契发挥》下篇中描述了这一过程："读书百遍其义自见，百遍且然，况千遍万遍哉。是故诵之万遍，妙理自明。纵未得师授口诀，久之亦当自悟。其悟多在夜深或静坐得之，盖精思熟味反复玩诵，蓄积者多，忽然爆开，便自然通，此之谓神明。或告人兮，心灵忽自悟也。"①这段话强调的就是通过千百遍地读自然可以实现意思的理解。

现代研究证明，重视朗读与诵读，是符合小学生认知发展的年龄特点的。儿童由于认知发展阶段的限制，注意力还不够稳定，大声的朗读或诵读有助于其保持稳定的注意力，提高阅读过程中的思维参与度。同时，朗读可以帮助儿童将书面语言与口头语言结合起来，尽快熟悉书面语言的基本表达方式，提高语感。此外，以读为主的教学也给学生提供了自主建构意义的空间。但由于教师的注意力主要集中在增加阅读活动经验、保证阅读内容品质上，对阅读活动内在机制的关注较少。教学过程中教师对生生、师生，包括学生与文本之间的对话关注不多，对具体阅读方法策略的指导也比较少，阅读素养提升就成了在反复读中自然实现的一种潜在过程。这和学校教育追求阅读素养提升效率的初衷是不一致的。更严重的是，由于教师过多地强调读的活动本身，使得学生的读往往演变成一种机械的、形式的死记硬背。这不仅违背了记忆的规律，也破坏了学生读书的兴趣。

（二）背诵—积累—内化

指向活动经验的阅读教学，主要是通过学生的背诵来实现语言的内化、知识的积累和素养的提升。背诵得越多越准，人的阅读素养越高。所谓"读书自须成诵，熟读而未能精思者有之矣，未有不能记忆而能有得者也"②，我国在这方面留下的经验颇多，而且至今对阅读学习和阅读教学仍然有较大的影响。如语言学家陆俭明在接受采访时曾这样说："学习语言，没有什么诀窍，只有多读书，读好书，背诵名篇，培养自己的语感……为什么要强调背呢？因为任何一种语言要运用自如，一定要有丰富的语感，而语感这个东西不是

① 俞琰：《周易参同契发挥·下篇》，天津：天津古籍出版社，1988年，第464页。
② 张明仁：《古今名人读书法》，北京：商务印书馆，2007年，第99页。

靠理解学习就能具备的。”[①]叶蜚声先生在接受澳门大学学生访问时也表达了这样的观点：学习语言必须多读、多讲、多背诵……我喜欢背诵，因为背诵是帮助融会贯通的方法之一。[②] 陈耀南也曾提出：背书，就如练字、练拳、练舞，熟能生巧，巧必由烂熟而出。好文背诵得多，灵巧的修辞、畅达的造句、铿锵的声韵、周密的谋篇，口诵心惟，不知不觉，变成自己能力的一部分。[③]

在西方的传统教育中，背诵也是一种主要的阅读教学方法。以美国为例，直到 20 世纪初期，美国小学的阅读课程主要都是以《新英格兰识字课本》（*The New-England Primer*）和韦伯斯特的《拼音课本》为教材。这两本教材采用的正是以字母识读和背诵为主的阅读教学方法。[④]

这样的教学方法，对于学生丰富语言积累、形成语感、提高记忆力等均有积极的促进作用。但应该注意的是，如果离开思考、离开生活，单纯强调对文本内容的机械读背，不仅不会促进学生阅读素养的提升，反而会影响学生的阅读兴趣，阻碍学生的阅读理解。

（三）经典引路

这一阶段的阅读教学，除了关注读的数量，还十分关注优秀阅读内容对阅读素养提升的价值。清代唐彪在《读书作文谱》中分析：“有当读之书，有当熟读之书，有当看之书，有当再三细看之书，有必当备以资查考之书。书既有正有闲，而正经之中，有精粗高下，有急需不急需之异，故有五等分别也。学者苟不分别当读何书，当熟读何书，当看者何书，当熟看者何书，则工夫缓急先后俱误矣。至于当备考究之收，苟不备之，则无以查学，学问知识，何从而长哉？”[⑤]这段话讲的就是读书要有所选择的问题。

不过，这个时期的经典都有着严格的限定。受到科举应仕这一阅读目的的限制，阅读主要是以经史子集为主，而且严格限制了阅读的顺序。“经”的阅读，尤其是儒家经典的阅读成为首要任务。人们并不能真正根据自己的兴趣爱好和实际需要选择阅读内容。

（四）博览群书

指向活动经验的阅读教学，不仅重视对一篇文章的反复诵读，还强调广泛阅读，扩大阅读量和阅读视野。所谓“当博览机要，以济功业”[⑥]，即要通过

---

① 郭九苓、漆永祥、赵国栋主编：《北大中文名师教育谈》，桂林：广西师范大学出版社，2015 年，第 342 页。

② 刘彭恺：《从“输入”到“输出”——背诵法在英语教学中的应用》，《技术与创新管理》，2011 年第 4 期。

③ 彭烨：《背诵就是复制思维方式》，《中学语文教学参考》，2019 年第 3 期。

④ 洪成文：《美国中小学阅读和数学课的历史发展及趋势》，《比较教育研究》，2001 年第 10 期。

⑤ 张明仁：《古今名人读书法》，北京：商务印书馆，2007 年，第 149 页。

⑥ 颜之推：《颜氏家训全译》，贵阳：贵州人民出版社，2008 年，第 84 页。

博览群书广泛积累阅读经验，最终提高阅读素养。就像刘勰在《文心雕龙》中提出的：“凡操千曲而后晓声，观千剑而后识器，故圆照之象，务先博观。”① 清代唐彪也曾说：“从古未有只读四书一经之贤士，亦未有只读四书一经之名臣。故欲知天下之事理，识古今之典故，欲作经世名文，欲为国家建大功业，则诸子中有不可不阅之书，诸语录中有不可不阅之书，典制志记中有不可不阅之书，九流杂技中有不可不阅之书。”②

总体来看，这一阶段的阅读教学还没有形成独立的研究体系，缺乏对阅读及阅读教学的深入认识，教学中重视学生阅读活动经验的积累，主要是通过大量感性阅读活动经验的累加来实现阅读素养的提高。教师在其中发挥的作用比较少。即使一些名家总结提炼了一些阅读方法，也只是停留在对外显行为的描述上，还没有触及阅读素养的本质，学生的阅读素养提升更多地还停留在通过多读多背实现的自然提升状态。

二、指向知识技能的阅读教学

这一阶段，行为主义理论深刻影响着阅读研究和阅读教学研究。研究者从行为主义观点出发，将阅读看作人对客观世界做出的一种行为反应，这种行为反应是可以通过刺激-反应不断强化的。阅读教学聚焦于一系列抽象的语言文字知识和概念，试图通过对阅读外显行为的分解与强化训练使学生掌握阅读能力。

(一)主要特点

这一阶段的阅读教学主要呈现如下主要特点。

(1)课文中心

在“提取观”的研究者看来，文本意义是一种客观存在，阅读的过程就是获取文本固有意义的过程。这一观点表现在阅读教学实践中就是将对文本意义的传递作为阅读教学的最终目的。为了达成这一目的，教师必须认真教好每一篇课文，让每一位学生获取课文要表达的主要意思、中心思想。因此，课文和教材就成了教师教学的中心，教师教学的目的之一就是让学生准确地获取教材中每篇课文的意义。

(2)关注语言文字知识

受到形式主义语言学的影响，研究者认为文本的形式和文本的意义是互不相干的。比如“喜欢”的意义并不受它所在的句子、语言情境的影响，而且它一旦按照某种句法结构组成了特定的句子，这个句子的意思也就固定下来，不再受其他因素影响了。在这个观点下，研究者认为学生只要掌握了词语的

① 刘勰著，王志彬译注：《文心雕龙》，北京：中华书局，2012年，第6页。

② 唐彪著，赵伯英、万恒德选注：《家塾教学法》，上海：华东师范大学出版社，1992年，第68页。

意思、句法的基本结构、篇章的基本知识，就能够顺利地从文本中获取意义信息。因此，阅读教学就要尽快传递给学生这些关键的语法修辞知识，这样就能很快提高学生的阅读能力。

为了帮助学生更快、更好地掌握相关的语言文字知识，很多研究者将存在于复杂情境中的语言文字知识尽量抽象成概化的、结构优良的知识体系，试图通过增强知识的体系性提高学生阅读的能力。一批教育研究者纷纷进行了阅读知识体系的建构研究、阅读方法的训练研究，"高中小说阅读教学序列化研究""小学语文阅读课程内容的序列化研究""建构体系化语文知识"等研究屡见不鲜。

(3)重视反复训练

除了语言文字知识，这一阶段的阅读教学也十分重视对基本技能的反复训练。受到行为主义观点的影响，研究者认为阅读技能可以被分解为一系列的子技能，子技能又可以继续分解为下位子技能。将这些子技能一个个教给学生，累加在一起便自然提高了学生的整体阅读能力。

为此，刺激强化、反复训练成为阅读教学的基本路径。教师通过让学生反复操练来逐步掌握阅读的基础知识和基本技能。为了保证训练的效果，一方面要加大训练的数量，大量重复性活动、练习题都是这一取向之下阅读教学的典型做法；另一方面要关注训练的序列。要从简单技能到复杂技能循序渐进安排，逐步提高要求。20 世纪初期，美国很多学校的阅读教学都遵循了心理学对单词学习的发现：普通儿童通过视觉记忆一个单词所需要的接触次数为 57 次。在此基础上，他们将阅读教学的原则确定为"看、看、记、记(Look，Look，See，See)"，也就是通过反复的训练达成对单词的掌握。①

(二)主要问题

这一阶段的阅读教学主要存在如下问题。

(1)知识中心

阅读能力是以一定的阅读知识为基础的，离开了阅读知识，阅读能力也就成了无本之木。但是，由于这一阶段的阅读教学将阅读的语言文字知识等同于阅读能力，认为有了阅读知识就会自然形成阅读理解的能力，阅读教学的目标就从培养学生学会阅读异化为了教会学生阅读的相关知识。同时，由于我国语文教学的传统是以读为基础，以写为中心的，阅读教学的目的并不完全是指向阅读能力的提升，还包括要通过读来学会写。因此，阅读教学中除了讲内容的知识，还会讲关于写法的知识。阅读教学的重点并没有放在教学生如何阅读上，而是放在了教师示范阅读、传授阅读的结果及写作的知识上。

---

① 洪成文：《美国中小学阅读和数学课的历史发展及趋势》，《比较教育研究》，2001 年第 10 期。

(2)追求唯一结论

由于认为主体对文本的理解是先验性地存在的，不论哪个读者在何种情境下进行阅读，所得到的理解都是一样的，因此，阅读教学的最终追求就是每个学生都能理解到预设的正确结论。而教师作为正确结论的掌握者，是课堂中的绝对权威。学生任何与教师不同的理解都是不被接受的。教学的过程就是引导学生逐步达到教师预设的正确结论的过程。因此，教学的"顺利"实施成为衡量阅读课堂教学质量的一个重要指标。

(3)单向传递式教学

这一阶段的研究，虽然对于阅读过程中的客体给予了充分的重视，但是却忽视了阅读过程中主体的作用，忽视了阅读过程中信息之间的交互作用。教学中，教师处于绝对的主导地位。教学过程就是教师向学生"传递"已有结论的过程。学生虽然也会配合教师完成一些活动，回答一些问题，但这些活动和问题都不影响教师对课堂的绝对控制。学生只是在教师的不断问答下，伴随教师经历了阅读过程，教师并没有真正教给学生阅读的方法策略。简单来说，教学就是教师讲、学生听的过程。

(4)缺少高层次思维活动

这个阶段，研究者对阅读过程的理解是线性的，字、词、句、段、篇是不可违逆的顺序。因此，阅读教学中不仅存在着严格的教学顺序，还强调掌握技能性的简单方法对阅读能力形成的重要性，甚至将原本复杂的阅读过程分割为从字词理解到句段、篇章理解的一系列方法，在教学中提倡"一课一得，得得相连"。这样的教学可以让学生学会理解文本表层的意思，却难以帮助学生形成深度阅读的能力，学生的高层次思维，如品鉴、创新等能力均明显不足。

(5)远离学生生活

这一阶段的阅读将文本看作一个自足的系统，意义研究过程中不可缺少的文本社会功能、文本使用目的、文本与外部世界的联系等都成了被忽略的因素。教学主要是聚焦在文本内部进行细碎分析，虽然能够让学生学会如何回答教师提出的阅读问题，但是却远离学生的生活，难以实现能力的迁移，难以解决现实生活中的阅读问题。

三、指向能力的阅读教学

随着社会的发展，阅读不再仅仅是传递、获取信息的途径之一，同时也是创造新知识、新意义的途径之一。学术界对阅读的认识也从对文本既有意义的提取转向主体基于文本对意义的主动建构。阅读教学关注的中心也从掌握阅读知识，转变为掌握与文本对话的方法策略，形成自主建构意义的能力。追求能力提升的阅读教学观逐步成为阅读教学实践中的主流思想。阅读教学开始关注学生在阅读过程中的主动性；强调师生互动；引导学生建构自己的理解，阅读教学面貌有了较大的变化。

(一)主要特点

这一阶段的阅读教学从对行为本身的关注转向对个体(学习者)内部的认知加工过程的关注。表现在目标取向上，是对阅读的内在认知过程、情感过程和意义建构能力的关注；表现在培养方式方法上，则开始强调读者与作者、与外部世界、与自身的对话与交流，强调读者自身的精神建构。主要特点如下。

(1)强调师生互动的对话过程

由于认识到了阅读意义的形成需要经由主体与自身、文本、他人之间的主动对话完成，这一阶段的阅读教学强调课堂上的师生对话、生生对话、学生与文本对话的过程，着力引导学生钻研文本，在主动积极的思维和情感活动中，加深理解和体验，有所感悟和思考，受到情感熏陶，获得思想启迪，享受审美乐趣。

(2)关注方法策略的教学

在认知加工理论的影响下，能力取向的阅读教学关注主体的阅读认知过程，并试图通过阅读教学提高学生的认知理解能力。因此，这一阶段的阅读教学从关注外在的行为技能转向关注内在的认知方法与策略，如推理、想象、联想、概括等。通过阅读理解策略的教学提高学生阅读能力。在阅读教学实践中，出现了一系列如“三主四式导读法”“六步教学法”等教学模式。

(3)提供从学到会的内化过程

根据林崇德先生的观点，能力的形成需要经过原型示范、原型模拟、原型内化的过程。能力取向的阅读教学也提倡教师要为学生提供从学习认知理解策略到掌握认知理解策略的过程。鼓励教师在教学中设计阅读方法策略的程序性知识讲解、操作示范，学生练习模拟，学生独立运用的内化过程。

(二)主要问题

这一阶段的阅读教学主要存在如下问题。

(1)真“传递”与假“对话”并存

近年来，虽然阅读教学中学生的发言次数不断增加，甚至在部分课堂中学生发言次数已经和教师发言次数基本持平，① 但师生之间的交流往往还是一种“来而不往”的表达方式。② 或者表现为教师问、学生答的单向问答形式；或者表现为师生依次表达想法，但双方都没有进行针对性的回应和反馈。这样

① 李英杰：《小学语文学科教学质量的课堂评价——基于对11节录像课的分析》，《教育科学研究》，2014年第4期。

② 高原、吴之奎：《课堂互动的社会学分析及优化策略》，《教育理论与实践》，2012年第32期。

的对话只是言语交谈层面的对话，并不是解释学意义上的、主客体之间的、多元开放的对话，自然也不会形成真实的学习。

(2)缺少真实的语言运用活动

“解释观”将语言放到动态的交际过程(语境)中去，强调要把意向性作为理解意义的关键之一，联系语境来分析意义。基于这一观点，理解意义的基本单位不是词、短语、句子等语言单位，而是语言运用活动。

儿童是在语言运用活动中学会语言运用的。比如，在儿童第一次接触到“再见”这个词语时，他可能不知道这个词的书写方法、使用规则等，但他在言语活动中掌握了在什么样的情形下使用这个词语，掌握了这个词语的用法。也就是说，儿童是在使用中学习语言，他所理解的语言意义，首先是语用意义。学习阅读的过程也一样，也是在阅读活动中逐渐掌握活动规则的过程。儿童并不是在阅读之前就掌握了所有的相关知识、策略，而是在参与阅读活动的过程中，逐步掌握阅读的方法。

但在阅读教学中，关门教书的现象仍然广泛存在。教师并不会引导学生联系文本所处语境、阅读意向性等的不同获取文本的意义。因此，学生获得的意义仍然不是动态的情境性存在，而是客观存在的实体。

(3)被动阅读比例高于主动阅读

“解释观”将意义的获取看作读者主动地创造意义的过程，读者的主动创造是意义获得的关键之一。因此，阅读教学要调动学生主动阅读的欲望，让学生“想读”。但目前的阅读教学中，教师往往在学生初读课文之后，提出各种分析性的问题，这些问题均指向文本内容本身。回答问题是学生阅读的出发点。学生真实的阅读欲望并没有被调动，他们只是按照教师的要求寻找问题的答案，自然难以主动建构意义。

阅读教学的发展和人们对阅读本质认识的发展息息相关。阅读教学发展的几个过程是不断完善和改进的过程，而不是推翻性的重建过程。在后一个发展阶段中，前一个发展阶段的观念还会存在，它们共同影响教师的阅读教学实践，也使对阅读教学研究的梳理变得更加复杂。因此，对阅读教学发展过程的理解要建立在对其复杂性的充分认识的基础上，本处只是出于研究需要对其侧重地进行梳理，不能简单地做线性理解。

通过对阅读教学发展过程的梳理可以发现，人们一直在积极探索阅读能力培养的有效方式：从关注阅读活动经验的累加；到关注行为本身的刺激与强化，试图通过机械训练实现阅读技能的获得；再到强调师生互动与对话，通过学生的主动参与实现能力的提升。这个过程越来越贴近于学生的常态阅读活动，贴近于阅读能力的本质。

同时，阅读教学实践呈现出越来越复杂的状态。对阅读活动经验的强调，对阅读技能的训练和对阅读知识的关注，不仅成为当时阅读教学的主要方式，并且在后续相当长的一段时间里对阅读教学产生了深刻的影响。虽然后期的能力指向阅读教学开始关注主体之间、主体与文本的对话过程、主体对文本意义的建构过程，但这种转变并不彻底，基于行为主义的训练观还占据着课堂教学的主要位置，几种不同的阅读教学取向共同影响着当下的阅读教学实践。

第三节　阅读素养研究的文献考证

随着信息社会的不断发展，人们的社会生活发生了深刻的变革。原有的重复性常规工作更易于被计算机所取代，不确定性、不可预测性似乎成了生活的必然状态。人们再也无法仅仅通过吸收和利用从外部获得的固有知识，满足所有生活需要；再也无法靠“忠实”地继承人类社会原有的知识经验延续今天的生活。运用知识解决问题，通过知识创造知识，是当今社会知识存在的常态。就像戴维·铂金斯(David N. Perkins)提出的：“知识必须能够在某些场合实际运用，才值得学习。”①为此，教育也对其价值追求进行了调整。教育的目标从培养人类社会知识经验的继承者，转变为培养能“应对所发生的一切事情的灵活知识”②的掌握者，培养以专家思维和复杂交往能力为核心的21世纪素养问题成了教育要解决的主要问题。

在教育研究整体转向的背景下，阅读研究的重心也逐步转向阅读素养。可以说，阅读素养概念的明确提出，标志着阅读教育教学目标的时代变化。阅读教育教学从重视阅读活动本身，把阅读作为获取人类既有经验的手段，到重视阅读知识技能和能力，强化阅读作为基本技能和认知发展的工具性特征，最终转向重视阅读对人的发展功能和社会交往、实践的观念。

一、教育研究的素养转向

进入21世纪，信息通信技术的迅猛发展和全球化进程的逐步加快，使每一个人都成了全球背景下的数字公民(Digital citizen)，如何发展计算机所不具备的复杂能力？如何处理文化差异和融入多元化社会？如何在信息的虚拟世界中抓住新的机遇和条件？这些问题成为教育要解决的主要问题，也就是如何培养以专家思维和复杂交往能力为核心的21世纪素养问题。

1997年，联合国经济合作与发展组织(Organization for Economic Co-operation and Development，OECD)首先启动了一项名为“素养的界定和遴选：理论和概念基础(Definition and Selection of Competencies：Theoretical and Conceptual Foundations，简称DeSeCo)”的研究项目，“素养”一词正式进入

① [美]戴维·铂金斯：《为未知而教，为未来而学》，杭州：浙江人民出版社，2015年，第5页。
② 同上书，第16页。

教育研究者视域。DeSeCo研究之初，认为给素养(competency)概念下一个完全客观的定义是比较困难的。因此，项目主要秉持一种实用主义的取向，力图使对素养的界定尽可能明确、言之成理、科学上可接受。研究者提出：素养不只是知识与技能，它是指在特定情境中，通过利用和调动知识、认知、技能以及情感、态度、价值观、动机等心理社会资源，以满足高度复杂需求的能力(ability)。① 知识指的是通过学习、调查、观察或经验而获得的事实或观念，是被理解的大量信息；技能(skill)指的是一个人运用相对容易的知识来执行相对简单任务的能力；而素养意味着一套复杂的行动体系。② DeSeCo项目研究引领了世界核心素养运动。

2006年12月，欧洲议会及欧盟理事会通过了《为了终身学习的核心素养》(*Key Competencies for Lifelong Learning*)。这项研究对"素养"的界定更强调具体情境，认为素养是适用于特定情境的知识、技能和态度的综合。③ 同时，研究从具体功能的角度提出了八大核心素养，分别为母语沟通能力、外语沟通能力、数学和基础科技素养、数字(信息)素养、学会学习、社会与公民素养、首创精神与创业意识、文化意识和表达。这八大核心素养又分别从知识、技能和态度三个方面加以描述，最终形成指向终身学习的核心素养框架。相较OECD的研究，欧盟的研究对素养的认识更强调应用领域与情境，与学科素养之间的联系也更加紧密。

进入21世纪，美国学者也加强了素养研究，并逐步形成了一次21世纪技能运动(the 21st Century Skills Movement)。④ 他们认为21世纪技能远超出基本的读、写、算技能，它意指如何将知识和技能应用于现代生活情境。⑤ 21世纪技能是情境关联的，是知识和技能应用于21世纪生活和工作情境的产物。它是一种高级技能或素养(Literacy)，与基本技能(Basic skills)相对应。

随后，世界范围内开始了一场核心素养运动。很多国家和地区把培养21世纪核心素养作为国家发展的前瞻性战略问题。它们从厘清素养、核心素养开始，描绘本国或本地区基于核心素养的课程蓝图。如澳大利亚的梅耶

---

① Rychen D. S.，Salganik L. H. Definition and Selection of Competencies：Theoretical and Conceptual Foundations(DeSeCo). *Summary of the final report*："*Key Competencies for a Successful Life and a Well-Functioning Society*"，2003.

② OECD. The definition and selection of key competencies[Executive Summary]. http：//www. oecd. org/dataoecd/47/61/35070367. pdf.

③ European Parliament，Council of the European Union. Recommendation of the European Parliament and of the Council of 18 December 2006 on Key Competencies for Lifelong Learning. *Official Journal of the European Union*，2009(8).

④ 张华：《论核心素养的内涵》，《全球教育展望》，2016年第4期。

⑤ Framework For 21st century learning Definitions. https：//static. battellefork ids. org/documents/p21/p21 _ Framework _ Definitions BFK. pdf.

(Mayer)委员会将素养界定为“一种基于知识及其理解和技能的表现，涉及在一个给定情境下做出表现并能将知识与能力迁移到新情境”。① 英国继续教育部(Further Education Unit) 认为素养是“成功表现所需的知识、技能和态度经验的发展”②。

我国的素养研究起步较晚，在中国知网(CNKI)中以“素养”为篇名进行核心期刊、CSSCI 期刊搜索，第一篇文献发表于 1992 年，为《面向全体学生，提高数学素养——义务教育初中数学系列教材简介》。③ 这可以看作我国开始素养研究的萌芽。语文学科在国家课程文件中正式使用“语文素养”一词始于 2001 年《全日制义务教育语文课程标准(实验稿)》。④ 进入 21 世纪，有关素养的研究呈现不断增加的趋势，2001 年到 2014 年，中国知网篇名包含“素养”的核心期刊、CSSCI 期刊文献，年文献量从 72 篇增加到 521 篇。⑤ 2014 年，教育部研制印发《关于全面深化课程改革 落实立德树人根本任务的意见》，提出将组织研究提出各学段学生发展核心素养体系，明确学生应具备的适应终身发展和社会发展需要的必备品格和关键能力。⑥ 随后，我国出现了一场“指向素养”的研究热潮。到 2017 年，年文献量已经达到 1370 篇。

蔡清田、林崇德、辛涛、钟启泉、张华等学者纷纷对素养进行了界定。他们站在不同的视角，或强调素养的必要性，如张华提出素养是人适应信息时代和知识社会的需要，是解决复杂问题和适应不可预测情境的高级能力与人性能力；⑦ 李颜如认为，素养是主体把握知识、技能，因应情境活动具备的自身调适的能力。⑧ 或对素养与一般知识、能力的关系进行了辨析，如辛涛、刘霞等人认为素养是一个包括了知识、能力、态度与价值观的综合概念；仲建维等人给予了进一步的解释：素养本身是一种能力，但并不是所有的能力都体现为素养，只有那些与应对复杂变换的任务情境相关的能力才可称之为素养。⑨ 或从核心素养的角度对素养展开的思辨，如蔡清田将核心素养界定为

① Haworth D, Browne G. Key Competencies (2nd Edition). http://files. Eric. ed. gov/fulltext/ED351443. pdf.

② Franc, Oise Delamare Le Deist & Jonathan Winterton. What Is Competence? *Human Resource Development International*, 2005(1).

③ 蔡上鹤：《面向全体学生，提高数学素养——义务教育初中数学系列教材简介》，《课程・教材・教法》，1992 年第 10 期。

④ 王云峰：《试析语文学科核心素养》，《语文建设》，2018 年第 2 期。

⑤ 搜索日期为 2019 年 9 月 18 日，2007 年为 289 篇，2018 年为 1348 篇。

⑥ 中华人民共和国教育部：《教育部关于全面深化课程改革 落实立德树人根本任务的意见》，http://www. moe. gov. cn/srcsite/A26/jcj_kcjcgh/201404/t20140408_167226. html.

⑦ 张华：《论核心素养的内涵》，《全球教育展望》，2016 年第 4 期。

⑧ 李颜如、李强：《核心素养的意涵再探及其教育教学框架重构》，《教育研究与实验》，2019 年第 1 期。

⑨ 仲建维、王燕红：《“素养”内涵的知识论界说》，《泰山学院学报》，2019 年第 3 期。

个体在生活情境脉络需求之下，执行某项特定任务工作时所需要具备的知识、能力与态度。[①]《中国学生发展核心素养(征求意见稿)》中把学生核心素养定义为“学生应具备的适应终身发展和社会发展需要的必备品格和关键能力”[②]。

总体来看，虽然学者们对素养的界定各有侧重，但也在一些基本问题上形成了初步的共识。首先，素养是和情境的需要、解决复杂问题等紧密相关的。素养不是一个静止概念，而是一个动态、行为概念，是面对任务情境或复杂问题时呈现出来的综合能力和品质。其次，素养是一个整合的概念，它既不是知识与能力，也不是知识、能力的简单叠加，而是一种综合状态。这样的认识，超越了长期以来能力与情感态度二元对立的思维方式，凸显了情感态度价值观在育人过程中的重要性。

二、素养取向的阅读研究

在教育研究视角转换的大背景下，对阅读的研究也呈现出从阅读能力到阅读素养的转变。

(一)素养取向的阅读观

1. 研究现状

1991年，国际教育成就评价协会(The International Association for the Evaluation of Educational Achievement，IEA)主持了一项有关阅读素养的调查研究，第一次把阅读、素养这两个词结合在一起，正式提出了“阅读素养(Reading Literacy)”的概念，即反思能力和以阅读为工具实现个人和社会目的的能力。这一概念的提出揭开了阅读素养研究的序幕。

随后，IEA在其“国际阅读素养进展研究”(Progress in International Reading Literacy Study，简称PIRLS)项目中将阅读素养界定为：理解和运用社会需要的或个人认为有价值的书面语言的能力，年轻的阅读者能够从多样化形式的文本中建构意义，他们通过阅读来进行学习、参与阅读社群并享受阅读乐趣。[③] 2006年，PIRLS对阅读素养的界定进行了修订，将最后一句改为“他们通过阅读来进行学习、参与学校中和日常生活中的阅读者群体、享受阅读的乐趣”，以突出阅读在学校和日常生活中的重要性。此后，这一界定一直沿用至今。

OECD在其“国际学生评价项目”(The Programme for International Student Assessment，简称PISA)研究早期将阅读素养界定为：为实现个人目

---

① 蔡清田：《核心素养的学理基础与教育培养》，《华东师范大学学报》(教育科学版)，2018年第1期。

② 《〈中国学生发展核心素养〉发布》，《上海教育科研》，2016年第10期。

③ Ina V. S. Mullis, et al. *PIRLS 2016 Assessment Framework and Specifications* (*2nd Edition*). Boston: International Study Center, Lynch School of Education, Boston College, 2015.

标，增长知识，发展潜能，有效地参与社会生活，而理解、运用和反思书面文本的能力。[①] 随后，PISA 在每个重点测查阅读的年度都会修订其对阅读素养的界定。2006 年，PISA 对阅读素养的界定增加了参与文本的要求。阅读素养是"学生为实现个人目标，增长知识，发展潜能，有效地参与社会生活，而理解、运用、反思和参与文本的能力"[②]。2018 年，PISA 又增加了评价的要求。阅读素养指为了实现个人目标，增长知识，发展潜能，有效地参与社会生活，而能对文本进行理解、运用、评价、反思和参与建构文本的能力。[③] 突出评价的要求，充分体现了 PISA 对阅读互动性和建构性本质的深入认识。

从这些定义中可以看出，它们共同强调了阅读与人的需要之间的关系，强调了阅读在生活中的多种作用。阅读能力已经不再被单纯地作为一种特定的学科能力，而是融入现实生活中。具体体现为将阅读与真实的情境相联系、与阅读活动目的相联系。

2009 年，PISA 首次在我国举行，有关"阅读素养"的文献开始在国内出现，阅读素养的研究逐步进入研究者的视域，成为新的研究热点。2011 年，CNKI 收录国内有关阅读素养(篇名含"阅读素养")的第一篇文章《PISA2000 阅读素养测验的项目功能差异分析》。[④] "阅读素养"一词首次出现在我国课程文件中是在《义务教育语文课程标准(2011 年版)》中。文件中明确提出：阅读素养包括学生要具有独立阅读的能力，注重情感体验，有较丰富的积累，形成良好的语感；学会运用多种阅读方法；能初步理解、鉴赏文学作品，受到高尚情操与趣味的熏陶，发展个性，丰富自己的精神世界。[⑤] 这一概念可以看作国内阅读素养研究的开端，但这一解释主要还是停留在罗列要素的层面，没有真正触及阅读素养内在的结构关系。魏小娜在 2014 年提出，随着社会生活中真实阅读情形的不断变化，仅仅关注阅读能力已经不能满足中小学阅读教学的需要，应以阅读素养为起点构建符合我国国情的阅读教学本位。[⑥] 研究者开始对阅读素养进行理论探寻。

截至 2019 年 7 月 19 日，在 CNKI 中以"阅读素养"为篇名关键词对核心期刊、CSSCI 期刊进行文献检索，仅找到文献 97 篇。97 篇文献中，国外经验

---

① OECD. *Measuring student knowledge and skills: The PISA 2000 assessment of reading, mathematical and scientific Literacy*. Paris: OECD Publishing, 1999, pp. 20－21.

② OECD. *PISA 2009 assessment framework: key competencies in reading, mathematics and Science*. Paris: OECD Publishing, 2009.

③ OECD. PISA 2018 Draft Analytical Frameworks. http://www.oecd.org/pisa/data/PISA-2018-draft-frame-works. PDF.

④ 况小雪、曹亦薇：《PISA2000 阅读素养测验的项目功能差异分析》，《考试研究》，2011 年第 7 期。

⑤ 中华人民共和国教育部：《义务教育语文课程标准(2011 年版)》，北京：北京师范大学出版社，2012 年，第 22 页。

⑥ 魏小娜：《反思与聚焦：探寻我国阅读教学的本体》，《课程・教材・教法》，2014 年第 3 期。

介绍及应用类文献占 44 篇。可见，我国的阅读素养研究仍然是以解读、介绍国外阅读素养测试的阅读素养概念为主，在我国阅读现状的基础上对阅读素养进行思考与创新的研究成果较少。即使出现了一些我国对阅读素养的构建研究，对阅读素养的理解仍然存在比较大的差异。

研究者聚焦在阅读素养与阅读知识、阅读能力之间的关系上，提出了各自不同的理解与认识。他们或者将阅读素养看作知识、能力、品格等要素的综合；或者将阅读素养看作一种高级能力，或者说是能力的高级存在状态；或者认为阅读素养是高于阅读能力的概念。如罗士琰等人提出阅读素养是指个体运用识、记、读、说、思、写等方式对阅读材料进行阅读感知、阅读理解、阅读评鉴和阅读表达所需具备的知识、能力及品格的综合表现。① 李海林从文本解读的角度出发，提出阅读素养就是利用自己的文化素养及阅读经验，与文本一起共同创造新意义的知识、能力和思维方式。② 这类观点的共同点在于将阅读素养看作多种要素的综合，区别仅在于要素的内容以及数量。又如陈峰烽提出，阅读素养是读者在阅读文献时获取文献信息知识并创新的能力。③ 龚婧等人认为阅读素养是一种迁移手段，可以帮助学生从文本向当下生活迁移。④ 这类观点的共同点在于把阅读素养置于能力概念之下进行讨论。再如任翔教授提出，阅读素养是一个内在的概念，强调人的阅读品质与修养；阅读能力是一个外在的概念，强调人的阅读行为与能动性。

也有一些研究者立足阅读素养的养成过程，认识阅读素养的本质。如罗德红等人将阅读素养理解为“通过阅读培养学生的读写能力和良好的读写态度、习惯和策略，为当下和未来生活提供帮助和准备”⑤。刘晶晶等人认为，阅读素养是指学习掌握阅读所需的基本素质，它不仅是阅读知识本身，而且是学生能够在新情境中应用阅读的能力，是学习者通过阅读学习与训练获得阅读基础知识、习得阅读基本思维、内化为阅读基本技能与养成阅读基本品质的过程。⑥ 陈林提出阅读素养是各种阅读习惯的“绘事后素”⑦，是诸多阅读习惯合力而成的最终呈现。

---

① 罗士琰、宋乃庆、王雁玲：《基于实证的小学语文阅读素养研究：内涵、价值及表现形式》，《中国教育学刊》，2016 年第 10 期。

② 李海林：《创造性阅读的理性思考与实践分析——再论创造性阅读》，《中学语文教学》，2005 年第 4 期。

③ 陈峰烽：《大学图书馆读者阅读素质教育研究》，《情报理论与实践》，2005 年第 5 期。

④ 龚婧、罗德红：《广西三四年级学生阅读素养的现状分析与教学建议》，《现代中小学教育》，2015 年第 5 期。

⑤ 罗德红、龚婧：《PISA、NAEP 和 PIRLS 阅读素养概念述评》，《上海教育科研》，2016 年第 1 期。

⑥ 刘晶晶、郭元祥：《小学语文阅读素养：内涵、构成及测量》，《课程 · 教材 · 教法》，2015 年第 5 期。

⑦ 陈林：《阅读素养，是各种阅读习惯的“绘事后素”》，《中小学教师培训》，2016 年第 11 期。

还有一些研究者试图通过罗列关键要素对阅读素养进行描述。如祝新华认为，阅读素养包括解码文本、主动参与、反思应用三个方面，其中解码文本包括解码、整合、推论、评价、提出新想法等。[①] 这类研究虽然有助于厘清阅读素养的内在要素，但还没能揭示阅读素养的真正本质。

2. 分析与梳理

从阅读素养的国际研究现状看，不同的研究者都将阅读与生活相联系，从人的需要出发强调了阅读在实际生活中的学习、娱乐等价值。阅读已经不再被单纯地作为一种特定的学科能力，而是作为人得以存在的一种必备素养。

从国际研究现状看，阅读素养从其概念诞生之初就存在一定的边界模糊性。素养一词对应的英文词语包括 skill、literacy、competence、competencies 等，这些词语所表达的概念本身就存在一定的意义模糊性。例如英文中 skill 的含义是能力，在描述人的发展维度时，skill 与 competence(素养)在词义上没有本质区别。[②] 从各个项目的文献梳理看，具体选择哪一个词语，实际也未必一直存在意义上的精细区分，可能还存在使用习惯的问题。

从我国国内已有的阅读素养研究看，研究者对阅读素养研究的切入角度还有较大的不同，对阅读素养与阅读能力之间的认识还处于探索阶段。从研究的切入角度看，有些研究者重在辨析素养与知识、能力等概念的关系，有些研究者重在强调素养(能力)养成的过程，也有些研究者尝试罗列阅读素养的关键要素。其中，对阅读素养与阅读知识、能力等概念的辨析是研究的主要方向。研究者基于各自的研究基础，提出了三种截然不同的认识：有研究者强调阅读素养的综合性，将阅读素养看作阅读能力的上位概念，认为阅读素养是阅读知识、能力及品格的综合表现(罗士琰、李海林等)；也有研究者强调阅读素养的特殊性，将阅读素养看作一种特殊的阅读能力(陈峰烽等)或者是一种阅读习惯(陈林等)；还有研究者强调阅读素养的上位性，认为阅读素养是高于阅读能力的品质(任翔等)。

从研究的共性来看，研究者对阅读素养已经初步形成了一些共通的认识：第一，加强对阅读主体的关注，在阅读技能之外更加重视阅读者的兴趣、阅读行为、阅读习惯以及阅读的情境性。第二，将阅读视为个体发展的基础，阅读不仅能够提供新的知识和社交能力，还能提高个人素养、陶冶情操。

比较研究者对素养和阅读素养的认识还可以发现，虽然研究者对阅读素养的认识延续了他们对素养的一些共同认识，如阅读素养和素养都属于个体发展的基础层面，再如阅读素养和素养都改变了原有的能力、态度二元对立的认识，强调能力、态度、品格的综合。但是，研究者似乎在从素养到阅读素

① 祝新华：《促进学习的阅读评估》，北京：人民教育出版社，2015 年，第 2—3 页。

② 褚宏启：《核心素养的概念与本质》，《华东师范大学学报》(教育科学版)，2016 年第 1 期。

养的视角转换中遗失了素养研究中最重要的一个认识——素养是存在于情境中，且有着明显的实践导向。忽略了阅读素养的情境和实践导向，单纯强调能力、态度、品格等要素的综合，阅读素养也就失去了教育学层面的革新意义。

（二）阅读素养的结构研究

明确阅读素养的构成机制是探寻阅读素养本质的重要途径。不过受到研究时间和研究视域的影响，到目前为止，阅读素养构成机制还没有成为独立的研究内容。它往往是研究者为了揭示阅读素养的本质内涵而对构成要素进行的罗列。在罗列过程中，研究者由于视角和重点的不同，所确定的阅读要素也各有不同。

祝新华从阅读认知过程出发，提出中小学阅读素养的内涵包括三个部分：解码文本、主动参与、反思应用。其中，解码文本指的是在解码的基础上对文本进行整合、推论以及评价信息，从而提出新想法；主动参与指的是参加阅读相关的活动，与师生、家人、社会人士进行沟通交流，感受阅读的快乐。① 不难看出，祝新华在解码文本部分罗列的是不同的认知能力要素，在主动参与部分则罗列了不同的阅读主体。

牛丹丹在分析了多个国家阅读标准的基础上，从阅读素养发展阶段的角度出发提出了阅读素养的结构：掌握阅读知识和策略，形成阅读能力，发展阅读情感与兴趣，实现个人目标与社会参与。②

刘晶晶、郭元祥则基于对我国语文新课程标准的解读探讨了阅读素养的内涵，在他们看来，阅读素养是学会阅读学习必需的基本素质，是一个由阅读知识、阅读能力、阅读情志构成的三维要素空间。③

张晓华从阅读教学的角度提出，阅读核心素养应包括言语信息、智慧技能、认知策略、动作技能和情感态度五个方面。④ 其中言语信息主要体现为语言文字知识、文本内容和文化背景。智慧技能主要指词语、句子、文章的积累，语感和语理等。认知策略指的是学生在阅读期间展现出的思维形式，包括阅读的方法、习惯等。动作技能主要体现在展现出的身体特征、眼动特征、诵读等。情感态度指能够从阅读材料中学习为人处世的方式，体会文化的深层次含义，感受美好的情感和意境，并陶冶情操，提高审美和文化品位，丰富知识储备等。同样是从阅读教学角度出发，廖家杰认为阅读素养包括阅读文本的种类和数量、阅读的目标指向、阅读的方法习惯。⑤

---

① 祝新华：《促进学习的阅读评估》，北京：人民教育出版社，2015 年，第 2—3 页。

② 牛丹丹：《语文学科核心素养之阅读素养概念探析》，《教师教育论坛》，2017 年第 10 期。

③ 刘晶晶、郭元祥：《小学语文阅读素养：内涵、构成及测量》，《课程·教材·教法》，2015 年第 5 期。

④ 张晓华：《中学语文阅读核心能力内涵探析》，《名师在线》，2019 年第 21 期。

⑤ 廖家杰：《核心素养视野下的中学生语文阅读素养》，《广西教育学院学报》，2019 年第 1 期。

也有部分研究者虽然看似进行阅读素养的研究，但实际仍为阅读能力，甚至阅读活动的研究。如罗士琰等人提出，小学语文阅读素养表现为识、记、读、说、思、写。[①] 显然，这样的研究还是从活动表现的角度对阅读素养进行罗列，不是对阅读素养构成要素的切实研究成果。

对以上阅读素养构成研究分析可以发现，在阅读素养本身的结构问题上，我国的研究还处在逻辑思辨的层面，还没有出现基于实证的深入研究。研究者之间的观点差异和语言表达差异都比较大，还没有形成可供对话的话语体系。对阅读素养的构成要素，能够形成的初步认识只有如下两点：首先，阅读素养是一个复杂的结构，不能从单一的维度进行表达，这一点已经被研究者广泛接受。刘晶晶就在研究中明确提出了阅读素养的知识、能力、情志三维要素空间。祝新华、张晓华、牛丹丹等人虽然没有在研究中明确提出多维结构，但他们的表述明显是从多个维度展开的。其次，理解能力是构成阅读素养的重要组成部分。这一点也是研究者共同认可的。没有理解的认知能力，就谈不上素养。因此，几位研究者的阅读素养要素中共同提到了理解的能力。但除了阅读理解能力，阅读素养还应该包括哪些要素，研究者之间的分歧还比较大。

（三）阅读素养的评价研究

阅读素养评价，特别是阅读素养评价框架，是阅读素养研究成果的集中呈现，反映了评价者对阅读素养核心要素的认识。梳理阅读素养评价框架的内容，有助于把握阅读素养的核心要素。

1. 国际研究

阅读素养评价是国际评价研究的重要内容之一。其中最具有代表性的，同时在国内认知度比较高的国际阅读素养评价项目主要有三个：PIRLS、OECD的PISA、美国的国家教育进展评价（National Assessment of Educational Progress，简称NAEP）。

（1）阅读素养测试基本结构

通过对这三项国家评价项目阅读素养部分测试结构的比较可以发现，它们对阅读素养的测试均不仅仅是从认知一个维度展开的。

PIRLS阅读素养评价的核心理念和整体框架从2001年首次测试至今基本保持不变：从理解过程、阅读目的、阅读行为和态度三方面对阅读素养进行测试。[②] 其中，理解过程和阅读目的是PIRLS阅读素养评价的基础，主要指向从各种不同文本中建构意义的能力，以纸笔测试的方式进行。PIRLS认为

---

① 罗士琰、宋乃庆、王雁玲：《基于实证的小学语文阅读素养研究：内涵、价值及表现形式》，《中国教育学刊》，2016年第10期。

② Jay R. Campbell，Dana L. Kelly，Ina V. S. Mullis，Michael O. *Martin and Marian Sainsbury. Framework and Specifications for PIRLS Assessment* 2001（*2nd Edition*）. International Study Center，Lynch School of Education，Boston College，2001.

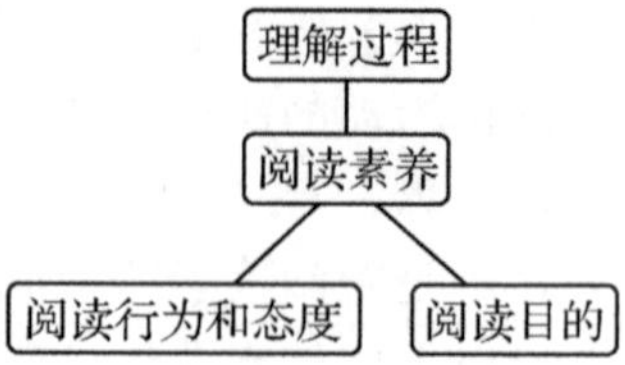

图 1-1　PIRLS 阅读素养结构

阅读素养还包括有利于养成终身阅读习惯的行为和态度。这些行为和态度能够帮助学生实现自己的阅读目标，并促使学生成为熟练的阅读者。[①] 阅读行为和态度主要是通过学生问卷的形式来完成的。具体结构如图 1-1 所示。

PISA 虽然在每一轮测试中都会对测试框架进行必要的修订和完善，但从总体框架上看，历次的 PISA 测试都从情境目的、文本、认知过程三个维度对阅读素养进行测试，具体见表 1-1。

表 1-1　不同测评周期 PISA 阅读素养评估框架的变化

<table>
<tr><th>测试维度</th><th colspan="2">PISA2000</th><th colspan="2">PISA2009</th><th colspan="2">PISA2018</th></tr>
<tr><td rowspan="7">认知过程</td><td colspan="2" rowspan="2">信息定位</td><td colspan="2" rowspan="2">访问与检索</td><td rowspan="7">文本处理过程+任务管理</td><td>浏览并把握信息位置</td></tr>
<tr><td>查找并选择相关的文本</td></tr>
<tr><td colspan="2">把握大意</td><td colspan="2" rowspan="2">整合与解释</td><td>理解文本字面意义</td></tr>
<tr><td colspan="2">推论性理解</td><td>形成整合与推论</td></tr>
<tr><td colspan="2">对内容的反思与评价</td><td colspan="2" rowspan="3">反思与评价</td><td>反思内容与形式</td></tr>
<tr><td colspan="2" rowspan="2">对形式的反思与评价</td><td>评价信息的质量与可信度</td></tr>
<tr><td>发现并处理相冲突的内容</td></tr>
<tr><td rowspan="4">文本</td><td rowspan="2">散文</td><td rowspan="2">叙事、描述、说明、议论、指示</td><td>媒介</td><td>印刷、数字</td><td>资料</td><td>单一文本、多重文本</td></tr>
<tr><td>环境</td><td>作者中心、信息中心</td><td>组织与导航</td><td>静态文本、动态文本</td></tr>
<tr><td rowspan="2">非散文</td><td rowspan="2">图式、广告、图表、地图等</td><td>体裁</td><td>连续性文本、非连续性文本、多重文本</td><td>体裁</td><td>连续性文本、非连续性文本、混合文本</td></tr>
<tr><td>类型</td><td>描述、叙事、说明、议论、指示、互动类文本</td><td>类型</td><td>描述、叙事、说明、议论、指示、互动类文本</td></tr>
<tr><td>情境目的</td><td colspan="6">个人的、公共的、职业的、教育的</td></tr>
</table>

① IEA. PIRLS 2016 Assessment Framework, 2nd Edition. http://timssandpirls.bc.edu/pirls2016/downloads/P16_Framework_2ndEd.pdf.

NAEP 项目从 1969 年开始实施，到 2009 年发生了一次测试结构的重大调整，将测试框架调整为阅读目的、文本类型和认知目标三个维度。

从这三个国际阅读素养评价项目的测试维度设计上看，它们都承认了阅读素养的多维复杂性，并且都关注了阅读的认知理解过程和阅读的目的情境。就像 PISA 在其报告中所解释的："阅读不是在真空状态下进行的，它总是目标驱动的（Reading does not take place in a vacuum. It is done for a purpose, to achieve some end)"[①]。明确的阅读目标驱动读者阅读，影响读者对文本的选择，影响读者决定是否结束当前文本，重新开始另一篇文本的阅读以及对多重文本信息的对比和整合。[②] 读者阅读时的目标明确与否，决定了他们在阅读中所获得的信息质量和数量是完全不同的。即便是阅读同一篇文本，读者带着明确的任务去阅读，所获取的信息质量和数量会明显高于自由阅读状态下所获取的信息质量和梳理。[③]

不同的是，PISA 和 NAEP 都重视了文本类型对阅读活动过程的重要影响，而 PIRLS 则强调了阅读态度在阅读素养测试中的重要性。PISA 对文本的划分从 2000 年到 2018 年发生了非常大的变化。2000 年，PISA 对文本的划分只有两个角度，但是 2018 年增加到四个角度。出现这一变化的原因，PISA 的解释是：随着信息时代计算机、智能手机等数字媒介的发展，成功的阅读行为不仅包括阅读并理解某一单篇文本，还要求读者能够有效利用复杂的信息加工策略，对多重文本中的相关信息进行分析、整合和解释等。[④]

（2）阅读认知与理解设计

三个大型阅读素养评价项目共同关注了对阅读认知与理解的测试，并且在测试结构上还存在着极大的相似性。具体内容见表 1-2。

表 1-2　阅读认知与理解测试结构[⑤]

阅读素养评价项目	阅读认知与理解维度			
PIRLS	关注并提取明确陈述的信息	解释并整合观点和信息	进行直接推论	检视并评价文本特征

① Rand Reading Study Group. *Reading for Understanding: Toward an R & D Program in Reading Comprehension*. SantaMonica, CA: RAND Corporation, 2002, p. 15.

② Britt M. A. & Rouet J. F. *Learning with multiple documents: Component skills and their acquisition*. New York: Cambridge University Press, 2012, pp. 276－314.

③ Rouet J. F. & Britt M. A. *Relevance processes in multiple document comprehension*. NC: Information Age Publishing, 2011, pp. 19－52.

④ OECD. PISA 2018 Draft Analytical Framework. https://www.oecd.org/pisa/data/PISA-2018-draft-frameworks.pdf.

⑤ 许明、王晞：《国际阅读素养进步研究述评》，《外国教育研究》，2003 年第 12 期。

续表

阅读素养评价项目	阅读认知与理解维度			
PISA (2018)	信息定位(访问和检索;搜索和选择)	文本理解(形成整体理解;整合和推论)	评价与反思(评价质量和信度;反思内容和形式;发现和处理冲突内容)	
NAEP	整体感知	发展理解力	建立读者文本之间的联系	检视内容与结构

从三个项目对阅读认知与理解的测试结构看,它们对反映阅读认知与理解水平的关键要素认识基本是一致的,都包括了对信息的定位与检索、对文本的解释与推论、对文本的整体感知、对内容或者结构的反思与评价。不过由于阅读认知过程本身就是一个复杂推进的过程,这些划分都只是为了研究方便而进行的相对区分,因此在具体的划分方式上,三个项目略有区别。

(3)阅读目的与情境设计

阅读目的与情境也是三个国际阅读素养评价项目共同关注的内容。它们在这个内容上的具体设计如表 1-3 所示。从表中可见,三个项目都从学生实际生活中可能遇到的阅读活动类型出发,设计了阅读目的与情境维度的内容。可见,阅读目标对阅读活动的开展具有重要的作用。在具体阅读目标的推动下,阅读者能否准确理解阅读要求,能否根据阅读目标检测阅读策略、调整阅读进度,是评估其阅读素养高低的一个重要指标。①

表 1-3　阅读目的与情境的测试结构

阅读素养评价项目	阅读目的与情境维度			
PIRLS	为了个人兴趣或娱乐	为了参与社会活动	为了学习	
PISA	个人的	公共的	职业的	教育的
NAEP②	为获取文学体验	为获取信息	为完成任务	

2. 国内研究

我国研究者重视对阅读能力的评价研究由来已久。20 世纪 40 年代,艾伟就曾从四个方面对小学四至六年级学生的默读能力进行检测:迅速浏览,提

① 王晓诚:《PISA2018 阅读素养评估的特征解读》,《首都师范大学学报》(社会科学版),2019 年第 3 期。

② National Assessment Governing Board. *Reading Framework for the 2015 National Assessment of Educational Progress*. U. S. Government Printing Office, 2015, p. 40.

取大意的能力；精心详读，记取细节的能力；综览全章，挈取纲领的能力；玩味原文，推取含义的能力。① 不过由于这些研究的前提是把阅读单纯作为一种认知能力，这就使得研究成果局限于对阅读认知过程的分解。

目前，我国关于阅读素养评价的研究比较少。杨晓娟等人通过对2015—2018年我国核心素养研究文献的共词分析发现，阅读素养评价研究在共现图谱中位于边缘部分。② 已有的文献大多受到PISA、PIRLS、NAEP等国际测评项目的影响，主要探讨了国外阅读素养评价对我国的启示。③

从实践的角度看，江苏省、浙江省、福建省、北京市等省、市纷纷在积极探索阅读素养的有效评价问题。其中，北京师范大学基础教育协同创新中心“建立中小学生学业质量分析、反馈与指导系统”项目是覆盖范围最广、研究历程最久的一个项目。这个项目的阅读素养测试框架包括两个维度：阅读目的和阅读能力。阅读目的包括为了获得文学体验的阅读、为了获取信息的阅读和为了完成任务的阅读三种类型。阅读能力包括整体感知、提取信息、形成解释、做出评价、解决问题五种子能力。④ 北京市“义务教育阶段学生学业评价、诊断、反馈系统”也是一个持续了十余年的研究项目，这个项目对阅读素养的测试只有一个维度，既阅读能力维度。具体包括整体感知、获取信息、形成解释、欣赏评价、实际运用(解决问题)五种子能力。⑤ 从这两个项目的研究现状看，我国的阅读素养评价研究已经开始关注阅读素养本身的复杂性，开始探索从不同维度对阅读素养进行全面的评价。阅读目的已经进入研究者的视野，成为一个重要的测试维度。但是目前的评价还没有真正指向阅读素养，对构成阅读素养的情感态度等因素还缺乏必要的关注，测试仍然以认知理解能力为主线。

3. 梳理与总结

综观国内外评价视角对阅读素养结构的研究成果，可以发现国内外的研究在基础上一脉相承，有很大的共同性；几个国际评价项目在对阅读素养结构的认识上也有相互吸收借鉴的现象。分析它们之间的共同之处，可以准确地把握对阅读素养构成要素的国际研究成果。

首先，几个大型阅读测试项目的框架均采用了三维设计的方式。这再次证明了阅读素养是一个多种因素共同参与其中的综合能力，很难从一个角度

① 彭聃龄：《语言心理学》，北京：北京师范大学出版社，1991年，第303页。

② 杨晓娟、艾金枝：《我国核心素养研究热点与趋势——基于CNKI2015—2018年1653篇文献的共词分析》，《当代教育科学》，2019年第5期。

③ 刘永凤：《国际“核心素养”研究的最新进展及启示》，《全球教育展望》，2017年第2期。

④ 项目组：《“建立中小学生学业质量分析、反馈与指导系统”项目介绍》，《基础教育课程》，2009年第7期。

⑤ 内部资料：《北京市2014年义务教育教学质量分析与评价反馈系统语文学科学生学业水平测试方案》，第6页。

进行简单描述。这也为本研究对阅读素养结构的界定提供了思路，可以从多个维度描述阅读素养的构成要素，以更加全面地呈现阅读素养的本质。

其次，几个大型阅读测试项目的框架在三维的具体设计上略有不同。国外的几项研究，均强调了阅读目的与情境、认知与理解过程在阅读素养中的重要性。不同的是，PIRLS更加强调阅读行为与态度在阅读素养中的重要性；NAEP更加强调阅读文本与材料在阅读素养展现过程中的重要性；而PISA2018对任务管理与控制因素的关注则突出了元认知策略在阅读素养形成过程中的重要作用。从这一点来看，阅读素养除认知与理解过程外，还受到阅读目的与情境、文本与材料、任务管理与控制等要素的多重影响。从国内外研究的比较看，国外研究成果在引入过程中得到了国内研究者的认同：阅读目的与情境、认知与理解过程是阅读素养的重要构成要素。同时，国内研究者也进行了一定的修订：文本与材料、任务管理与控制没有得到研究者的认可。如何从众多要素中最终确定阅读素养的构成要素，是本研究下一步要解决的重要问题之一。

再次，从认知与理解过程看，对文章整体的感知和概括、对具体信息的关注、对细节的解释以及对内容和形式的评价几个方面，得到了几个项目的共同关注。这一结果也与我国教育学、心理学研究者对阅读能力的研究结果有极大的共性。

最后，从阅读目的与情境看，PISA将其划分为个人的、社会的、职业的和教育的，突出强调了阅读在整个社会生活中的存在状态，这和PISA的测试目标是一致的；NAEP将其划分为为获取文学体验而阅读、为获取信息而阅读、为完成任务而阅读，突出强调了阅读主体的阅读目的，这也呼应了NAEP作为学校课程实施效果测试的整体定位；PIRLS将其划分为为了个人兴趣或娱乐而阅读、为了参与社会活动而阅读和为了学习而阅读，更像是在二者之间选择的一个中点，既关注了个人、社会、教育三种阅读存在状态，也强调了娱乐、参与活动、学习三种阅读主体的阅读目的。

基于以上分析，可以初步确定阅读素养的两个关键构成要素：认知与理解、目的与情境。阅读素养还有哪些重要的构成要素，还需进一步研究确定。

三、指向素养的阅读教学

阅读素养一经提出，就迅速得到了广大一线教育工作者的广泛回应，他们开始积极地探索如何在教育教学实践中有效培养阅读素养。诸如《感悟：学生阅读素养提升的必由之路》①《高年级学生阅读素养的培养》②等实践性文章

① 周剑波：《感悟：学生阅读素养提升的必由之路》，《上海教育科研》，2012年第4期。

② 郑玲：《高年级学生阅读素养的培养》，《小学教学研究》，2005年第10期。

的数量迅速超过了对阅读素养理论进行研究的文章数量。

总体来看，现有研究已经关注到了情境、实践等因素在阅读素养培养中的重要性。有些研究者关注教学情境对素养培养的重要性，提出阅读素养是学生能够在新情境中应用阅读解决问题的能力①，能否在不同情境中迁移是阅读素养的一个重要标志。也有些研究者关注阅读素养培养过程中实践运用的重要性。但这些研究大多为基于具体课例提出的，没有形成可推广迁移的策略性认识。

同时，现有研究中提出的培养策略还受到原有教学观念的极大影响。如韩邦胜提出可以通过树立以学生为核心的教学观念、开展丰富的教学活动、培养学生良好的阅读兴趣，提高学生的阅读素养。② 丁铮提出可以通过选择精当的阅读内容，构建立体化的阅读体系，设计符合学情的阅读教学提高学生的阅读素养。③ 陈林提出帮助学生形成阅读素养，首先就要帮助学生养成阅读习惯。④ 这些观点虽然能够在一定程度上促进学生阅读素养的提升，但是并没有抓住阅读素养的本质特征，实际的教学效果也会受到影响。阅读教学如何真正培养学生阅读素养还需要进一步研究。

进入 21 世纪，随着时代的发展、社会对人的发展价值的关注，教育研究完成了从知识技能中心向素养中心的转向。世界范围内形成了一次“指向素养”的研究热潮。在这个整体背景下，对阅读的认识也逐步从强调基本技能转向对阅读观念、能力、品质等的整体关注，阅读素养开始成为学术研究中的一个重要概念。研究者不再把阅读简单作为一种理解文本的能力，而是作为人的一种必备素养。他们从运用的角度出发，将阅读与真实的情境相联系、与阅读活动的特定目的相联系。这就是阅读的“素养观”。

从对现有研究的共性分析看，研究者对阅读素养已经初步形成了一些共通的认识：首先，认识到阅读素养的情境性。研究者大多能够从阅读情境的角度出发认识阅读素养，这一点还原了阅读素养在生活中的实际面貌，有利于阅读素养的有效培养。其次，关注了阅读素养构成的复杂性。大多数研究者都能从更广阔的视角审视阅读素养，不仅关注到其中的阅读认知与理解的能力，也开始涉及情感态度和价值观的因素、过程方法的因素等。但由于研究重点、描述方式等问题，研究者之间还没有形成比较一致的结论。最后，对于阅读素养的内涵、构成等基本理论问题还缺少深入的、实证性的研究。

综上所述，阅读素养的提出，是社会发展的需要，是学习科学、心理学、

① 刘晶晶、郭元祥：《小学语文阅读素养、内涵、构成及测量》，《课程·教材·教法》，2015 年第 5 期。

② 韩邦胜：《小学语文教学中提高学生阅读素养策略探讨》，《课程教育研究》，2018 年第 10 期。

③ 丁铮：《紧抓课堂教学 培养阅读素养》，《江苏教育》，2018 年第 51 期。

④ 陈林：《阅读素养，是各种阅读习惯的“绘事后素”》，《中小学教师培训》，2016 年第 11 期。

语言学等基础学科发展的必然，同时也是阅读观不断发展和阅读教学研究不断进步的综合结果。通过对阅读研究、阅读教学研究的发展脉络进行梳理，可以从历史的视角对阅读素养提出的背景，阅读素养的本质、形成机制、培养方法等问题形成更深入的把握。

从学校教育产生之初，阅读及阅读教学就是一个重要的研究内容。随着研究的推进，人们对阅读的认识不断丰富、完善，越来越趋近于阅读的本质。根据研究理论基础的不同，在素养取向的阅读研究到来之前，阅读研究的发展大致经历了经验取向、行为取向、认知取向三个主要的研究阶段。经验取向的研究者将阅读看作一种言语活动的经验，强调经验本身对阅读能力提升的重要价值，试图通过多读、多背、多思来实现阅读能力的提高。行为取向的研究者将阅读看作从文字中单向提取意义的过程，试图通过刺激反应的强化训练实现提升学生阅读能力的目的。认知取向的研究者将阅读看作读者与文本相互作用，主动构建意义的动态过程。三个阶段，研究者对阅读的认识经历了一个从简单到复杂、从文本中心到读者中心、从外在行为向内在认知过程、从单向提取向双向互动的不断发展完善的过程。随着信息社会、知识经济的发展，仅仅追求能力的有效培养已经不能满足社会的人才培养目标了。为此，整个教育发生了从能力立意向素养导向的转变。素养取向的阅读研究逐渐成为阅读研究的中心。

受到阅读研究的影响，阅读教学的研究也经历了指向活动经验、指向知识技能、指向能力的教学三个主要阶段。这三个阶段分别强调了活动、知识和训练、方法和策略对阅读能力提高的重要作用，它们不是相互取代的更替关系，而是在原有基础上对阅读认识的不断修正与完善，在今天的阅读教学实践中仍发挥着重要的作用。

从现有研究看，研究者越来越倾向于从素养的角度认识和研究阅读。他们对阅读素养的研究都不同程度地涉及了阅读的认知因素、情感态度因素、价值观因素、过程方法因素等，但还没有形成比较一致的结论。对于阅读素养的内涵、构成等基本理论问题还缺少深入的、实证性的研究。

阅读素养成为阅读研究的核心，是社会需要和教育总体发展的结果，也是阅读观不断发展和阅读教学研究不断进步的综合结果。对已有研究进行历史梳理，可以更好地把握人们对阅读本质认识的变化过程，把握人们对阅读形成机制的认识和理解，从而对阅读素养提出的背景有更深入的把握，对阅读素养的本质、形成机制、培养方法等问题形成更扎实的研究基础。在接下来的阅读研究中，如何吸纳已有研究中的积极因素，实现小学生阅读素养提升的根本目的是思考问题的逻辑起点。

第二章　阅读素养的内涵与发展机制

小学生阅读素养提升的前提和基础是明确阅读素养的内涵、结构及其发展机制。本章将在第一章的基础上，从对素养的认识入手，逐步厘清阅读素养的内涵和构成要素，提出阅读素养的结构模型，确定阅读素养的发展机制。

第一节　阅读素养的内涵

一、素养的内涵

在中国文化语境中，“素”本义为“本色未染的生丝”，引申义为“基本”。“养”本义为“供养和抚育”，引申义为“长期的教育和训练”。在日常生活中，素养是一个普遍概念，指人的基本修养，是人通过长期教育训练和自我修习所形成的能力和品质[①]，可以广泛使用于各种场合。

近年来，素养逐渐成为一个被教育领域普遍关注的学术概念。其根本原因在于回应21世纪社会发展的需要。随着全球化、信息化社会的不断发展，人类知识总量爆炸式增长，不同文化之间的交往、融合，甚至冲突都益发频繁，越来越多重复性的常规工作被计算机所取代。社会的发展带来了对人才要求的变化。人们不仅要继承和掌握前人已有经验，而且要具有更强的创造性，能在更复杂的条件下、更复杂的文化背景中综合利用各种心智力量创造性地解决问题。为此，教育的价值追求也发生了调整，从培养人类社会知识经验的继承者，转变为培养能应对复杂问题的知识运用者和创造者。

同时，随着哲学、心理学、学习科学等领域研究的不断进步，人们对学习本质的认识也发生了根本性的变化。人们将学习看作一种社会对话与协商活动。在学习活动中，学习者总是基于一定的意向性，与所处情境中的各要素(客观世界、他人、自身)展开互动。知识就是个体通过与情境中各要素的互动而逐步达成的一致、稳定的解释。从这个意义上说，所有学习活动都是处于一定情境之中的对话与协商。所有知识都是处在情境中，并在活动中得到进步与发展的。[②] 知识不能通过简单的复制迁移而获得，必须要在情境中通过主体主动参与活动获得和掌握。因此，学校教育必须重视学生的学习活动，

---

① 王云峰：《试析语文学科核心素养》，《语文建设》，2018年第2期。

② 王文静：《情境认知与学习理论研究述评》，《全球教育展望》，2002年第1期。

要从关注认识的结果转变为关注知识建构与生成的过程。通过培养学生与情境中各要素进行对话与协商的能力，提高学生的学习力，获得和掌握知识，提升素养。

在社会发展和科学进步的共同推动下，培养掌握社会发展需要的各种素养成为教育的主要目标。OECD 的 DeSeCo 项目作为本轮素养研究热潮的源头，采用“competence”来表达素养的概念。它的拉丁词根为“cumpetere”，其中，cum 表达聚合(together，with)的意思，petere 指的是追求、奋力向前(to seek，drive forward)的意思。[①] 合起来，这个词指的就是聚合各种能力或力量(powers)，以奋力向前、努力追求的意思[②]，之后又进一步表示能够使人恰当应对情境的各种能力或力量的聚合。

随后，不同国际组织、国家、研究者纷纷对素养展开了深入的研究。整体来看，虽然不同研究者对素养的界定各有不同，但已经初步形成了一些基本的共识。

首先，素养是人面对情境表现出的一种综合能力和品质。不同的研究者立足不同的研究重点，或强调生活情境，或强调问题情境，抑或强调社会情境，但都关注了情境对素养的重要性。素养产生于情境之中，同时又必须通过情境中主体的行为展现出来。离开了具体的情境，也就失去了讨论素养的原动力。

其次，素养指向人适应未来社会发展的需要，是面对情境时各种心智力量的聚合。在欧盟、澳大利亚梅耶委员会、蔡清田、林崇德、辛涛等国际组织或研究者的研究中，素养都被明确提及是面对具体情境时的知识、态度、能力的综合。联合国经济合作与发展组织强调素养意味着一套复杂的行动体系，其中包含了知识、认知和技能以及情感、态度、价值观和动机等。

基于已有研究，本研究认为：素养指的是主体根据特定情境的需要，有效认识、分析和解决问题的复杂心智力量的聚合。

通过这一概念界定，试图揭示素养的四个基本特征。

(一)素养是人的心智力量的聚合

素养是人为恰当应对情境而调用的各种能力或力量的聚合。它不仅包括知识和能力，也包括情感、态度、品格等，是将知识与技能、认知与思维、情感与态度融为一体的复杂心理结构，是主体面对具体情境时表现出的一种综合状态。

一个简单的事实是，在真实的社会生活情境中，几乎没有哪一个问题的

---

① 陆谷孙：《英汉大词典》，上海：上海译文出版社，1993 年，第 346 页。

② Doll W. E. Developing Competence. Trueit D. (ed). *Post-Modernism*, *and Complexity Theory*, New York: Routledge, 2012, pp. 67—76.

解决是可以单纯依靠某一种知识或技能完成的。特别是在全球化、信息化社会如此发达的今天，人们面对的情境越来越复杂，甚至很多情境和问题都是前所未有的，因此再也无法通过简单复制已有人类经验推动社会的发展，解决情境中的问题。这就要求人们要综合调用自身的知识、能力、情感态度等所有心智力量形成对情境中问题的解决方案。这种面对特定情境时综合调用各种心智力量解决问题能力的高低就代表了一个人素养的高低。也就是说，“拥有某种素养意味着个体不仅拥有这些构成性的资源，还意味着在特定时间和特定情境中，个体能够恰当地运用这些资源，并能使这些资源协调地结合起来”①。

采用“心智力量的聚合”这一表述，就是要强调素养的综合性和复杂性，以区别于把素养看作调节认知活动的知识或能力，或者看作一种简单的行为操作。

素养离不开知识。必备的知识是素养形成的基础。但知识的累积不一定能带来素养的发展。将知识作为客观真理或固定事实进行机械性的记忆和传递，只能培养具有丰富知识的人，却不能培养具有较高素养的人。② 素养的核心在于强调学生如何运用知识而非掌握相关知识。③ 知识只有和主体在情境中的探究与实践相结合，并成为主体面对具体情境时可调用的有效工具时，才有可能促进主体素养的形成和发展。

素养可以表现为具体情境中的综合能力和品质，但素养并不等同于能力，也不是能力的高阶状态。素养强调的是人在某一方面的整体发展状态，不仅包括面对情境能不能做出行为反应，也包括面对情境如何做出以及做出何种行为反应。如果说在面对一个具体情境时，知识与能力是执行工具，那么情感态度和价值观就是定向工具和动力系统，元认知与思维方式则是调控工具。这些方面缺一不可。

(二)素养基于情境又超越情境

素养是在具体情境中形成和发展的。情境建构、指导和支持着人的所有认知过程④，情境系统中的每个要素(认识对象、人、文化、语言、主体间性)都参与主体的认知互动，对主体的认知过程产生影响，并共同构成了认知过程本身。素养是主体在活动中主动建构的产物。只有在具体的活动情境中，通过与活动系统中各个要素进行主动协商与互动，素养才能形成和

---

① Domunique Simone Rychen, Laura Hersh Salganik. *Key Competencies for a Successful Life and a Well-Functioning Society*. GÖttinggen, Germany: Hogerfe & Huber, 2003, p.45.

② 张华：《论核心素养的内涵》，《全球教育展望》，2016 年第 4 期。

③ Elena Silva. Measuring Skills for 21st-century Learning. *Phi Delta Kappan*, 2009(9).

④ Seifert C. M. Situated cognition and learning. *The MIT Encyclopedia of the Cognitive Sciences*. 上海：上海外语教育出版社，2000，pp. 767—769.

发展。抽离了具体的情境，就远离了真实的认知活动，这样的学习可以增加抽象知识的数量，也可以提高某种行为技能的熟练度，但却难以形成和发展素养。

素养是表现在有意义的情境脉络中的，素养是人面对情境时调用的各种心智力量的聚合。它不是一种静止的存在状态，而是表现在具体情境中的综合能力和品质。一个常见的例子是，判断一个人交际素养的高低，必须在具体的交际活动中完成。离开了交际情境，就无法展现主体的交际素养。

素养又是超越情境的。素养在具体的情境中得以形成，但并不受具体情境的限制。它一经形成，就具有了超越原有情境的性质，可以在不同的情境中灵活地迁移运用。

(三)素养是主体主动建构的，具有可教可学的性质

素养是后天习得的，而不是与生俱来的心理特征。这一点已经成为众多研究者对素养的共识(辛涛、张华、柳夕浪、尹后庆、王云峰等)。正因如此，素养具有可教可学的性质。OECD在其研究报告中明确指出：素养本身是在有利的学习环境中习得的。①

素养的习得离不开主体在学习活动中的主动建构。所有学习本质上都是个体与情境系统进行的互动与协商。个体只有主动参与互动过程，积极地与情境中各个要素展开对话和协商，才能与情境系统达成稳定、一致的解释，实现学习的目标。素养的习得也是同样的道理。它不能直接被传递，必须通过主体主动参与对话与协商的过程，积极建构解决情境问题的整体方案，才能实现素养的提升。

素养的获得还是一个循序渐进的过程，不能一蹴而就。素养的形成和发展都要以大量的活动经验为基础，是主体通过长期的主动建构和自我修习而逐步达成的，在时间上是一个持续终身的发展过程。

(四)素养既包括外显表现，也包括潜在特质

Spencer早在1993年就提出了素养的“冰山模型”，认为素养是一个人所具备的外显特质和潜在特质的综合，是执行某项特定工作时所需要具备的关键能力。② 此后，蔡清田、张华、韩雪屏等人又分别基于“冰山模型”阐述了素养或语文素养的内涵，如图2-1所示。

① The definition and selection of key competencies(Executive Summary). http://www.oecd.org/dataoecd/47/61/35070367.pdf.

② 林崇德：《21世纪学生发展核心素养研究》，北京：北京师范大学出版社，2016年，第5页。

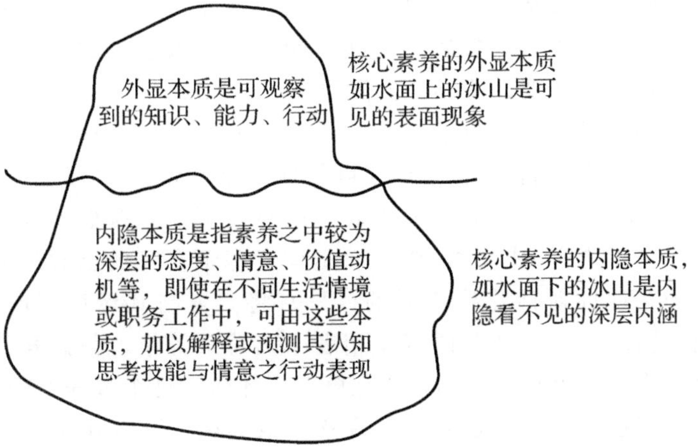

图 2-1　素养的冰山模型①

本书也认为素养具有类似冰山的本质。水面以上的部分是素养外显的特质，这一部分往往是比较容易描述而且容易观察到的知识、能力、行为表现等；水面以下的部分是素养潜在的特质，这一部分指的是个人人格中较为深层的、持久的自我概念、态度情意价值、动机等深邃内涵，这些都较不易直接描述和观察。

从这个模型中可以看出，素养虽然和能力在强调的重点上有所区别(素养是能力与品格的综合，强调什么品格的人拥有能力)，但是回归到学校教学情境后，能力仍然是素养培养过程中比较容易观察、培养、评价的重要内容，而处于冰山之下的深邃内涵则需要在能力实施、活动开展的过程中得以落实。在素养概念中，能力与态度品质不是并列的两个概念，能力是态度品质的外在表现，当然也是素养重要的外在表现方式。

二、阅读素养的内涵

对阅读素养的研究是在素养研究的大背景下展开的。社会的发展，语言学、学习科学等学科的进步不仅推动了教育目标从知识能力向素养的转变，而且推动了阅读研究从能力取向到素养取向的转变。

社会的发展提高了对阅读的要求。社会信息总量的激增、信息传播方式的多元化，使得人们面对的信息比以往任何时候都更加庞杂和繁复。这就要求人们不仅要能够有效地获取信息、整合信息、利用信息，更要具有判断、筛选、评价信息的能力和品质。多元文化之间日益频繁的交流和融合，要求

① 蔡清田：《论核心素养的国际趋势与理论依据》，《东北师大学报》(哲学社会科学版)，2018 年第 1 期。

人们不仅要理解自身文化，还要基于本国文化体系和个人价值体系，对所获取的信息进行分析、识别、批判。这些对阅读的要求已经超越了一般知识技能层面，而是包含了态度、情感、价值观等诸多内容。

语言学、学习科学等学科的进步，改变了人们对意义存在和获取方式的认识。功能语言学将语言看作人们有目的地用来在语境中表达意义的资源。同样的语言(或文本)在不同的语境中表达的意义可能是截然不同的。意义不是先验性地存在于语言(或文本)中，而是读者基于自身的已有经验，通过与文字、文本的互动性对话建构出来的。只有将语言与其运用者所处的社会、文化、历史、物理世界，甚至语言使用者个人背景等情境信息相结合，才能获得与社会和物理世界相适应的语言理解，人才能在这个过程中获得发展。

在这一大背景下，阅读素养的研究逐步成为阅读研究中的焦点之一，阅读素养的有效培养逐步成为阅读教育教学所追求的目标。

从现有研究看，研究者大多从情境出发展开对阅读素养的研究。他们不再把阅读单纯作为一种理解文本的能力，而是作为人的一种必备素养。如，PISA、PIRLS、NAEP 三项大型国际阅读素养评价项目都将阅读素养与生活联系在一起，强调阅读素养基于生活中的实际需要、满足生活目的的特点。罗德红等人强调阅读素养是为当下和未来生活提供帮助和准备的，刘晶晶等人强调阅读素养是在新情境中应用阅读的能力。可见，对情境的关注是目前研究者对阅读素养研究的共同出发点。

此外，多数研究者关注到了阅读素养本身的复杂性和综合性。他们不仅关注阅读的知识能力，同时考虑阅读的情感、态度、品格等心智因素。如刘晶晶、郭元祥提出阅读素养是一个由阅读知识、阅读能力、阅读情志构成的三维要素空间①；张晓华认为阅读素养包括言语信息、智慧技能、认知策略、动作技能和情感态度五个方面②；廖家杰认为阅读素养包括阅读文本的种类和数量、阅读的目标指向、阅读的方法习惯③；牛丹丹提出阅读素养包括掌握阅读知识和策略，形成阅读能力，发展阅读情感与兴趣，实现个人目标与社会参与四个方面④等。虽然研究者大多关注到了阅读素养的复杂性，但由于视角或出发点不同，或从教学的角度出发，或重点考虑课程标准对阅读的要求，或重在参考国外研究的已有成果，他们对阅读素养的内涵认识还存在一定的分歧，需要进一步统一。

阅读的核心是建构意义。某种意义上说，对阅读素养的研究就是对如何

① 刘晶晶、郭元祥：《小学语文阅读素养：内涵、构成及测量》，《课程·教材·教法》，2015 年第 5 期。

② 张晓华：《中学语文阅读核心能力内涵探析》，《名师在线》，2019 年第 21 期。

③ 廖家杰：《核心素养视野下的中学生语文阅读素养》，《广西教育学院学报》，2019 年第 1 期。

④ 牛丹丹：《语文学科核心素养之阅读素养概念探析》，《教师教育论坛》，2017 年第 10 期。

有效建构意义的探寻。PISA、PIRLS、NAEP三项大型国际阅读素养评价项目在强调阅读与生活、与不同情境目的联系的同时，都关注了阅读素养是基于文本建构意义的本质特征。我国的研究者在界定阅读素养时也在强调阅读素养建构意义的本质特征。上海师范大学的李海林教授就明确提出了阅读素养是指利用自己的文化素养及阅读经验，与文本一起共同创造新意义的知识、能力和思维方式的过程。①

基于对已有研究的分析，本书认为，阅读素养和素养具有一脉相承的关系，指的是阅读主体根据实际阅读情境的需要，与文本有效互动、主动建构意义的复杂心智力量的聚合。

三、阅读素养的特征

具体来看，阅读素养有如下几个关键特征。

（一）阅读素养以建构意义为核心

阅读是对语言意义的探寻与建构活动，阅读素养必须以意义的有效建构作为出发点和最终归宿。只有在有效建构意义的前提下，阅读才能够发挥其在促进精神成长、提高审美品质、提高学习力等各方面的功能和价值。失去了对语言文字意义的把握，阅读也就失去了其存在的所有意义。因此，谈论阅读素养，首先要关注阅读素养的意义建构这一核心，避免阅读素养研究的过度泛化。

（二）阅读素养是阅读相关心智力量的聚合

阅读素养是人面对具体情境时为有效建构意义而调动的各种心智力量的聚合。它不仅包括阅读知识和能力，也包括阅读的情感、态度、品格等心智力量。

文本意义的生成，不是一种发现固有意义的过程，而是一种基于既有经验主动构建和创造新意义的过程。在这个过程中，能否顺利完成意义的建构，不仅受到主体阅读知识丰富程度、阅读能力水平高低的影响，还受到主体已有经验系统、思维方式、阅读情感与态度等多方面的综合影响。并且，这些因素并不存在先后顺序和主次关系，它们同时参与主体的阅读过程，并对主体的阅读过程产生复杂的交互影响。阅读素养是共同参与意义建构过程的多种心智历练的聚合。

研究阅读素养要关注阅读素养的整体性和复杂性，既不能过于强调阅读认知与理解能力的作用，也不能忽视阅读兴趣、习惯等态度品格在阅读素养形成与发展中的价值。要立足整体，综合把握阅读认知能力、思维品质、态

① 李海林：《创造性阅读的理性思考与实践分析——再论创造性阅读》，《中学语文教学》，2005年第4期。

度品格，以情感、态度、价值观等态度品格因素作为阅读素养的动力系统和定向工具，以思维品质作为阅读素养的调节工具，以认知、理解等能力因素作为执行工具，谋求阅读素养的整体提升。

（三）阅读素养基于情境，同时超越情境

从对阅读过程本身的认识看，阅读总是处在特定情境中，并受情境影响的。功能主义语言学提出，决定语言意义的不仅仅是语言形式本身，更是语言所处的语境系统。一方面，所有语言意义都处于具体的社会文化情境中，都承载着经历史沉淀下来的语义。另一方面，所有语言意义都受到其所处的具体语言运用情境的影响。同样的语句在不同的语境或语篇中表达的意义可能是截然不同的。因此，只有将语言文字与其运用者所处的社会、文化、历史、物理世界，甚至语言使用者个人背景等情境信息相结合，才能获得与社会和物理世界相适应的语言理解，才能形成较高的阅读素养。

从素养本身的特征看，阅读素养不仅是在阅读活动中形成和发展的，也是在真实的阅读情境中表现出来的。判断一个人的阅读素养，必须回到具体的阅读实践活动中，联系其在活动中的具体表现来完成。离开了阅读实践活动和阅读实践情境，阅读素养也就无从谈起。

阅读素养一经形成，就具有了超越情境的特征。它不仅能够在特定的情境中表现出来，而且能够灵活地迁移运用到新情境中，完成不同的阅读任务。只局限于在一个单一任务情境中的行为表现不能称为阅读素养。

（四）阅读素养可教可学，是主体在活动中主动建构的

阅读素养是通过后天学习形成的，具有可教可学的特点。

一方面，阅读素养的习得离不开学生在阅读学习活动中的主动建构。阅读学习本质上就是学生与学习活动中的各个要素（文本、教师、同学）进行对话和协商，建构意义的过程。学生只有主动参与到学习活动过程中，才能掌握对话与协商的本领，形成阅读素养。阅读素养不是人生来就有的，更不能从别人那里简单搬到自己身上。

另一方面，所有的阅读活动都离不开主体的主动对话和意义建构。阅读本身就是一个主体主动建构意义的过程。主体只有基于自身经验，主动参与到与文本对话的过程中，才能建构出属于自己的意义。

（五）阅读素养既包括外显表现，也包括潜在特质

前面谈到，素养具有类似冰山的结构，既包括外显特质，也包括潜在的特质。阅读素养同样具有这样的特征。其中，阅读素养外显的特质往往是比较容易描述而且容易观察到的阅读知识、能力，而潜在的特质指的是个人经验体系中处于缄默状态的元认知、自我概念、态度情意价值、动机等，这些都是不容易被直接描述和观察到的。

阅读素养的外显特质和潜在特质共同影响阅读素养的形成和发展，不存

在主次或者轻重关系。阅读的知识和能力在阅读素养中提供了意义建构的可能性；而与阅读相关的情感、态度、价值观则为阅读素养的形成与发展提供动力，并对阅读素养具有重要的导向作用；阅读的认知与思维方式对阅读素养具有重要的调节和助力功能。

第二节　阅读素养的发展机制

阅读素养本身的综合性和复杂性要求我们不仅要认识阅读素养的内涵特征，还要对其构成维度进行分析，以明确阅读素养的形成发展机制，为阅读素养的有效培养提供基础。本节将围绕阅读素养的构成维度和形成机制等展开讨论。

一、阅读素养的构成维度

阅读是主体面对特定阅读情境，通过与文本对话，积极主动地建构意义、获得情感体验和审美感悟的过程。其中，阅读情境是与人的阅读活动相联系的具体环境。它包括主体的阅读需要与动机、文本对象的类型与呈现方式，也包括阅读主体和文本所存在的社会历史文化背景等。主体与文本互动、建构意义的过程就是阅读活动展开的过程。所有的阅读活动都发生在一定的阅读情境中。阅读情境为阅读活动的展开提供条件，也规定和约束着阅读活动的方式和空间。阅读活动展开过程中，主体为完成互动、建构意义而调用的心智力量的聚合就是阅读素养。阅读素养是支配、调节阅读活动展开的关键因素，阅读活动的质量、阅读理解的水平都受阅读素养的直接影响。同时在阅读活动过程中，阅读素养也被不断重组和发展。

阅读素养形成、发展于阅读活动中，并凝结为阅读活动经验系统。在阅读活动展开过程中，主体所调用的心智力量是多元的、复杂的。因此，阅读素养也是一个多因素、复杂的结构体系，主要包括认知经验、情感态度经验和对象经验三个子系统。每个子系统又由多个相互关联、影响的要素构成。

其中，认知经验系统指的是支配主体与文本互动过程的心智技能因素，包括阅读思维、阅读策略、阅读方式方法等；情感态度经验系统指的是调节主体与情境中各因素（文本、他人、社会文化等）关系的情感态度与价值观因素，包括阅读兴趣、阅读动机、阅读意志品质、阅读习惯等；对象经验系统指的是主体自身建构的有关阅读的知识，主要用于识别阅读情境，包括语言文字知识、文本经验、文化理解等。

这三个子系统共同参与阅读活动，在阅读活动展开过程中识别阅读情境、支配读者与文本的互动过程、调节读者与情境中各要素的关系，丰富对文本的认知。三个子系统之间发生复杂的相互作用，不同的认知经验会影响阅读的情感态度，不同的情感态度也会影响阅读认知的过程，影响对阅读情境的识别。同时，三个子系统也在阅读活动展开的过程中不断被同化、顺应，获得阅读素养整体的发展。

（一）认知经验系统

认知经验系统指的是支配主体与文本互动过程的心智技能因素，包括阅读思维、阅读策略、阅读方式方法等。离开了认知经验系统，主体就无法完成与文本对话、互动的过程，阅读意义的建构过程也就不复存在了。

主体在认知经验系统的支配下，完成对文本的认知加工过程。通过分析阅读认知加工结果的质量，可以推断主体认知经验系统的发展水平。国内外一些大型评价项目在阅读认知加工结果质量的评价方面做了比较深入的研究。例如，PIRLS将阅读认知与加工过程分为关注并提取明确陈述的信息、解释并整合观点和信息、进行直接推论、检视并评价文本特征。① 再如北京师范大学基础教育协同创新中心“建立中小学生学业质量分析、反馈与指导系统”项目组将这一过程分为整体感知、提取信息、形成解释、做出评价、解决问题五种子能力。②

在综合比较国内外研究的基础上，本书认为阅读认知与加工过程包括四种认知操作：提取信息、整体感知、形成解释、做出评价。③ 通过这四个方面的认知操作状况，可以推断主体认知经验系统的发展水平。

其中，提取信息指的是阅读时能关注文本的具体内容，获取文本中的关键信息和重要细节。如，能够根据要求找出明确陈述的单个信息或者多个信息；能够通过简单的推论找出文本中隐含的信息。整体感知指的是阅读时能对文本的内容、主旨、表达特点等形成整体的把握。如，能够概括文章的主要内容；能够体会文章要表达的情感；能够把握文章的写作目的等。形成解释指的是在阅读时能够联系自身经验，利用文本信息，对文本的相关情节、内容等做进一步的阐释。如，能解释文中关键词语的意思；能解释人物行为的原因；能解释关键细节的含义等。做出评价指的是能够对文本的内容、形式等有自己的观点和判断，并能利用文本信息支持自己的观点。如，能够评价文中词语的表达效果；能够判断文本中使用的修辞手法及表达效果；能够评价文本的结构布局等。

阅读认知与加工过程是一个主客体不断交互的复杂过程，提取信息、形成解释等过程同时发生、相互影响。以上的划分只是为了研究的方便，实际

① 许明、王晞：《国际阅读素养进步研究述评》，《外国教育研究》，2003年第12期。

② 项目组：《“建立中小学生学业质量分析、反馈与指导系统”项目介绍》，《基础教育课程》，2009年第7期。

③ 李英杰：《小学生阅读能力学业水平评价的研究》，北京：首都师范大学，2006年，第39—40页。

阅读教学中还要关注阅读过程的复杂性和整体性。

（二）情感态度经验系统

情感态度经验系统指的是调节主体与情境中各因素（文本、他人、社会文化等）关系的情感态度与价值观因素，包括阅读兴趣、阅读动机、阅读意志品质、阅读习惯等。

阅读意义建构的过程是一个需要调用复杂心智力量的过程，需要主体积极的阅读兴趣与态度参与，才能为整个意义建构过程提供充足的动力；需要足够的意志品质，保证意义建构过程的顺利完成。阅读李清照的"寻寻觅觅，冷冷清清，凄凄惨惨戚戚"，女性更容易投入，并找到情感的共鸣，而阅读苏轼的"大江东去，浪淘尽，千古风流人物"，男性则更容易感受其中的意境，就是因为阅读兴趣和态度的差异。同时，阅读意义的建构过程也会影响主体的阅读兴趣与态度。读者在李清照的诗词中获得了与自身经验相一致的情感体验，或者在自身经验的改组中收获了发展的快感，都会促进主体阅读兴趣与态度的发展，为下一次的阅读活动积蓄更充足的动力。反之则会影响下一次阅读活动的情感态度。

主体的阅读兴趣、态度和意志品质，反映到行为上就是主体的阅读习惯。首先，阅读的兴趣和意志品质会呈现为主体自主的阅读行为习惯。只要有时间就会阅读，没有时间也要争取时间进行阅读。其次，长期的阅读还会形成一些有关阅读方法的习惯。比如边读边画的习惯、做旁批的习惯、写读后感的习惯……这些阅读习惯也是主体阅读素养的重要组成部分。

主体建构意义的过程不仅需要积极的情感态度为其提供持续的动力，还需要良好的品格和价值观为其提供导向。在阅读活动发生之前，读者原先各种经验、趣味、价值观会综合形成对文学作品的一种欣赏要求和欣赏水平①，也就是接受美学所称的期待视野。读者带着自身的期待视野走进文本的阅读过程，为意义的理解奠定基础，自始至终参与、影响意义建构的过程，并最终限定理解的广度和深度。同时，意义建构的过程也会反过来影响主体的期待视野，调整主体的价值观和品格。

（三）对象经验系统

对象经验系统指的是主体自身建构的语言、文本、文化知识与经验，包括语言文字知识、文本经验、文化理解等。主体基于自身掌握的对象知识与经验，识别阅读情境的特征，包括文本类型及组织方式、文本存在的历史文化背景等，并基于具体的阅读情境，确定阅读方式、方法和策略，展开阅读活动过程；投入阅读情感态度和价值观，对阅读活动进行调节；唤起与阅读情境相关的文化理解，丰富阅读的认知。

① 朱立元：《接受美学》，上海：上海人民出版社，1989年，第13页。

这里的语言文字知识指的是主体自身建构的、内化的语言文字知识。阅读并非天生的，阅读需要后天的学习训练，从而获得专门的阅读知识与技能，学会阅读。无论是何种阅读，首先需要认识字词，因此字的知识、语音知识、词汇知识、句法知识等，就是阅读所必须掌握的最基本的知识。通过主体的自主建构，掌握语言文字知识的过程就是形成对世界的基本认识、学习文化的过程。汉语的每个字、词反映的都是概念，都承载了中华民族的文化。通过语言文字知识，主体可以识别文本的语言特色、表达特征等，从而为阅读活动的有效展开奠定基础。

主体的文本经验也会影响对情境的识别和判断。丰富的文本经验可以帮助主体迅速判断文本的体裁、结构布局、组织方式等，进而影响阅读活动中思维的展开方式、方法策略的选择、情感态度的参与。胡永崇曾通过对小学四年级学生的研究发现：对于年纪越小的儿童、初学阅读者、阅读有困难的学生，文章本身的结构、组织、可读性、用语的清晰度、趣味性、凝聚性等越会影响其阅读理解的过程。这一研究成果揭示的就是文本经验丰富程度对阅读过程的影响。

主体丰富的文化历史经验有利于其对阅读情境的识别，特别是对文本所处历史文化背景的识别。所有文本都处于具体的社会文化情境中，都承载着经历史沉淀下来的语义。主体丰富的文化历史经验可以帮助其快速识别文本所处的历史文化背景，调用相关经验参与阅读过程，丰富对文本的认知。

综上所述，阅读素养形成、发展于阅读活动中，凝结为一个复杂的、多向联系互动的阅读活动经验体系。这一系统可以用图 2-2 直观呈现。

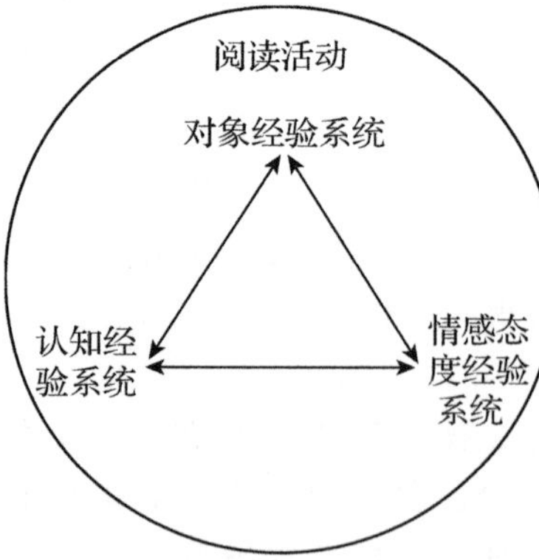

图 2-2　阅读素养构成要素

一方面，认知经验、情感态度经验和对象经验三个子系统共同参与阅读活动过程，对象经验系统识别阅读情境特征，认知经验系统支配阅读互动过程，情感态度经验系统调节主体与文本、与阅读活动之间的关系。在阅读活动过程中，三个子系统也通过不断的同化和顺应得到发展。另一方面，三个子系统在阅读活动过程中相互作用、相互影响。对象经验系统对阅读情境特征的识别、已有的情感态度经验决定了认知经验的调用与加工过程；认知经验反过来也会调整或增强主体的情感态度经验，丰富或者重组主体的对象经验系统。最后，每个子系统都由多个要素构成，要素之间相互支撑、相互影响，存在复杂的关联。例如，对象经验系统中的文本经验会和认知经验系统中的阅读策略相互影响，不同的文本类型，同样是提取信息的认知加工过程也可能采用不同的阅读策略。

阅读素养的认知经验、情感态度经验、对象经验三个子系统内部以及它们相互之间复杂、多向的联系，是阅读素养复杂性、整体性的体现。阅读素养是多种复杂心智力量的聚合，而不是因素的简单叠加。这里对阅读素养构成要素的划分，只是为了研究阅读素养教学的方便，实际上阅读素养是没有办法被简单分割的。

二、阅读素养的形成机制

阅读素养是在大量的阅读实践活动中逐渐积累和建构起来的。阅读素养不是主体头脑中静态的智力结构，而是主体在阅读活动中，综合调用各种心智力量展开对话与建构的动态过程。因此，阅读素养不能通过传递-接受的方式进行简单复制，也不能通过刺激-反应的方式进行强化培养，它的形成和发展都离不开主体的阅读实践活动。

(一)阅读素养在阅读活动中形成和发展

学习与活动是相互作用、相互依赖的，活动是学习的主要机制。① 阅读活动是阅读素养提升的主要机制。

在阅读活动中，主体调用自身的对象经验系统识别阅读情境的特征，并联合认知经验系统、情感态度经验系统共同制定意义建构的初步认知方案；认知经验系统支配主体与文本互动的过程，情感态度经验系统不断调节主体与文本、与情境之间的关系。同时，主体根据互动过程的具体情况不断进行反思，并根据反思的结果"同化"新的阅读经验或者"顺应"新的阅读经验，改组自己原有的经验体系。不论是"同化"还是"顺应"，主体的阅读素养都在活动中得到了发展。

阅读活动为阅读素养的发展提供平台，同时也规定了阅读素养的发展空间。主体的所有活动都是带有意向性的。阅读活动同样是带有意向性的，它通过阅读的任务、阅读的要求、阅读的对象规定和限制了主体在建构意义过程中所调用的心智力量。主体也在这个过程中积累了根据阅读活动需要有效调用各种心智力量的经验，提高了其根据活动需要调用心智力量的灵活性和

① 高文等编著：《学习科学的关键词》，上海：华东师范大学出版社，2008 年，第 12 页。

熟练度。

(二)阅读素养有赖于主体在阅读活动中的主动参与

学习本质上是主体与社会情境进行的互动协商过程。① 建构主义一词隐喻地表示了人是通过建构进行学习的。② 阅读本质上是意义的协商，因此，主体要通过主动建构才能实现阅读素养水平的提升。只有当主体自己积极地参与到与文本互动过程中，参与到阅读学习活动中，他们才能深刻理解文本，建构属于自己的意义。

所有阅读都是建立在主体原有经验基础之上的对话与协商过程。主体带着他们对现实世界、阅读活动的各种认识、经验走进与文本对话协商的过程。在协商过程中，主体的经验可能推动协商的顺利开展，也可能有些经验与文本发生冲突，需要修正和调整。主体基于对协商过程的反思，不断对原有的经验进行“同化”或者“顺应”，促进自身认知经验结构的发展。

被动的、简单重复的阅读实践经验积累并不能实现阅读素养提升的目的。如果学生只是被动地接受教师讲解的知识或文本的结论性理解，或者机械地重复简单的操作流程，他们所获得的知识都是脱离于具体阅读活动情境的结论性的知识，这些知识都是以割裂的方式存在的。学生既不能形成对文本意义的深刻理解，也不能在多样的阅读活动情境中迁移运用这些结论性知识，他们的阅读素养将难以提高。

(三)阅读素养高低取决于主体阅读经验的丰富程度和结构化程度

主体阅读的过程就是基于其既有经验调用多种心智力量“同化”或者“顺应”新经验的过程。阅读素养的高低取决于主体阅读经验的丰富程度和结构化程度。

阅读活动中，主体总是带着自己的既有经验走进文本，并基于既有经验调用各种复杂的心智力量与阅读情境中的各个要素进行对话协商。主体的认知经验、情感态度经验、对象经验越丰富，就有越大的可能顺利完成对情境的识别，并根据情境需要调用相适应的各种心智力量。认知学徒制的观点认为，成为专家的特征之一就是能够有意识地识别情境特征。阅读经验的不断丰富也会带来对阅读情境特征的有意识、有效的识别。

主体的阅读经验不仅要丰富，还要以关键概念、重要知识为核心形成结构网，同时包括应用关键概念和程序的情境信息。③ 主体通过主动参与阅读活动，在阅读素养三个子系统之间建立越来越复杂的联系，逐步提高子系统及

① [丹]克努兹·伊列雷斯：《我们如何学习：全视角学习理论》，孙玫璐译，北京：教育科学出版社，2014 年，第 23—30 页。

② [美]R. 基思·索耶：《剑桥学习科学手册》，徐晓东等译，北京：教育科学出版社，2010 年，第 48 页。

③ 同上书，第 31 页。

各个要素之间结构化的程度。结构化程度的提高，使得主体面对阅读情境，可以更灵活、有效地调用和支配各个要素，更好地完成阅读活动。可以说，阅读素养各个要素之间结构化程度越高，主体的阅读素养水平越高。只有主体主动参与阅读活动，才能实现阅读经验的积累和结构化程度的提高。被动的、机械的阅读活动并不能提高主体的阅读素养。

(四)阅读素养的提高离不开积极的外部环境

主体所处的外部环境是阅读素养发展的现实情境，对阅读素养的提高有重要的影响作用。学生的阅读素养主要是在学校完成的，良好的学校教育教学环境，能够为阅读活动的开展和阅读经验的结构化提供条件和保障，支持学生阅读素养的提高。这些条件和保障主要包括积极的阅读氛围、充分的阅读资源、有主动建构空间的阅读活动和阅读活动系统内各主体之间的多向、充分互动。

支持学生阅读素养提升的外部环境，首先要能够为学生提供充足的阅读活动，同时确保学生能够参与这些阅读活动的过程，主动进行意义的协商与建构。20 世纪 80 年代，认知科学家就已经发现，当学生清楚地知道如何在真实世界和实际情况中运用知识时，这些知识就会在学生头脑中保持得更持久，同时也能将这些知识运用到更广泛的情境中。① 因此，教师要改变单向传递的教学状态，积极为学生创设开放的阅读活动。同时，引导学生参与到阅读活动中，经历读书、建构意义的过程。

其次，支持学生阅读素养的外部环境要为学生的阅读提供充分的资源。学校要为学生提供时时有书读、处处有书读的环境。苏霍姆林斯基曾经说过：一所学校可能什么都齐全，但如果没有为了人的全面发展和丰富精神生活而必备的书，或者如果大家不喜爱书籍，对书籍冷淡，那么就不能称其为学校。② 从这句话可以看出书籍对于一所学校的重要性。同时，学校还要精心选择阅读内容，用优秀的书籍调动学生阅读兴趣，提升学生阅读品质。

再次，要确保阅读活动系统内各主体之间的多向、充分互动。教学环境下的阅读素养发展和个体的阅读素养发展最大的不同在于，教学环境下，主体不仅需要与文本进行协商，还要与阅读情境中的多个主体进行多向协商与互动。充分的对话与协商，可以让主体在意义建构的过程中不断外化他对意义的理解。维果茨基认为所有知识都始于可视化的社会交互，然后慢慢被学习者内化，并形成想法。③ 在阅读活动展开过程中，主体间贯穿活动始终的对

---

① [美]R. 基思·索耶：《剑桥学习科学手册》，徐晓东等译，北京：教育科学出版社，2010 年，第 4 页。

② [苏]苏霍姆林斯基：《帕夫雷什中学》，北京：教育科学出版社，1983 年，第 28 页。

③ [美]R. 基思·索耶：《剑桥学习科学手册》，徐晓东等译，北京：教育科学出版社，2010 年，第 13 页。

话，可以将内隐的思维过程显性化，可以借此观察、分析、监控、调整自己的思维过程，并在不断外化、反馈、修正中逐步实现阅读素养提升。

阅读教学中，不仅存在主体与文本、主体与同学之间的互动，还有主体(新手)与教师(高水平读者)之间的互动。教师作为成熟的阅读者，不仅在认知经验系统、对象经验系统、情感态度经验系统中拥有更加丰富的经验，而且各个系统、要素之间的关联度和结构化程度也更高。因此，他们能够迅速识别阅读情境特征，并根据情境的需要和特点形成一整套程序性的活动方案或计划，按照方案或计划即时展开互动活动，并在活动过程中不断进行自我反思，做出调整来适应实际阅读情境和阅读活动的需要。在师生互动过程中，教师要基于学生的最近发展区，根据学生的需要适时增加、修正或撤去脚手架，促进学生阅读经验的结构化过程。

最后，创设积极的阅读文化氛围。学校对阅读重要性的认识，对学生阅读素养重要性的认识，会影响学校的阅读资源配置，也会影响教师能否为学生创设主动的阅读活动空间，能否与学生之间开展多向积极互动。因此，学生阅读素养的提升，要从创设积极的阅读文化氛围开始。通过树立学校阅读文化，使学校的每一个角落都洋溢着阅读的氛围，每一位教师都认识到阅读对于个人、学校、学生发展的重要作用。

通过这四个方面的外部环境，保证学生阅读经验的不断丰富和结构化程度的不断提高，实现学生阅读素养的提升。

三、阅读素养的发展模型

阅读素养通过具体的阅读活动得以展现，同时又在每一次具体的阅读活动中获得发展。将每一次积极主动的阅读活动联系在一起，就构成了阅读素养不断巩固、螺旋提升的发展过程。这个过程就像是滚雪球，学生的阅读经验从少到多，经验结构从简单到复杂，逐步从新手成长为专家。

以儿童早期的阅读素养发展为例。阅读素养在儿童早期识字阶段就已经开始有了萌芽。识字活动不是阅读，但是为阅读打下了重要的基础。通过识字，儿童解决了阅读过程中最基础的符号识别问题。同时，字词反映的是人们对世界的认识。儿童通过识字，学习了基本的概念，形成一些非常简单的文化理解，掌握一些初步的认知方法。这些就是儿童为阅读素养发展积累的最初始的经验(认知经验、情感态度经验和对象经验)。如，儿童通过学习“叔叔”，不仅掌握了一个概念，而且理解了中华文化中的一个亲属关系，形成了对汉字和语言的积极的情感体验。从这个意义上说，阅读素养从识字阶段就已经有了最基本的萌芽特征。

随着学生识字量的增加，他们开始将字与字、词与词联系起来，这就开始了早期的阅读活动。这一时期的阅读活动，虽然儿童还没有形成自觉的对象经验体系，不能有效识别文本的情境特征，但是儿童在阅读活动中接触了不同的文本类型，进行了一些认知加工(比如对文本直接陈述信息的提取和表层理解等)，并在这个过程中获得了阅读情感体验。他们以不自觉的方式积累了认知经验，获得了情感体验，丰富了对象经验，并形成了初步的经验结构体系，阅读素养有了初步的发展。

阅读素养在学生每一次积极主动的阅读实践活动获得螺旋式的发展。每次阅读活动，学生都要调用各种心智力量完成意义的建构，都要根据阅读情境的实际需要不断强化、改组、重构其经验体系。在这个过程中，学生的认知经验、情感态度经验和对象经验都不断丰富，结构化程度都不断提高。面对多样、复杂的阅读情境，学生能够越来越灵活地调用其各种心智力量，有效解决阅读情境中的各种问题，完成意义的建构、思维的发展、审美的提高和文化的传承。学生从一个新手逐步成长为一个专家型阅读者，能够自动化、顺畅地提取与阅读情境相适应的各项心智力量，完成意义建构。

阅读素养的发展是一个持续终身的过程。只要阅读活动存在，阅读素养的发展就不会终止。学生的阅读经验体系在阅读活动中不断发生“同化”或“顺应”过程，阅读素养随阅读活动动态提升。

这个发展过程可以用图 2-3 直观呈现。

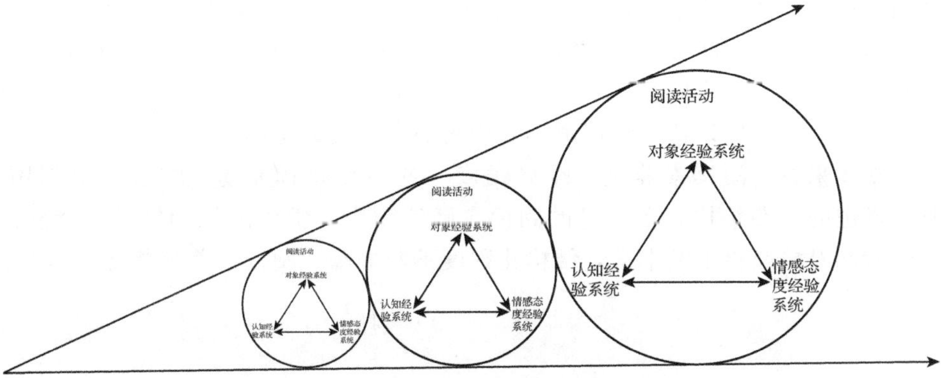

图 2-3　阅读素养的形成与发展模型

综上所述，本章首先明确了素养的内涵：主体根据特定情境的需要，有效认识、分析和解决问题的复杂心智力量的聚合。在此基础上提出，阅读素养作为人的一种重要素养，指的是阅读主体根据实际阅读情境的需要，与文本有效互动、主动建构意义的复杂心智力量的聚合。阅读素养具有如下基本特征。第一，阅读素养以建构意义为核心。第二，阅读素养是阅读相关心智力量的聚合。第三，阅读素养基于情境，同时超越情境。第四，阅读素养可教可学，是主体在阅读活动中主动建构的。第五，阅读素养既包括外显特质，也包括潜在特质。

基于对素养及阅读素养的内涵分析，本章提出了阅读素养的构成要素及发展模型。阅读素养是一个多因素、复杂的结构体系，主要包括认知经验、情感态度经验和对象经验三个子系统，每个子系统都由多个要素组成。这三个子系统共同参与阅读活动，对象经验系统识别阅读情境特征，认知经验系统支配阅读互动过程，情感态度经验系统调节主体与文本、与阅读活动之间的关系。在阅读活动过程中，三个子系统之间以及子系统各要素之间也时时发生着复杂、多向的联系和影响。通过参与阅读活动，三个子系统也在不断地发生“同化”和“顺应”，从而使主体的阅读素养得到整体发展。认知经验、情感态度经验、对象经验三个子系统内部以及它们相互之间复杂、多向的联系，是阅读素养复杂性、整体性的体现。阅读素养是多种复杂心智力量的聚合，而不是因素的简单叠加。本章对阅读素养构成要素的划分，只是为了研究阅读素养教学的方便，实际上阅读素养是没有办法被简单分割的。

阅读素养是在主体大量的阅读实践活动中逐渐积累和建构起来的。阅读素养的提高离不开主体的主动建构和主体经验的不断结构化。在阅读活动中，主体通过主动参与互动与对话过程，逐渐丰富自己的认知经验、情感态度经验和对象经验，并在经验系统之间建立越来越复杂的联系，提高经验系统的结构化程度，最终提升自己的阅读素养。阅读素养的提高同样离不开外部条件的支持。外部环境中丰富的资源可以为阅读实践活动提供物质保障；主体参与阅读活动的空间决定了主体能否主动积累和建构自身阅读经验体系；主体与文本、他人的多向互动保证了主体的经验可以不断被重组和改造，提高结构化程度。当然，这一切都离不开积极的阅读文化氛围。

整体来看，阅读素养是一个各维度、各要素同时互动、综合发挥作用、整体推进的动态结构。在大量的阅读实践活动中，学生的认知经验、情感态度经验和对象经验不断丰富，结构化程度不断提高，阅读素养整体螺旋提升。

第三章　影响小学生阅读素养提升的实证调研

阅读素养是后天经验的产物，其培养会受到社会、学校、家庭不同层面多重因素的复杂影响。这一点，从已有研究者的大量论述及 PIRLS、PISA、NAEP 等大型素养评价项目的背景分析系统中均可窥知一二。很多国家、地区(俄罗斯、美国等国家和我国香港地区、台湾地区等[①])的研究经验证明：厘清阅读素养提升的影响因素，可以更有效地对阅读教学和培养方式进行改进，提升阅读素养水平。

小学阶段是阅读素养形成和发展的关键时期，小学生阅读素养主要在学校阅读教学中形成和发展。已有研究(祝新华[②]、康斯坦丁诺斯[③]、付媛姝[④]等)表明，学生自身以及学校阅读教学情况是影响学生阅读素养提升最主要的两个维度。对这两个维度进行深入分析，把握其中的关键影响因素，可以为有效提升小学生阅读素养提供重要的方向保障。

为此，本章将聚焦小学生自身及阅读教学两方面，对影响小学生阅读素养的相关因素进行实证调研，并利用 SPSS 分析软件对调研数据进行深入分析，确定其中的关键影响因素，为下一章提出小学生阅读素养提升的策略和建议奠定基础。

第一节　调研方案设计

一、调研总体思路

(一)调研目的

本次实证调研，旨在从学生主体、学校阅读教学两方面分析影响学生阅读素养提升的因素，确定其中的主要影响因素。

---

① 宋乃庆：《小学生阅读素养的背景因素探析——基于国际阅读素养进步研究视角》，《中国教育学刊》，2017 年第 2 期。

② 祝新华：《促进学习的阅读评估》，北京：人民教育出版社，2015 年，第 10—14 页。

③ Constantinos Papanstasiou. Factors distinguishing most and least effective schools in terms of reading achievement: a residualapproach. *Educational Research and Evaluation*, 2008(14).

④ 付媛姝、陈启山：《教师支持与控制策略对阅读素养的影响：来自 PISA 的证据》，《考试研究》，2015 年第 5 期。

（二）调研过程设计

1. 调研对象

本次调研涉及的对象包括小学各年级学生和语文教师。

2. 调研方法

为了更好地实现调研目的，本次调研在方法上同时采用了纸笔测验法、问卷调查法和录像课分析三种研究方法。

纸笔测验法主要用于对小学五年级学生的阅读素养测试。通过纸笔测验，调研学生阅读素养，特别是认知经验系统和对象经验系统的发展状况。

问卷调查法既面向小学各年级学生，也面向小学各年级教师。面向小学生的问卷主要用于调研不易于通过纸笔测验法考查的学生阅读素养发展状况，并通过归因分析确定阅读素养三个子系统之间的相互影响关系。同时，学生问卷还会对影响小学生阅读素养提升的外部支持因素进行调查。面向小学教师的问卷主要用于调研学校、教师为学生阅读素养发展提供的外部支持条件现状，确定其中重要的影响因素。

录像课分析主要面向中高年级教师的阅读课堂教学。通过对教师的阅读课堂教学进行深入分析，了解教师培养对学生阅读素养发展的影响。

三种方法各有优势。纸笔测验法便于直观反映学生阅读素养中认知经验系统、对象经验系统的发展状况，但对情感态度经验系统的调研能力有限。教师问卷具有实施相对便捷的特点，但容易出现社会期许效应。学生问卷虽受学生阅读理解力和作答能力的限制，但可以反映学生阅读素养中情感态度经验系统的发展状况，同时可以较为客观地反映学校教学的实际状况。录像课分析耗费时间较多，操作较为烦琐，但可以对教师的课堂阅读教学状况形成客观的把握。综合运用这三种方法，可以使研究结果相互补充、相互印证，增加调研的可信度和科学性，最终形成更客观的调研结论。

（三）调研结构设计

根据调研总体目的，本次调研将从学生自身和学校阅读教学两方面展开。

围绕学生自身的阅读素养发展，调研主要从学生的认知经验、对象经验、情感态度经验三方面展开。具体表现为：在学生测试卷中设计不同类型文本对象的阅读任务，通过考查学生面对不同文本对象时的阅读认知水平，反映学生阅读素养中认知经验系统和对象经验系统的发展状况；在学生问卷中设计学生阅读兴趣与态度、阅读内容与阅读量、阅读方法与策略等内容，通过这些内容反映学生阅读情感态度经验系统、对象经验系统（主要是阅读内容和阅读量）和认知经验系统（主要是阅读策略）的发展状况以及三个子系统对阅读素养整体发展的影响。

围绕学校阅读教学，调研主要从学校、教师对学生阅读素养发展提供的支持条件展开。具体表现为：在学生问卷和教师问卷中分别设计阅读氛围、阅读资源、阅读活动及空间、课堂互动等方面的支持现状调研；在录像课分析中聚焦课堂互动与学生活动空间的现状调研，以完整反映学校教学为学生阅读素养发展提供的支持条件现状。

调研总体结构与方法设计如表 3-1 所示。

表 3-1　阅读素养实证调研结构设计

一级指标	二级指标	调研方式
主体发展因素	认知经验系统	阅读试卷、学生问卷
	对象经验系统	阅读试卷、学生问卷
	情感态度经验系统	学生问卷
教学支持因素	阅读氛围	教师问卷、学生问卷
	阅读资源	教师问卷、学生问卷
	阅读活动及空间	教师问卷、学生问卷、录像课
	课堂互动	教师问卷、学生问卷、录像课

二、调研工具开发

(一)阅读试卷开发

本书结合纸笔测试的功能特点，在测试中设计不同类型的文本对象，在每个文本对象中分别考查学生的认知理解水平。通过学生面对不同阅读对象时的阅读认知水平，综合反映其在阅读素养认知经验系统和对象经验系统中的发展现状。情感态度经验系统则主要通过学生问卷进行调研。

阅读试卷被分为两个维度，一个维度是认知理解，另一个维度是文本对象。其中，认知理解维度具体考查提取信息、整体感知、形成解释和做出评价四种能力；文本对象维度为学生分别提供不同组织方式(连续性、非连续性)、不同类型(记叙性、说明性)的阅读材料。具体结构安排如表 3-2 所示。

表 3-2　学生阅读试卷结构安排

维度			认知理解			
			提取信息	整体感知	形成解释	做出评价
文本对象	连续性文本	记叙性	√	√	√	√
		说明性	√	√	√	√
	非连续性文本		√	√	√	√

具体试卷及细目表参见附录 1 和附录 2。

(二)学生问卷开发

学生问卷主要用于对学生阅读素养中情感态度经验系统发展现状、阅读素养发展支持因素两个方面进行调研。需要说明的是，学生问卷中的阅读素养现状调查并不能完整反映学生阅读素养发展的状态。这一调研结果要与阅读试卷的调研结果整合分析，才能完整把握学生阅读素养发展现状及各个因素之间的关系。

根据整体调研结构设计，需要通过学生问卷完成的二级指标包括认知经验系统、情感态度经验系统、对象经验系统的发展状况，也包括阅读氛围、阅读资源、阅读活动及空间、课堂互动等支持条件的现状。具体问卷研发的过程中，我们还增加了学生基本信息维度，以了解调研对象的基本情况，为进行更细致的调研结果分类分析做好准备。因此，学生问卷的二级指标共8个。

具体来看，学生基本信息部分包括性别、年龄、所在地、语文成绩4个常用的分类指标。阅读素养本身是一个复杂、多元的结构体系，构成阅读素养各子系统的要素同样是复杂、多元的。因此，在主体发展因素方面的调研，主要通过选取典型内容的方法完成。其中，认知经验系统主要聚焦阅读方法与策略的掌握情况，包括认知策略和元认知策略；情感态度经验系统主要聚焦阅读兴趣与态度、阅读习惯，包括阅读兴趣、动机、时间、频率等；对象经验系统主要聚焦阅读内容、阅读量、阅读自我评价。在教学支持因素方面，阅读氛围主要关注学校的整体阅读气氛。阅读资源主要关注学生对学校、教师所提供阅读材料的多样性和适切性的感受。阅读活动及空间主要关注学生对教师教学活动安排、活动空间的主观感受。课堂互动不仅调研教师的阅读策略指导，也调研教师的课中即时指导情况。

具体指标设计如表3-3所示。

表3-3　学生调研问卷整体指标

一级指标	二级指标	分类指标
基本信息	基本信息	性别、年龄、所在地、语文成绩
主体发展因素	认知经验系统	阅读方法与策略(认知策略、元认知策略)
	情感态度经验系统	阅读兴趣与态度(兴趣、动机)、阅读习惯(时间、频率)
	对象经验系统	阅读内容、阅读量、阅读自我评价
教学支持因素	阅读氛围	阅读环境与气氛
	阅读资源	资源多样性与适切性
	阅读活动及空间	教学活动安排、活动空间
	课堂互动	阅读策略指导、课中即时指导

另外，在学生问卷部分设计教学支持因素的调研，很重要的作用在于与教师问卷的结果形成呼应和印证，更准确、客观地把握阅读教学的现状和问题。因此，这部分的设计主要遵循与教师问卷相呼应的原则，在维度上与教师问卷保持一致，在具体题目上则调整为学生能理解并能接受的语言和表述方式。

实际学生问卷见附录 3。

(三)教师问卷开发

教师问卷主要用于对学生阅读素养发展的教学支持因素进行调研。根据整体调研结构设计，需要通过教师问卷完成的二级指标包括阅读氛围、阅读资源、阅读活动及空间、课堂互动 4 个。此外，教师问卷还增加了教师基本信息维度。因此，教师问卷的二级指标共 5 个。

教师基本信息部分主要是为了解调研对象的基本情况，进行更细致的调研结果分类分析做好准备。为此，本研究选取了性别、年龄、所在地、教龄、职称 5 个常用的分类指标进行调查。在教师问卷调研工具开发时，选取每个指标中较为典型、与学生阅读学习比较接近的因素进行了具体调查。阅读氛围部分主要聚焦学校整体的阅读气氛和教师的阅读状态(教师的阅读方法策略的掌握情况、阅读兴趣与观念、阅读习惯、阅读内容和阅读量等)。阅读资源部分关注学校、教师阅读资源选取的多样性和适切性。阅读活动及空间主要调研学习活动安排、教学方式方法两个方面。课堂互动不仅调研教师的阅读策略指导情况，也调研教师课中即时指导情况。

具体指标设计如表 3-4 所示。

表 3-4　教师调研问卷整体指标

一级指标	二级指标	分类指标
基本信息	基本信息	性别、年龄、所在地、教龄、职称
教学支持因素	阅读氛围	学校阅读环境与气氛
		教师阅读状态(阅读方法策略的掌握情况、阅读兴趣与观念、阅读习惯、阅读内容、阅读量)
	阅读资源	资源多样性与适切性
	阅读活动及空间	学习活动安排、教学方式方法
	课堂互动	阅读策略指导、课中即时指导

实际教师问卷见附录 4。

(四)录像课分析工具开发

根据整体调研结构设计，需要通过录像课分析完成的二级指标主要是教师的阅读活动实施以及师生课堂互动情况。

师生语言行为是课堂教学，特别是阅读课堂教学的主要行为。阅读教学中的绝大部分课堂时间都是被师生语言占据的。弗兰德斯曾提出，课堂教学中有三分之二的时间是被语言占用的，通过对教学语言的分析可以发现课堂教学的特征。① 因此，本部分聚焦师生语言进行分析。分析主要采用三种方法，分别是弗兰德斯语言互动分析法、指标评价法和 S-T 师生行为分析法。

其中，弗兰德斯语言互动分析法主要用来总体呈现师生课堂互动情况。它的主要思路是将师生语言分为不同类别，并通过课堂观察每 3 秒钟记录一次语言类型，最后对这些结果进行统计和分析。弗兰德斯将课堂语言分为教师语言、学生语言和课堂沉默三大类。其中，教师语言包括 7 种情况，分别为接纳学生情感、称赞/鼓励、接纳/利用学生观点、提问、讲授、指示/命令、批评/维护权威。学生语言包括 2 种情况，分别为教师驱动的学生被动语言和学生自主讲话。加上课堂沉默，师生课堂语言共被分为 10 种具体情况。根据小学语文阅读课堂教学实际，课堂沉默除师生语言互动之外的其他教学行为，具体包括学生朗读、默读、思考、操作，教师展示或播放教学课件。

指标评价法主要用于分析学生在课堂阅读活动中的思维空间，课堂提问与理答设计是本部门分析的主要内容。指标体系如表 3-5 所示。

表 3-5　小学阅读课堂提问与理答分析框架

一级框架	二级框架	三级框架
提问	问题指向	文本理解
		学法获得
		其他
	问题答案类型	课文原文答案
		是非判断性答案
		简单评价性答案
		论述性答案
		其他

① Ned A. Flanders. Analyzing teacher behaviours part of the teaching-learning process. Educational Leadership, 1961(12).

续表

一级框架	二级框架	三级框架
理答	理答方式	对学生回答补充或引申
		教师代答
		让其他学生再回答
		重复问题
		重复学生答案
		再提出另一个问题
		其他
	理答态度	鼓励或表扬
		不表态
		打断学生
		批评或否定
		启发或引导
		其他

S-T 分析法（即师生行为分析法）在录像课分析中主要用于反映师生互动的时间和频率。基本思路是将教学中的行为分为教师行为（T）和学生行为（S）两类，以 5 秒为一个间隔，对观察到的教师行为和学生行为进行采样、记录。①

将两种定量研究方法与注重定性研究的指标评价法有机融合，有利于更加客观、准确地描述师生课堂互动状况。

三、调研实施步骤

调研实施主要包括三步，分别是问卷及试卷调查阶段、录像课收集阶段和数据整理与分析阶段。

1. 问卷及试卷调查阶段

2016 年 11 月至 2017 年 2 月，采用网上调研的方式面向全国各省、市语文教师、小学生展开调研。共回收有效教师问卷 8113 份，去除无效问卷 122 份后，有效问卷共 7991 份。共回收学生问卷 9626 份，去除无效问卷 38 份后，有效问卷共 9588 份。

与此同时，本书还通过纸笔测试的方式对北京市五年级学生进行了阅读

① 何光峰：《录像课分析在教学质量监测与评价中的应用》，《教育科学研究》，2014 年第 4 期。

素养测试。参加测试学生共3291名，有效试卷3291份。

2. 录像课收集阶段

2017年3月，在北京市随机抽取9个区县，收取中高年级阅读录像课例20节。

3. 数据整理与分析阶段

2017年4月至7月，对收集到的问卷和试卷数据进行了集中分析与整理，并对20节录像课进行了编码与分析。

第二节　调研结果分析

一、试卷测试结果

(一)试卷测试总体情况

本次试卷测试主要针对小学五年级学生。测试卷共包括3篇阅读文本，20道测试题目，总分值为40分。参加测试的学生共有3291名，其中，有效测试卷为3291份。对本测试卷的所有分析是基于这3291份有效测试卷进行的。

对测试结果的分析以经典测量理论(CTT)和项目反应理论(IRT)为基础，在整卷、各素养领域和题目水平3个层次展开，其中主要的测量指标有CTT难度、区分度(题总相关、合格鉴别指数、优秀鉴别指数)、IRT难度、拟合度等。

测试卷总体难度为79.3，信度为0.91。总体来看，这是一份质量较好的试卷。

(二)试卷测试结果分析

1. 阅读认知与理解的水平整体偏低，特别是做出评价等高阶能力

本次调研试卷通过学生在阅读认知与理解上的水平来反映学生阅读素养中认知经验系统的发展状况。调研结果显示，学生在阅读认知与理解上的总体得分率只有79.3%。除形成解释外，其他3项的得分率均在80%以下，特别是做出评价，得分率仅为71.7%。这说明学生阅读认知与理解的水平整体偏低。具体数据情况见图3-1。

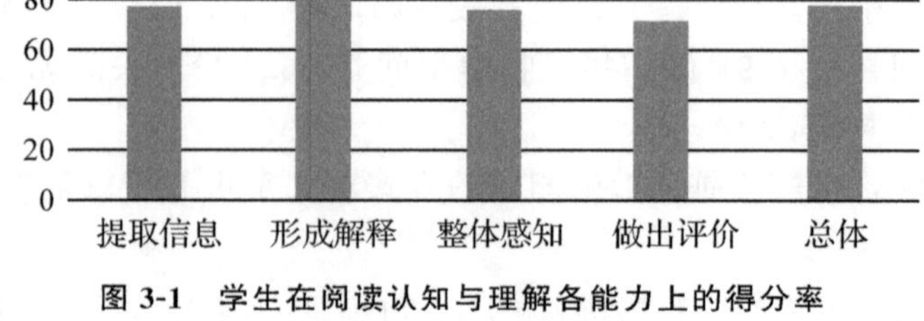

图3-1　学生在阅读认知与理解各能力上的得分率

2. 学生对记叙性、连续性文本的阅读优于其他文本类型

对象经验系统是构成阅读素养的三个子系统之一，其具体表现为学生对阅读情境特征的有效识别。本次试卷测试没有单独考查学生的语言文字、文本、文化等对象知识，而是为学生提供了不同类型、不同组织方式的阅读对象，通过学生对阅读情境的有效识别来反映学生对象经验系统的发展状况。

从学生的具体表现看，学生在记叙性和说明性两种类型的文本阅读中的表现存在显著差异。学生在记叙性文本中的得分率为 85.7%，在说明性文本中的得分率仅为 72.6%，二者相差超过 13 个百分点。从文本组织方式看，学生在不同组织方式的文本中表现得都不太理想，二者之间差异不大，其中在非连续性文本中的总体得分率为 79.0%。这说明学生阅读的过程中对不同的文本组织方式并不敏感，学生还没有形成根据不同的文本组织方式有效展开意义建构过程的能力。具体数据情况见图 3-2。

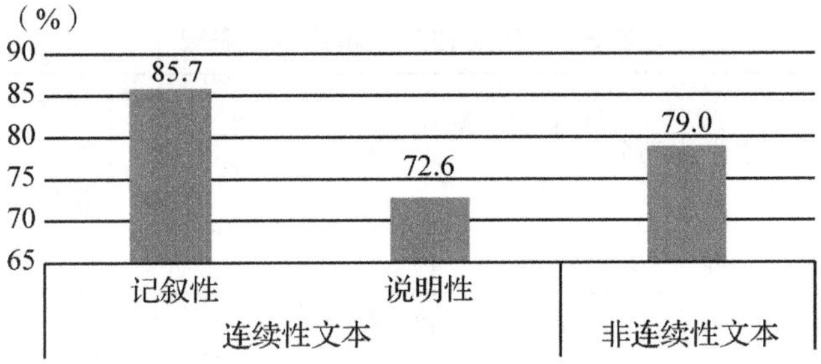

图 3-2 学生在不同文本类型上的得分率

3. 面对不同对象类型，学生阅读认知经验的发展不够均衡

把学生阅读素养的对象经验系统、认知经验系统进行交叉分析可以发现，面对不同的对象类型，学生的阅读认知经验发展并不均衡和稳定。学生在阅读不同类型的文本时，其认知理解水平差异较大。

数据显示，对于连续性的记叙类文本而言，学生在阅读过程中表现最好的是形成解释的能力，最薄弱的是做出评价的能力。对于连续性的说明性文本而言，学生表现最好的是提取信息的能力，整体感知的能力和做出评价的能力都比较弱。特别是做出评价的能力，学生的得分率只有 57.0%。也就是说，在说明性文本阅读中，学生做出评价的能力是最为薄弱的。在非连续性文本阅读中，学生表现最好的是形成解释的能力，得分率为 87.0%，表现最弱的则是整体感知的能力，得分率只有 66.7%。可见学生在阅读非连续性文本时遇到的最大困难是对文本的整体把握。具体数据见表 3-6。

表 3-6 学生在不同文本类型中各能力的得分率(%)

文本类型		提取信息	整体感知	形成解释	做出评价	总体
连续性文本	记叙性	80.0	87.5	94.3	78.8	85.7
	说明性	77.5	73.2	77.0	57.0	72.6
非连续性文本		75.5	66.7	87.0	82.0	79.0

4. 阅读认知经验受不同对象类型的影响较大

从学生在不同题目上的具体表现看，学生在连续性、记叙性文本形成解释题目(第 1 题)的得分率最高，为 0.98；在连续性、说明性文本的整体感知类题目(第 10 题)的得分率最低，仅为 0.55。这说明学生的阅读认知经验在不同类型文本的阅读中表现出较大的差异，学生对不同文本类型的阅读加工还不够灵活，不同文本类型对阅读认知经验的影响较大。具体数据见表 3-7。

表 3-7 学生在具体题目中的表现

题目	文本对象	认知水平	满分	平均数	标准差	难度	题总相关	合格鉴别指数	优秀鉴别指数	IRT难度	拟合度
1	连续性、记叙性文本	形成解释	2	1.95	0.31	0.98	0.28	0.27	0.04	−0.51	0.88
2		做出评价	2	1.43	0.62	0.72	0.36	0.29	0.19	0.67	1.06
3		形成解释	1	0.88	0.32	0.88	0.45	0.66	0.18	−0.34	0.85
4		提取信息	1	0.91	0.29	0.91	0.16	0.19	0.06	−0.67	1.03
5		整体感知	2	1.70	0.52	0.85	0.42	0.44	0.15	−0.11	0.92
6		提取信息	1	0.69	0.46	0.69	0.43	0.57	0.30	0.97	0.93
7		整体感知	3	2.70	0.69	0.90	0.46	0.51	0.13	0.28	0.92
8		整体感知	1	0.85	0.36	0.85	0.36	0.41	0.19	−0.04	0.95
9		做出评价	2	1.72	0.58	0.86	0.48	0.55	0.19	0.28	0.88
10	连续性、说明性文本	整体感知	2	1.10	0.68	0.55	0.50	0.43	0.27	1.62	0.93
11		提取信息	2	1.55	0.83	0.78	0.24	0.41	0.15	0.48	1.05
12		做出评价	2	1.14	0.82	0.57	0.55	0.51	0.37	1.61	0.93
13		整体感知	2	1.69	0.72	0.84	0.33	0.42	0.18	−0.02	0.96
14		形成解释	4	3.08	0.37	0.77	0.40	0.54	0.21	0.10	0.91
15		整体感知	2	1.60	0.80	0.80	0.35	0.45	0.21	0.33	0.96

续表

题目	文本对象	认知水平	满分	平均数	标准差	难度	题总相关	合格鉴别指数	优秀鉴别指数	IRT难度	拟合度
16	非连续性文本	整体感知	1	0.64	0.48	0.64	0.40	0.44	0.31	1.26	0.96
17		整体感知	2	1.36	0.75	0.68	0.49	0.55	0.29	1.17	0.96
18		获取信息	2	1.51	0.63	0.76	0.24	0.24	0.11	0.63	1.19
19		形成解释	1	0.82	0.38	0.82	0.45	0.65	0.25	0.23	0.88
20		形成解释	5	4.35	0.81	0.87	0.43	0.46	0.11	0.21	1.04

二、问卷调研结果

(一)学生调研结果

学生调研采用网上调研的方式，于 2016 年 11 月至 2017 年 2 月实施。经统计，调研共收到有效学生问卷 9588 份。其中，男生比例为 50.8%，女生比例为 49.2%。从年龄分布上看，被调研学生的平均年龄为 10.43 岁，涵盖了 8—13 岁各年龄段的孩子。从地区分布看，城市学生占 80.9%，乡镇学生占 12.6%，农村学生占 6.5%。整体上看，取样具有比较好的代表性。具体比例分布情况见表 3-8。

表 3-8　学生调研对象总体情况

学生调研对象	性别		地域			年龄					
	男	女	城市	乡镇	农村	8 岁	9 岁	10 岁	11 岁	12 岁	13 岁
人数	4874	4714	7755	1212	621	808	1524	2472	2635	1834	315
百分比(%)	50.8	49.2	80.9	12.6	6.5	8.4	15.9	25.8	27.5	19.1	3.3

围绕影响小学生阅读素养提升的因素，学生问卷主要从主体发展因素和教学支持因素两方面展开调研。下面将按照这两方面分别加以分析。

1. 主体发展因素

主体发展因素部分主要聚焦在阅读者的自身情况，重点调查阅读素养三个子系统(情感态度经验系统、认知经验系统、对象经验系统)的发展状况，具体包括阅读兴趣与动机、阅读习惯、阅读方法与策略、阅读内容与阅读量、阅读自我评价等指标。这些指标与学生阅读素养发展调研试卷共同反映学生阅读素养发展的整体状况。下面分别就每个指标进行分析。

(1)阅读情感态度经验

阅读情感态度经验是学生阅读素养的重要构成系统之一。问卷部分主要调查了学生的阅读兴趣与动机、阅读习惯。具体调研题目如下。

阅读兴趣：

1. 读书是我的爱好之一。

阅读动机：

2. 你阅读最主要的动机是什么？(选项设计：增加知识、开阔眼界；功课、学习的需要；满足兴趣爱好；提高修养；休闲消遣；掌握一些实用技能；满足家长、学校的要求)

阅读习惯：

3. 你平均每周会读几次书？

4. 你平均每次读书的时长是多少？

从学生的阅读兴趣看，大多数学生(56.3%)喜欢阅读，认为读书是自己的一项爱好。女生的阅读兴趣高于男生。城市、乡镇、农村学生在阅读兴趣上的差异不大。10 岁学生中爱好读书的学生比例最高，为 59.3%，10 岁之前学生中爱好读书的比例总体呈现随年龄增加逐步增高的趋势，而过了 11 岁，学生中爱好读书的比例总体呈现随年龄增加逐步下降的趋势，13 岁学生中爱好读书的学生比例最少，为 45.7%。我们将学生按照语文成绩的高低分为优秀(85 分及以上)、良好(75～84 分)、合格(60～74 分)、不合格(60 分以下)四类分别进行分析。结果发现，学生的语文成绩越高，其阅读兴趣越高，二者之间呈现显著的正相关关系(相关系数 0.2)。具体数据见表 3-9。

表 3-9　学生阅读兴趣调研结果(%)

读书是我的爱好		非常符合	较为符合	一般符合	不太符合	不符合
总体		56.3	24.6	14.7	3.2	1.2
性别	男	51.9	25.2	17.1	4.1	1.7
	女	60.8	24.0	12.3	2.3	0.7
地域	城市	56.6	24.5	14.8	3.1	1.0
	乡镇	53.5	24.9	15.3	4.5	1.8
	农村	57.5	24.6	12.4	3.1	2.4
年龄	8 岁	46.9	25.0	21.2	5.9	1.0
	9 岁	54.5	23.6	16.9	4.2	0.8
	10 岁	59.3	23.5	13.3	2.4	1.5
	11 岁	58.5	25.2	12.6	2.8	0.9
	12 岁	56.5	24.9	14.1	3.1	1.4
	13 岁	45.7	29.5	18.7	3.2	2.9

续表

读书是我的爱好		非常符合	较为符合	一般符合	不太符合	不符合
语文成绩	优秀	59.9	23.8	13.0	2.6	0.7
	良好	44.3	28.6	20.1	4.9	2.1
	合格	32.9	26.7	28.7	7.9	3.8
	不合格	29.3	20.0	18.7	13.3	18.7

从学生的阅读动机看，62.6%的学生阅读最主要的动机是增加知识、开阔眼界，单纯为了满足兴趣爱好而读书的学生比例为17.4%，男女生在阅读动机上不存在显著的差别。从不同地域学生的作答情况看，虽然增加知识、开阔眼界是所有地域小学生最主要的阅读动机，但农村地区学生中为了掌握一些实用技能而进行阅读的比例高于另外两类地区；城市地区学生中为了满足兴趣爱好而进行阅读的比例高于另外两类地区；乡镇地区学生中为了功课、学习的需要而进行阅读的比例高于另外两类地区。从不同成绩学生的作答情况看，成绩越好的学生越倾向于为了增加知识、开阔眼界而进行阅读，成绩越差的学生越倾向于为了应付学校、家长的要求而进行阅读。具体数据见表3-10。

表 3-10　学生阅读动机调研结果(%)

阅读最主要动机		增加知识、开阔眼界	功课、学习需要	满足兴趣爱好	提高修养	休闲消遣	掌握实用技能	家长、学校要求
总体		62.6	7.1	17.4	3.0	4.0	3.7	2.2
性别	男	61.6	7.3	16.8	2.4	4.8	4.3	2.8
	女	63.6	6.9	18.0	3.6	3.1	3.0	1.8
地域	城市	64.1	6.1	17.4	2.9	4.2	3.4	1.9
	乡镇	56.2	12.5	16.7	3.9	3.2	4.4	3.1
	农村	56.2	9.2	17.2	3.2	3.2	6.5	4.5
年龄	8岁	66.2	10.8	16.1	1.0	1.6	1.6	2.7
	9岁	63.9	8.7	17.2	1.5	3.5	2.6	2.6
	10岁	62.6	6.2	18.5	3.0	3.4	4.2	2.1
	11岁	60.8	6.2	18.3	3.7	5.0	3.8	2.2
	12岁	62.2	6.2	15.9	4.3	5.1	4.4	1.9
	13岁	62.9	9.5	14.3	3.8	1.3	5.4	2.8

续表

阅读最主要动机		增加知识、开阔眼界	功课、学习需要	满足兴趣爱好	提高修养	休闲消遣	掌握实用技能	家长、学校要求
语文成绩	优秀	65.2	5.8	17.4	2.9	3.4	3.7	1.6
	良好	53.8	11.0	17.5	3.6	5.5	5.4	3.2
	合格	48.0	16.0	17.4	3.0	4.8	3.6	7.2
	不合格	33.3	17.3	13.3	4.0	4.0	8.0	20.1

从学生的阅读习惯看，平均每周读书 7 次及以上的学生超过了三分之一，但是也有 13.1%的学生每周只读书 1～2 次。平均每次读书的时长以 30 分钟～1 小时所占比例最高，占 38.3%，但是每次阅读时长不足 10 分钟的学生还有 5.6%。从不同学生群体看，女生周阅读次数、单次阅读时长均超过男生。城市、乡镇、农村学生的周阅读次数和单次阅读时长总体呈现逐步减少的趋势，特别是农村地区有 12.6%的学生每次读书的时长不足 10 分钟。11 岁学生每周阅读 7 次以上的比例最高，占 38.4%；每次阅读时长在 30 分钟～1 小时的比例在各年龄学生中比例最高，占 41.5%。从不同年龄学生的总体趋势看，11 岁是学生阅读习惯养成的一个分水岭，11 岁之前，学生的阅读时间均呈现随年龄增加逐步增加的趋势，11 岁之后则呈现出随年龄增加逐步降低的趋势。随着学生语文成绩的提高，每周阅读的次数、每次阅读的时长总体呈现逐步增加的趋势。具体数据见表 3-11 和表 3-12。

表 3-11　学生阅读频次调研总体结果(%)

平均每周读书次数		几乎没有	1～2 次	3～4 次	5～6 次	7 次及以上
总体		1.2	13.1	28.0	22.2	35.5
性别	男	1.6	14.9	27.3	21.6	34.6
	女	0.7	11.4	28.7	22.9	36.3
地域	城市	1.0	12.0	27.4	22.3	37.3
	乡镇	2.0	16.2	28.8	23.3	29.7
	农村	2.3	21.9	32.7	19.3	23.8
年龄	8 岁	1.1	13.9	27.5	24.9	32.6
	9 岁	1.1	12.2	28.7	24.2	33.8
	10 岁	1.3	12.7	28.5	22.1	35.4
	11 岁	1.2	13.1	26.0	21.3	38.4
	12 岁	1.3	13.4	29.2	21.5	34.6
	13 岁	1.0	17.5	30.5	19.7	31.3

续表

平均每周读书次数		几乎没有	1～2次	3～4次	5～6次	7次及以上
语文成绩	优秀	0.7	10.1	26.8	23.6	38.8
	良好	1.8	21.2	34.4	18.6	24.0
	合格	4.8	37.9	30.1	12.9	14.3
	不合格	16.0	37.3	26.7	6.7	13.3

表 3-12　学生的阅读时间调研情况(%)

平均每次读书时长		10分钟内	10～30分钟	30分钟～1小时	1～2小时	2小时以上
总体		5.6	36.5	38.3	14.1	5.5
性别	男	6.5	38.7	37.3	12.5	5.0
	女	4.7	34.1	39.4	15.9	5.9
地域	城市	4.9	37.1	38.5	14.1	5.4
	乡镇	6.4	34.5	38.6	15.5	5.0
	农村	12.6	31.9	35.4	11.6	8.5
年龄	8岁	7.3	62.2	26.2	3.6	0.7
	9岁	5.4	43.2	38.0	10.1	3.3
	10岁	7.0	37.6	36.1	13.6	5.7
	11岁	4.8	28.7	41.5	18.0	7.0
	12岁	4.3	30.0	41.8	17.1	6.8
	13岁	4.8	30.8	42.5	14.6	7.3
语文成绩	优秀	4.0	35.5	39.6	15.1	5.8
	良好	9.3	39.2	36.2	11.2	4.1
	合格	17.9	45.1	24.8	8.6	3.6
	不合格	38.7	34.7	17.3	4.0	5.3

(2)阅读认知经验

阅读认知经验系统一方面表现为学生阅读认知加工的能力，另一方面也表现为学生在阅读过程中运用的各种方法策略。问卷中主要聚焦学生在阅读过程中运用各种阅读方法与策略的情况。通过将问卷部分和试卷中的表现整合，可以反映小学生阅读素养认知经验系统的发展状况。

具体来看，这部分的调查分为认知策略与元认知策略两个方面。其中认知策略共包括 5 个方面的策略，分别是预测策略、获取信息策略、整体把握策略、深入理解策略、整本书阅读策略。元认知策略包括 4 个方面的策略，分别是制订阅读计划、明确阅读目标、解决阅读困难、调整阅读速度。共设计 20 道问卷题目。20 道题目均为 5 点记分类的题目。在后期数据处理的过程中，按照学生掌握、运用各个方法策略的程度，将其分别赋值为 1～5 分，分值由低到高分别代表不符合、不太符合、不清楚、比较符合、非常符合。

学生阅读策略的总体得分率为 74.7%，均值为 3.74，中值为 3.85。也就是说绝大多数学生在阅读策略的运用上处于 3 分“不清楚”到 4 分“比较符合”之间，整体看离掌握阅读策略还有一定的距离。

具体每项阅读策略的得分情况见表 3-13。

表 3-13　学生整体在阅读策略上的得分情况

策略	阅读策略整体	元认知策略整体	认知策略整体	认知策略				
				预测策略	获取信息策略	整体把握策略	深入理解策略	整本书阅读策略
均值	3.74	3.84	3.69	3.93	3.59	3.62	3.68	3.74
中值	3.85	4.00	3.79	4.00	3.50	3.50	3.83	4.00

图 3-3 和图 3-4 分别呈现了学生阅读策略整体、认知策略整体、元认知策略整体的分数分布情况。从图上看，绝大多数学生处于 4～5 分的水平，也就是基本能够运用各项阅读策略，但是也有相当一部分学生的分数处于 2～3 分，甚至 1 分，这说明还有相当一部分学生对阅读策略的掌握不足以支撑其阅读素养的发展需要。相比之下，学生在认知策略中的得分与其在元认知策略中的得分相差不大。在认知策略的几个具体指标上，学生在预测策略上的得分略高于其他策略，在获取信息和整体把握策略上的得分相对较低。

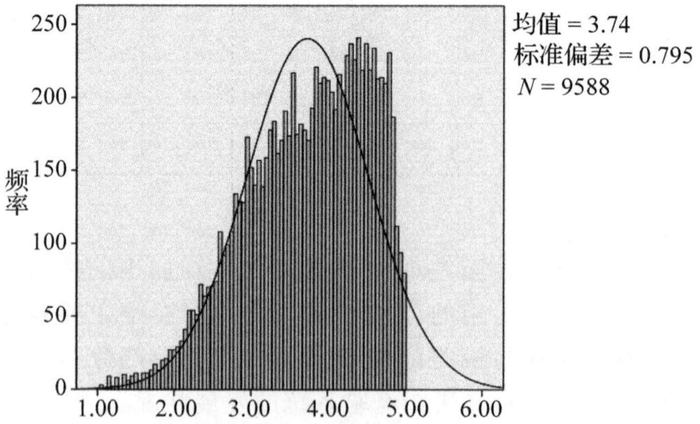

图 3-3　学生阅读策略整体得分分布情况

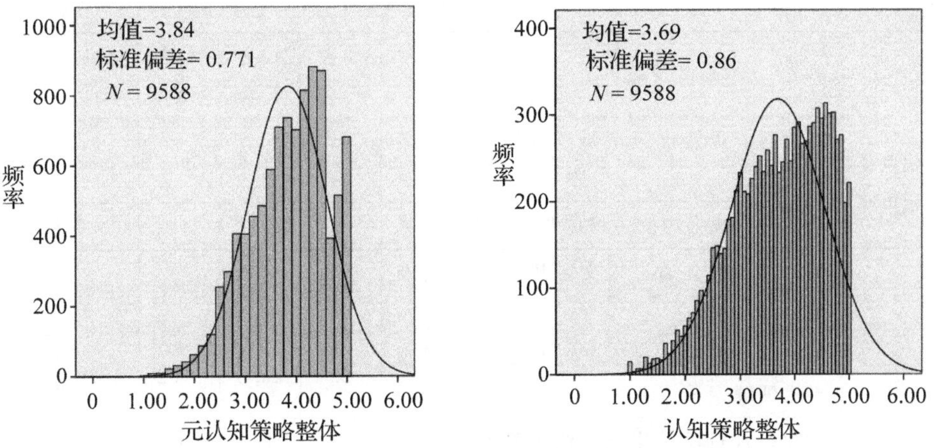

图 3-4　学生在阅读元认知与认知策略整体得分分布情况

表 3-14 呈现了学生在阅读方法与策略部分每个具体题目上的表现。表中数据显示，在 14 道指向阅读认知策略的题目中，指向预测策略的“根据题目猜测文章的内容”一题中，选择“非常符合”的学生占 36.1%。考查整体把握策略的“很快把握所读内容的整体结构”一题中，选择“非常符合”的学生占 26.0%。考查获取信息策略的“阅读时，我会边读边将重要内容圈画出来”一题中，选择“非常符合”的学生比例仅为 19.2%。考查深入理解策略的 6 道题目中，能“通过把文字想象成画面推进理解”的学生比例最高，为 43.2%；能“通过不断向自己提出问题推进理解”的学生比例最低，为 22.6%。考查整本书阅读策略的 3 道题目中，熟练掌握这 3 种策略的学生比例均在 30%以上。考查元认知策略的 6 道题目中，能或较能根据目的选择阅读材料的学生超过 70%，但仍有 7.2%左右的学生不会或不太会根据阅读目的选择阅读材料。只有 35.0%的学生能够明白自己在阅读过程中遇到的困难。

值得注意的是，在各项阅读方法与策略中，均有 20%左右的学生选择“不清楚”。

表 3-14　阅读方法与策略具体题目的选项分布情况(%)

维度及题目		非常符合	较为符合	不清楚	不太符合	不符合
预测策略	阅读新文章时，我会根据题目猜测文章的内容	36.1	30.6	21.1	8.3	3.9
整体把握策略	阅读时，我能很快把握所读内容的整体结构	26.0	31.3	28.2	11.2	3.3
	阅读后，我有概括总结和反思的习惯	22.1	23.8	26.6	17.9	9.6

续表

维度及题目		非常符合	较为符合	不清楚	不太符合	不符合
获取信息策略	阅读时，我能迅速从所读内容中找到需要的信息	30.9	32.4	26.1	8.0	2.6
	阅读时，我会边读边将重要内容圈画出来	19.2	21.2	24.5	20.7	14.4
深入理解策略	阅读时，我会通过把文字想象成画面推进理解	43.2	26.0	19.0	8.2	3.6
	阅读时，我会通过不断向自己提出问题推进理解	22.6	25.0	27.2	17.0	8.2
	我能结合自己的生活、读书经验对所读内容形成深入理解	32.5	29.3	24.6	9.6	4.0
	我经常利用文章中表格、数字、插图等帮助理解文章内容	35.8	28.5	21.7	9.2	4.8
	我会边读边记下自己的感受和想法	19.0	20.9	24.9	20.8	14.4
	阅读有心得体会时，我会主动与同学、老师交流	24.4	24.6	25.6	15.3	10.1
整本书阅读策略	阅读一本书时，我会关注书的序言、后记等信息	32.2	25.9	21.7	13.0	7.2
	读完一本书，我会去寻找这本书作者的其他作品进行阅读	36.9	25.9	20.8	10.9	5.5
	我知道阅读不同类型书有不同方法	32.3	26.6	23.3	11.9	5.9
元认知策略	我的阅读总是有清楚的计划	33.5	17.3	8.2	40.0	1.0
	我会根据不同的目的选择合适的文章来读	42.6	34.0	16.2	4.8	2.4
	阅读时，我心里明白哪些内容我还没有理解	35.0	30.1	23.0	7.9	4.0
	阅读时，遇到不理解的段落我会重读一遍	46.6	26.0	18.1	6.3	3.0
	我的阅读速度能满足我的阅读需要	41.2	28.4	20.1	7.2	3.1
	阅读时，我经常根据阅读内容的难易程度调整阅读速度	38.6	30.1	21.2	6.9	3.2

表 3-15 呈现了不同学生群体在阅读策略掌握方面的情况。数据显示，女生、农村学生、优秀学生在阅读策略上的整体得分、阅读元认知策略整体得分、阅读认知整体得分均高于同类其他学生。随着学生成绩的提高，他们对阅读策略的掌握和运用情况越来越好。在阅读策略的掌握上，8 岁学生的阅读策略掌握情况最弱，在各项阅读策略的平均得分均相对最低；11 岁学生的阅

读策略掌握情况最好，在各项阅读策略上的平均得分均相对较高。

表 3-15 不同学生群体在阅读策略上的得分情况(均值)

维度		阅读策略整体	元认知策略整体	认知策略整体	认知策略				
					预测策略	获取信息策略	整体把握策略	深入理解策略	整本书阅读策略
性别	男	3.6	3.7	3.6	3.9	3.5	3.5	3.6	3.6
	女	3.8	3.9	3.8	4.0	3.7	3.7	3.8	3.9
区域	城市	3.7	3.8	3.6	3.9	3.5	3.6	3.6	3.7
	乡镇	3.9	3.9	3.8	4.0	3.8	3.8	3.8	3.9
	农村	4.0	4.0	4.0	4.1	3.9	4.0	4.0	4.1
语文成绩	优秀	3.8	3.9	3.7	4.0	3.6	3.7	3.7	3.8
	良好	3.6	3.7	3.6	3.8	3.5	3.5	3.6	3.7
	合格	3.4	3.5	3.4	3.5	3.3	3.3	3.4	3.4
	不合格	3.2	3.3	3.1	3.1	3.1	3.0	3.2	3.2
年龄	8 岁	3.2	3.4	3.1	3.6	3.1	3.1	3.1	2.9
	9 岁	3.6	3.7	3.5	3.8	3.4	3.5	3.5	3.5
	10 岁	3.8	3.9	3.8	3.9	3.7	3.7	3.7	3.8
	11 岁	3.9	4.0	3.8	4.0	3.7	3.8	3.8	3.9
	12 岁	3.8	3.9	3.8	4.0	3.7	3.7	3.8	3.9
	13 岁	3.7	3.8	3.7	4.0	3.5	3.6	3.6	3.8

(3)阅读对象经验

阅读对象经验指的是主体自身建构的有关阅读的知识，包括语言文字知识、文本经验、文化理解等。问卷中主要是通过学生的阅读内容、阅读量来部分反映学生的文本经验，通过学生对阅读的自我评价来部分反映学生的阅读知识与文化理解状况。具体调研题目如下。

阅读数量：

1. 你平均每天读书的页数大约是多少？

2. 在过去一年中，你完整地阅读了多少本书？

阅读内容：

3. 请把下列作品中，你完整读过的作品勾出来。(选项设计：《安徒生童话》；《格林童话》；《稻草人》；《宝葫芦的秘密》；《伊索寓言》；《鲁滨逊漂流记》;《格列佛游记》;《中国神话故事》;《西顿野生动物故事集》;《神奇校车》;《淘气包马小跳》;《城南旧事》;《不一样的卡梅拉》;都没有读过)

4. 你阅读最多的书籍类型是什么?

5. 你最喜欢的书籍类型是什么?(4、5 两题选项设计:中外文学著作;科幻或科普读物;优秀作文选或读本;童话、寓言等儿童文学作品;漫画卡通;武侠、青春、言情等通俗文学作品;其他)

阅读自我评价:

6. 我发现读完一本书很难。

7. 你阅读最欠缺的是什么?(选项设计:自我监控;阅读习惯;阅读效率;阅读技巧;阅读兴趣;阅读时间;感兴趣的阅读内容;阅读环境;其他)

在阅读量上,问卷既调研了学生常态阅读的量,也调研了学生在过去一年的总阅读量。数据显示,平均每天读书页数在 20 页以上的比例接近一半,但是不足 10 页的学生比例还有 30.1%,这部分学生的实际阅读量还是比较低的。从学生过去一年完整阅读的书籍数量看,学生在过去一年阅读书籍的平均数量是 16.89 本,但是过去一年阅读 5 本书以下的比例占 31.6%,过去一年中读书超过 50 本的学生比例占 5.9%,学生之间阅读量的差异比较大。从不同学生群体的阅读量看,女生单次阅读量以及年均阅读量均超过男生。城市、乡镇、农村学生的阅读量总体呈现逐步减少的趋势。城市学生年均读书量为 17.74 本,而农村地区学生的年均读书量仅为 10.97 本。随着学生语文成绩的提高,单次阅读量以及年均阅读量都呈现逐步增加的趋势。需要注意的是,不合格学生中单次读书页数超过 40 页的学生比例高于合格水平学生;但年均阅读总量却远远落后于其他学生,仅为 7.67 本。这说明不合格水平学生还没有养成良好的阅读习惯,虽然可能会出现单次阅读量比较大的情况,但这种行为难以常态化,因此难以对其阅读及语文素养的发展发挥积极的作用。具体数据见表 3-16。

表 3-16　学生阅读量统计(%)

题目	选项	总体	性别		区域			成绩			
			男	女	城市	乡镇	农村	优秀	良好	合格	不合格
你平均每天读书的页数	0 页	0.4	0.4	0.3	0.3	0.6	0.6	0.2	0.3	1.9	10.7
	1～5 页	11.4	12.5	10.3	11.5	10.0	12.7	9.8	13.8	30.3	32.0
	6～10 页	18.3	19.3	17.2	18.2	17.7	20.6	17.2	22.7	24.8	17.3
	11～20 页	20.1	19.9	20.3	19.8	21.9	19.9	20.3	20.1	17.2	10.7
	20～40 页	24.2	23.3	25.2	24.2	24.6	23.8	25.1	23.5	12.9	13.3
	40 页以上	25.6	24.6	26.7	26.0	25.2	22.4	27.5	19.6	12.9	16.0

续表

题目	选项	总体	性别		区域			成绩			
			男	女	城市	乡镇	农村	优秀	良好	合格	不合格
在过去一年中，你完整地阅读了多少本书？	0 本	0.4	0.5	0.3	0.3	0.7	1.0	0.3	0.4	1.4	8.0
	1～5 本	31.2	33.1	29.1	29.1	37.2	45.0	27.6	42.9	53.0	58.6
	6～10 本	25.0	24.5	25.5	25.4	22.9	23.8	25.2	24.8	23.1	10.7
	11～20 本	20.0	19.4	20.6	20.3	18.9	17.9	21.2	15.6	12.2	16.0
	21～30 本	9.0	8.9	9.1	9.4	8.7	5.2	9.8	6.4	5.0	4.0
	31～40 本	4.2	4.1	4.3	4.4	3.9	2.1	4.7	2.6	1.0	0
	41～50 本	4.3	3.8	4.9	4.6	3.6	2.4	4.7	3.2	1.7	0
	51 本及以上	5.9	5.7	6.2	6.5	4.1	2.6	6.5	4.1	2.6	2.7
	均值	16.89	16.32	17.47	17.74	14.46	10.97	18.01	13.12	10.01	7.67

表 3-17 呈现了不同年龄学生的阅读量。结果显示，11 岁学生平均每天阅读页数在 40 页以上的在各年龄学生中比例最高，为 31.5%；过去一年阅读的图书均值最高，为 18.28 本。从不同年龄学生的阅读趋势看，11 岁是学生阅读量的一个分水岭，11 岁之前，学生的阅读量呈现随年龄增加逐步增加的趋势，11 岁之后则呈现出随年龄增加逐步降低的趋势。

表 3-17　不同年龄学生常态阅读量统计(%)

题目	选项	8 岁	9 岁	10 岁	11 岁	12 岁	13 岁
你平均每天读书的页数大约是多少？	0 页	0.5	0.3	0.2	0.3	0.5	1.0
	1～5 页	29.2	16.1	12.2	6.1	6.6	8.9
	6～10 页	28.0	21.5	19.3	15.6	14.7	14.5
	11～20 页	21.8	21.3	20.3	18.3	20.1	21.9
	20～40 页	12.6	20.7	23.8	28.2	27.3	23.5
	40 页以上	7.9	20.1	24.2	31.5	30.8	30.2
过去一年阅读书籍总量	0 本	2.0	0.3	0.2	0.2	0.3	1.0
	1～5 本	38.9	33.1	30.4	29.2	29.3	35.8
	6～10 本	27.1	24.5	26.4	22.9	25.4	25.7
	11～20 本	19.2	18.2	19.9	20.9	20.9	17.8
	21～30 本	5.6	9.2	8.3	9.4	10.8	8.3
	31～40 本	1.9	3.7	4.2	5.4	4.3	2.9
	41～50 本	2.1	5.4	4.2	5.0	3.8	3.7
	51 本及以上	3.2	5.6	6.4	7.0	5.2	4.8
	均值	12.67	17.03	17.18	18.28	16.45	15.50

在阅读内容上，本次调研以《义务教育语文课程标准(2011 年版)》(以下简称《课程标准》)推荐书目为依据，调查了中小学生对《课程标准》推荐书目的阅读情况，也调研了学生的阅读兴趣与实际阅读内容之间的一致性。从调查结果看，被调查对象群体对《课程标准》推荐书目"读过半数及以上"的人数最多，占 47.2%，6.6%的学生"全都没有读过"。具体数据见图 3-5。

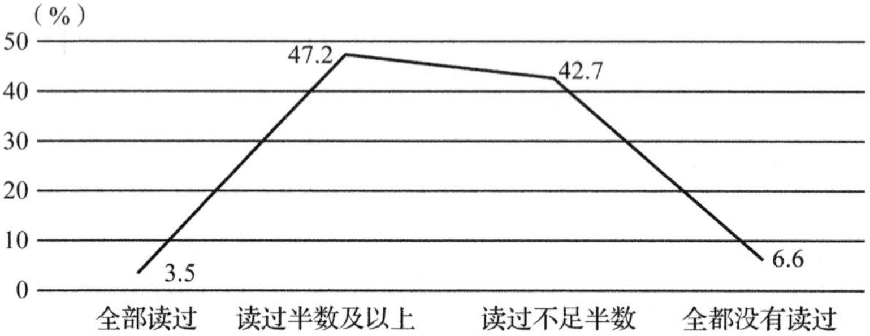

图 3-5　学生阅读《课程标准》推荐书目总体情况

调研在《课程标准》推荐书目的基础上补充、细化了一些书籍后，给学生提供了一个书目列表，请学生勾画自己读过的书。调研显示，在所给书目列表中，读过《安徒生童话》《格林童话》的人数较多，分别占 72.4%、69.0%；读过《西顿野生动物故事集》的人数较少，占 12.8%；没有读过列表里的任何书籍的人占比 2.7%。具体数据见图 3-6。

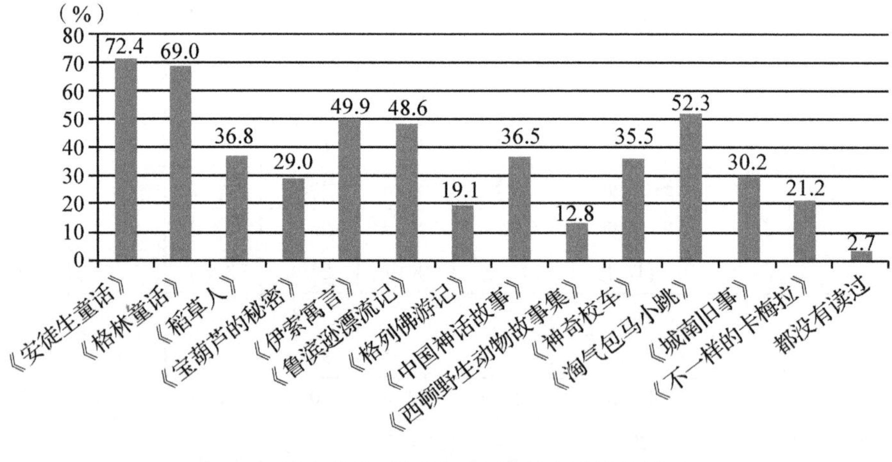

图 3-6　学生阅读《课程标准》推荐书目具体情况

通过将学生喜欢阅读的书籍类型和实际阅读的书籍类型进行对比发现，学生最喜欢阅读的书籍类型是科幻或科普读物，但实际阅读最多的书籍类型是童话、寓言等儿童文学作品；学生阅读兴趣较低的中外文学著作、优秀作文选或读本等书籍类型，但实际阅读的学生比例超过喜爱这类书籍的学生比例。具体数据见图 3-7。

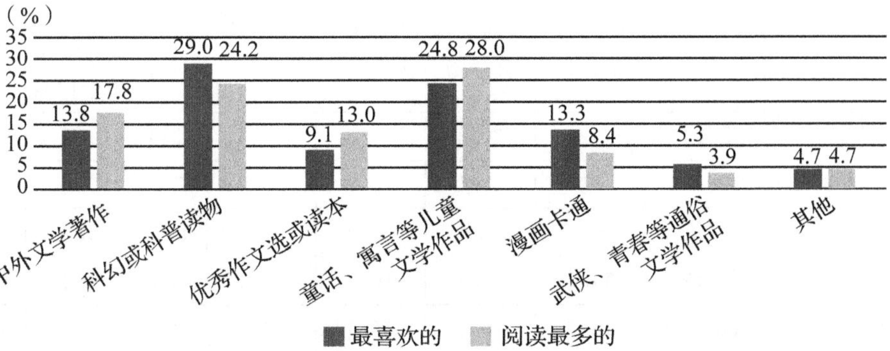

图 3-7 学生喜欢阅读与实际阅读情况对比

表 3-18 呈现了不同学生群体的阅读内容。从数据上看，男生、城市学生、不合格水平学生的阅读兴趣和实际阅读情况之间的差距更大，男生、城市学生更喜欢阅读科幻或科普读物和漫画卡通作品。不合格水平学生喜欢阅读优秀作文选或读本的比例非常少，只有 2.7%；但是，有 10.7%的不合格学生实际阅读最多的就是这类书籍，二者相差 8 个百分点。总体来看，女生、农村学生、优秀水平学生的实际阅读和他们的阅读兴趣比较接近。再纵向观察表 3-18 可以发现，在各种不同的读物中，漫画卡通和科幻或科普读物的实际阅读状况相差最大。喜欢阅读漫画卡通和科幻或科普读物的学生相对比较多，而实际阅读的学生比较少。

表 3-18 不同学生群体阅读内容统计(%)

维度		选项	中外文学著作	科幻或科普读物	优秀作文选或读本	童话、寓言等儿童文学作品	漫画卡通	武侠、青春等通俗文学作品	其他
性别	男	最喜欢	11.3	41.3	5.8	15.7	17.0	4.3	4.6
		阅读最多	15.7	35.0	9.5	20.3	11.5	3.3	4.6
		差值	−4.4	6.3	−3.7	−4.6	5.5	1	0
	女	最喜欢	16.3	16.3	12.5	34.2	9.5	6.4	4.9
		阅读最多	19.9	13.0	16.6	35.9	5.2	4.6	4.9
		差值	−3.6	3.3	−4.1	−1.7	4.3	1.8	0

续表

维度		选项	中外文学著作	科幻或科普读物	优秀作文选或读本	童话、寓言等儿童文学作品	漫画卡通	武侠、青春等通俗文学作品	其他
地域	城市	最喜欢	14.0	30.3	8.4	25.4	12.4	4.7	4.8
		阅读最多	18.3	25.1	12.3	28.9	7.1	3.4	4.8
		差值	−4.3	5.2	−3.9	−3.5	5.3	1.3	0
	乡镇	最喜欢	14.7	24.5	10.3	23.4	14.2	8.2	4.7
		阅读最多	18.8	20.1	15.4	24.3	10.7	6.0	4.7
		差值	−4.1	4.4	−5.1	−0.9	3.5	2.2	0.2
	农村	最喜欢	8.5	22.1	15.5	20.1	22.9	6.8	4.2
		阅读最多	10.1	19.6	17.2	23.0	19.8	6.1	4.2
		差值	−1.6	2.5	−1.7	−2.9	3.1	0.7	0
语文成绩	优秀	最喜欢	15.3	29.4	9.2	25.0	11.5	5.0	4.6
		阅读最多	19.6	24.1	13.0	28.6	6.6	3.6	4.4
		差值	−4.3	5.3	−3.8	−3.6	4.9	1.4	0.2
	良好	最喜欢	8.2	29.3	8.4	24.7	17.7	6.1	5.5
		阅读最多	10.7	25.2	13.6	25.6	14.3	5.0	5.6
		差值	−2.5	4.1	−5.2	−0.9	3.4	1.1	−0.1
	合格	最喜欢	6.0	23.4	10.3	21.7	28.2	6.4	4.1
		阅读最多	9.3	22.2	12.4	26.0	18.9	5.3	6.0
		差值	−3.3	1.2	−2.1	−4.3	9.3	1.1	−1.9
	不合格	最喜欢	1.3	20.0	2.7	17.3	34.7	12.0	12.0
		阅读最多	4.0	18.7	10.7	18.7	28.0	8.0	12.0
		差值	−2.7	1.3	−8	−1.4	6.7	4	0

在阅读自我评价上，分别有12.3%和13.8%的学生认同或比较认同读完一本书很难。这说明四分之一的学生在整本书的阅读上是有一定困难的。在“你阅读最欠缺的是什么”这一问题上，“阅读技巧”“阅读习惯”和“自我监控”是学生选择最主要的3项，分别占21.7%、17.9%、15.2%。选择“阅读兴趣”“阅读环境”和“感兴趣的内容”3项的学生都比较少，比例均在5%左右。这说明，对于小学生群体而言，他们认为自己阅读的困难主要还是阅读的习惯、方法及策略，而不是阅读的动力和资源。具体数据见表3-19。

从不同性别学生的作答情况看，男生在阅读整本书过程中遇到的困难更大，选择读完一本书很难的男生比例高于女生。女生认为自己的阅读最欠缺的因素排在前三位的分别是“阅读技巧”“阅读习惯”和“阅读时间”，比例分别为23.7%、17.2%和12.6%。男生认为自己阅读最欠缺的因素排在前三位的分别是“阅读技巧”“阅读习惯”和“自我监控”，比例分别为19.8%、18.6%、18.2%。

从不同地域学生的作答情况看，农村学生在整本书阅读上感觉难度较大，城市学生感觉较容易，两者比例相差约10%。在判断自己阅读最欠缺的因素时，3个地域的学生不约而同地将“阅读技巧”“阅读习惯”和“自我监控”排在前三位，但在具体的顺序上存在细微的差别。城市学生将“阅读技巧”排在首位，乡镇学生将“阅读习惯”排在首位，农村学生则将“自我监控”排在首位。

表3-19 学生阅读自我评价情况(%)

题目	选项	总体	性别		地域		
			男	女	城市	乡镇	农村
我发现读完一本书很难	非常符合	12.3	13.1	11.4	11.2	15.2	19.6
	较为符合	13.8	14.9	12.6	12.8	17.4	19.2
	一般符合	14.3	14.9	13.7	14.4	13.6	14.8
	不太符合	18.0	18.8	17.3	18.6	16.7	13.4
	不符合	41.6	38.3	45.0	43.0	37.1	33.0
你阅读最欠缺的是什么	自我监控	15.2	18.2	12.2	14.9	15.1	19.2
	阅读习惯	17.9	18.6	17.2	17.8	19.3	17.0
	阅读效率	9.2	8.4	10.1	9.1	9.7	9.3
	阅读技巧	21.7	19.8	23.7	22.7	18.1	17.4
	阅读兴趣	5.8	6.7	4.8	5.1	7.1	11.0
	阅读时间	11.6	10.6	12.6	12.0	10.2	9.5
	感兴趣的内容	5.2	5.2	5.1	5.2	4.9	4.3
	阅读环境	5.4	5.1	5.8	5.1	7.1	7.1
	其他	8.0	7.4	8.5	8.1	8.5	5.2

从不同年龄学生的作答情况看，对于8～13岁各个年龄的学生而言，“阅读技巧”一直是他们认为自己在阅读中缺乏的重要内容之一，并且随着年龄的增加，对阅读技巧的需要呈现出总体增加的趋势，13岁学生中认为自己最缺乏阅读技巧的学生比例相对最高，为25.1%。具体数据见表3-20。

表 3-20　不同年龄学生阅读自我评价情况(%)

题目	选项	8 岁	9 岁	10 岁	11 岁	12 岁	13 岁
我发现读完一本书很难	非常符合	7.5	10.8	13.4	13.9	12.2	10.2
	较为符合	12.7	13.8	15.7	14.5	11.1	12.1
	一般符合	26.1	17.4	14.1	10.3	12.7	13.6
	不太符合	25.7	19.0	16.3	16.1	18.2	21.6
	不符合	28.0	39.0	40.6	45.2	45.8	42.5
你阅读最欠缺的是什么	自我监控	18.2	15.3	17.1	13.6	13.4	16.8
	阅读习惯	24.9	20.5	16.1	16.3	17.6	16.8
	阅读效率	8.9	7.9	9.9	8.7	10.2	9.8
	阅读技巧	21.2	19.6	20.9	22.4	23.4	25.1
	阅读兴趣	4.3	6.4	5.8	6.1	5.6	4.8
	阅读时间	11.5	12.1	12.4	11.8	10.2	9.6
	感兴趣的内容	5.2	4.5	4.2	5.6	6.2	6.0
	阅读环境	1.5	5.6	5.2	6.6	5.4	5.4
	其他	4.3	8.1	8.4	8.9	8.0	5.7

从不同语文成绩学生在阅读最欠缺的因素上看，成绩越好的学生越关注阅读技巧和阅读习惯，而不合格学生最关注的则是阅读的自我监控。显然，阅读的自我监控处在阅读活动展开的基础层面，当学生形成较好的自我监控能力后，阅读技巧和阅读习惯逐渐成为影响阅读的关键因素。具体数据见表 3-21。

表 3-21　不同成绩学生阅读自我评价情况(%)

题目	选项	优秀	良好	合格	不合格
我发现读完一本书很难	非常符合	11.5	14.4	17.7	20.0
	较为符合	12.4	19.1	20.3	22.7
	一般符合	13.2	17.7	23.6	16.0
	不太符合	18.5	16.2	16.4	21.3
	不符合	44.4	32.6	22.0	20.0

续表

题目	选项	优秀	良好	合格	不合格
你觉得自己的阅读最欠缺的是什么	自我监控	14.2	18.2	23.2	37.4
	阅读习惯	17.3	19.7	23.4	12.0
	阅读效率	9.0	10.5	7.9	12.0
	阅读技巧	23.4	16.5	11.9	2.7
	阅读兴趣	5.1	7.8	9.5	12.0
	阅读时间	12.0	9.9	10.0	5.3
	感兴趣的阅读内容	5.2	4.8	5.5	5.3
	阅读环境	5.4	6.0	3.8	5.3
	其他	8.4	6.6	4.8	8.0

2. 教学支持因素

学生问卷中的教学支持因素重点针对学校的氛围和资源支持、语文教师的课堂支持展开调查。这部分共包括 4 个指标：阅读氛围、阅读资源、阅读活动及空间、课堂互动。每个指标都与教师问卷的调研内容有着极大的相关度和相似性，旨在形成调查结果之间的相互验证和补充，最大限度降低问卷的社会期许效应，获得客观真实的调研结果。下面分别就每个指标进行分析。

(1)阅读氛围

阅读氛围主要通过阅读活动次数、阅读课程设计、阅读环境保证 3 个方面来体现。调查具体题目如下。

阅读氛围：

1. 过去一年中，班级开展读书活动的次数是多少？

2. 学校有专门的阅读课。

3. 你在哪个地方能得到安静的阅读环境？(选项设计：家里；学校教室；学校图书馆；其他地方)

调研结果显示，在过去一年中，只有 10.6％的班级没有开展过读书活动，这说明通过读书活动来促进学生阅读、提升学生阅读素养这一途径已经被绝大多数教师所重视。此外，专门开设了阅读课的学校占 55.6％，还有部分学校没有开设阅读课或者开设的阅读课没有发挥促进学生阅读的积极作用，离学生的实际阅读活动还比较远。总体来看，学生主要是在自己家里获得安静的阅读环境，能在学校教室或者学校图书馆获得安静的阅读环境的学生比例分别不足三分之一。从不同年龄、区域、成绩学生的学校阅读氛围看，城市学校专门设置阅读课程的比例、组织阅读活动在 5 次以上的比例均在群体中最高，分别占 56.9%和 39.5%；学生成绩越高，其所在学校开设阅读课程的比例越高，所在班级组织阅读活动在 5 次以上的比例越高。8 岁学生中学校开设阅读课程、班级组织阅读活动在 5 次以上的比例在各个年龄段中都是最高的，随着学生年龄的增加，班级组织阅读活动的次数呈下降趋势。具体结果见表 3-22。

表 3-22　阅读氛围调研情况(%)

维度		学校设置阅读课			过去一年班级读书活动次数				安静的阅读环境(多选)			
		有	不清楚	没有	0 次	1～2 次	3～4 次	5 次以上	自己家里	学校教室	校图书馆	其他地方
年龄	8 岁	60.0	29.7	10.3	11.5	22.5	15.5	50.5	89.4	37.6	25.4	8.5
	9 岁	54.3	28.0	17.7	11.6	30.3	18.9	39.2	88.5	30.6	29.8	12.9
	10 岁	55.5	28.3	16.2	10.8	31.4	22.4	35.4	88.2	32.7	28.2	17.4
	11 岁	54.6	25.8	19.6	8.3	31.4	24.4	35.9	88.2	32.0	30.7	19.5
	12 岁	57.7	25.5	16.8	7.4	29.8	26.3	36.5	88.8	33.2	31.6	18.5
	13 岁	59.4	20.3	20.3	8.3	30.1	27.6	34.0	82.5	34.9	29.2	14.6
区域	城市	56.9	26.6	16.5	9.3	28.9	22.3	39.5	89.5	32.6	29.6	16.4
	乡镇	51.7	24.6	23.7	10.8	31.7	25.7	31.8	84.2	32.4	31.0	16.5
	农村	53.1	35.3	11.6	9.8	42.5	23.2	24.5	80.7	34.6	26.7	19.0
语文成绩	优秀	57.2	25.6	17.2	8.9	29.5	22.3	39.3	89.5	33.0	30.3	16.9
	良好	51.3	31.5	17.2	13.7	29.0	26.1	35.2	84.8	33.1	28.0	15.5
	合格	48.9	34.6	16.5	14.1	35.1	20.7	30.1	79.7	28.2	22.7	14.3
	不合格	40.0	39.3	20.7	17.3	43.3	16.1	23.3	76.0	25.3	18.7	14.7
总计		55.6	27.1	17.3	10.6	32.1	21.7	35.6	88.3	32.7	29.6	16.6

(2)阅读资源

阅读资源部分不仅调查了学校、班级的阅读资源数量与质量，还调查了教师的课外阅读资料补充拓展情况。调查具体题目如下。

资源数量：

1. 学校图书馆或阅览室的规模如何？(选项设计：较大，有多种类型的书籍；较小，书的种类和数量不多；不清楚；没有图书馆和阅览室)

2. 你所在班级读书角有多少本课外书？

3. 你平时阅读书籍的主要来源是什么？

资源质量：

4. 在学校图书馆能否找到你想要的书？

5. 在过去一年中，你去学校图书馆看书或借书的次数是多少？

资源拓展：

6. 学完一篇课文后，教师经常向我们推荐课外读物。

从学校和班级给学生提供的阅读资源数量看，66.4%的学校都有较大的图书馆和阅览室，并且书籍的类型比较多。虽然没有图书角的班级比例仅为4.3%，但有41.6%的班级图书角书籍数量较少(不足50本)。班级图书角超过100本图书的比例只有26.7%，也就是说绝大多数班级的图书角都难以为学生提供充足的阅读资源。具体数据见表3-23。

表3-23　学校阅读资源调研结果(%)

维度		学校图书馆或阅览室规模				班级图书角课外书数量					
		较大	较小	不清楚	没有	20本及以下	21～50本	51～100本	101～200本	200本以上	没有
区域	城市	66.7	13.8	15.1	4.4	11.2	29.8	26.2	15.0	13.1	4.7
	乡镇	69.3	12.3	15.2	3.2	11.6	30.5	37.8	10.2	7.8	2.1
	农村	57.0	23.1	16.4	3.5	22.2	27.5	22.3	16.1	9.3	2.6
年龄	8岁	53.1	12.3	28.0	6.6	6.9	24.6	25.7	12.2	26.9	3.7
	9岁	61.2	15.9	17.3	5.6	12.9	26.8	24.3	17.7	14.2	4.1
	10岁	64.3	15.9	15.9	3.9	12.3	32.0	26.4	14.6	9.4	5.3
	11岁	70.2	13.5	12.9	3.4	12.2	32.5	29.3	13.0	8.8	4.2
	12岁	73.8	11.9	11.0	3.3	12.6	28.1	28.8	15.5	11.7	3.3
	13岁	67.9	16.5	10.8	4.8	11.1	25.4	30.2	11.1	17.1	5.1
语文成绩	优秀	67.5	13.7	14.6	4.2	10.7	29.4	27.8	14.9	13.0	4.2
	良好	63.2	15.8	17.5	3.5	16.2	32.6	24.6	13.1	8.7	4.8
	合格	58.9	18.1	17.2	5.8	17.9	26.7	30.5	11.2	10.0	3.7
	不合格	53.3	16.0	22.7	8.0	28.0	24.0	20.0	10.7	8.0	9.3
总计		66.4	14.2	15.2	4.2	11.9	29.7	27.4	14.5	12.2	4.3

表3-24显示了学生阅读读物的主要来源。数据显示，不论对于哪一个群体的学生而言，他们阅读书籍的主要来源都是家庭自己购买，学校资源还没有成为学生阅读书籍的重要来源。不同的是，成绩越好的学生，主要靠家庭购书的比例越高；学生年级越低，主要靠家庭购书的比例越高。

表 3-24 学生阅读资源来源调研(%)

维度		你阅读书籍、杂志的主要来源						
		家庭自购	同学、朋友借阅	学校借阅	网上下载或在线阅读	书吧看书或租书	社会图书馆借阅	其他
年龄	8 岁	86.2	1.5	4.8	0.2	1.1	4.8	1.4
	9 岁	78.9	3.3	5.7	1.0	1.2	7.9	2.0
	10 岁	73.6	4.2	7.1	1.8	1.9	9.1	2.3
	11 岁	70.0	5.0	9.2	3.5	1.2	8.8	2.3
	12 岁	69.8	4.5	8.8	4.2	1.5	9.3	1.9
	13 岁	62.9	7.4	15.2	4.8	1.6	6.3	1.9
区域	城市	76.9	3.9	5.0	2.2	1.5	8.6	1.9
	乡镇	63.4	4.8	16.4	3.5	0.7	8.3	2.9
	农村	51.1	6.4	26.4	5.0	1.4	6.8	2.9
语文成绩	优秀	75.8	3.9	6.6	2.3	1.3	8.6	1.5
	良好	64.3	5.2	13.0	3.9	2.0	8.1	3.5
	合格	63.0	6.6	14.1	2.9	1.7	6.0	5.7
	不合格	50.6	4.0	14.7	6.7	4.0	10.7	9.3
总计		73.4	4.2	7.9	2.6	1.4	8.4	2.1

从学校阅读资源质量的调研结果看，30.5%的学生总能从图书馆找到自己想看的书，基本找不到的学生只占 12.3%。但是学生对图书馆的利用率并不太理想，过去一年中去图书馆的次数少于 11 次的学生比例高达 80.0%。具体数据见表 3-25。

表 3-25 学校阅读资源质量调研(%)

维度		在校图书馆能否找到想看的书				过去一年中，去学校图书馆借书或看书的次数						
		没图书馆	基本不能	基本可以	总能找到	没图书馆	没去过	少于 3 次	3～6 次	7～10 次	11～20 次	21 次以上
年龄	8 岁	6.5	14.5	54.5	24.5	6.7	35.5	18.4	17.3	8.5	5.1	8.5
	9 岁	5.6	12.7	51.9	29.8	5.6	20.6	17.8	24.0	13.0	8.2	10.8
	10 岁	3.9	13.3	51.8	31.0	3.9	20.5	17.8	25.2	13.4	8.0	11.2
	11 岁	3.4	11.3	53.5	31.8	3.4	16.8	18.1	26.9	13.2	9.3	12.3
	12 岁	3.4	11.2	53.4	32.0	3.4	15.6	19.1	26.3	13.8	9.1	12.7
	13 岁	4.8	12.7	56.2	26.3	4.8	15.3	16.5	23.5	19.0	7.9	13.0

续表

维度		在校图书馆能否找到想看的书				过去一年中，去学校图书馆借书或看书的次数						
		没图书馆	基本不能	基本可以	总能找到	没图书馆	没去过	少于3次	3～6次	7～10次	11～20次	21次以上
区域	城市	4.4	12.5	52.7	30.4	4.4	20.1	18.5	24.2	12.5	8.7	11.6
	乡镇	3.2	11.6	52.1	33.1	3.2	17.6	16.0	27.1	16.2	7.0	12.9
	农村	3.5	11.8	57.8	26.9	3.5	15.6	18.4	30.9	15.5	6.8	9.3
语文成绩	优秀	4.2	11.8	52.5	31.5	4.2	19.3	17.9	24.5	13.2	8.6	12.3
	良好	3.5	14.3	56.0	26.2	3.5	19.7	18.8	28.6	13.9	6.6	8.9
	合格	5.8	13.6	53.2	27.4	5.8	23.6	21.0	23.6	9.5	8.4	8.1
	不合格	8.0	20.0	45.3	26.7	8.0	30.6	16.0	18.7	9.3	10.7	6.7
总计		4.2	12.3	53.0	30.5	4.2	19.6	18.1	25.0	13.1	8.4	11.6

教师阅读资源拓展补充的调研结果显示，26.1%的学生认为教师经常向自己推荐课外读物，也有25.8%的学生认为教师不经常向自己推荐课外读物。具体数据见图3-8。

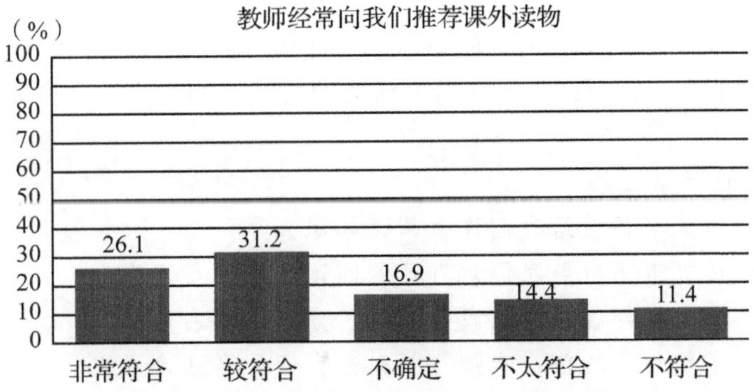

图3-8　教师经常向学生推荐阅读书籍情况

从不同学生群体的作答情况看，学生的语文成绩越好，选择教师经常推荐课外阅读书籍的比例越高；城市学生选择教师经常推荐课外阅读书籍的比例相对高于乡镇和农村地区学生；随着年龄的增长，选择教师经常推荐课外阅读书籍的比例也总体呈现出逐渐增加的趋势。具体数据见表3-26。

表 3-26 不同学生群体对教师推荐课外读物情况的作答(%)

维度		不符合	不太符合	一般符合	较为符合	非常符合
语文成绩	优秀	1.8	3.0	10.1	19.7	65.4
	良好	2.2	4.0	12.0	22.9	58.9
	合格	2.9	5.0	16.5	22.6	53.0
	不合格	6.7	6.7	22.7	17.2	46.7
地域	城市	1.9	3.3	10.7	19.8	64.3
	乡镇	2.2	2.9	10.6	21.8	62.5
	农村	1.9	3.1	11.6	22.7	60.7
年龄	8 岁	1.9	4.5	16.7	23.7	53.2
	9 岁	2.2	4.1	11.9	22.5	59.3
	10 岁	1.9	2.9	10.9	21.5	62.8
	11 岁	2.3	3.1	9.0	18.6	67.0
	12 岁	1.4	2.7	8.8	17.6	69.5
	13 岁	2.2	3.2	13.3	20.0	61.3

(3)阅读活动及空间

阅读活动部分聚焦学生在阅读学习过程中最主要的几种阅读学习活动，调查教师安排学生参与这些阅读学习活动的情况。调查具体题目如下。

阅读活动安排：

1. 语文老师教给我们许多阅读知识。
2. 语文老师引导我们对自己的阅读过程进行反思。
3. 语文老师经常组织我们讨论、分享阅读内容。
4. 小组讨论之前，老师总是先让我们认真默读课文，深入思考。
5. 老师会安排专门的时间让我们介绍自己课外读的书。

调研结果显示，在绝大多数学生眼中，老师不仅能教给自己很多阅读知识，组织同学们讨论、分享阅读内容，引导潜心读文，还能够引导自己反思阅读的过程。这 5 道题目中选择“非常符合”的学生比例都比较高。相对而言，认为老师会安排专门的时间让自己介绍课外读物的学生比例比较低。具体数据见表 3-27。

表 3-27　教师阅读活动安排情况(%)

选项	教给阅读知识	反思阅读过程	讨论、分享阅读内容	潜心读文	介绍课外读物
非常符合	70.7	64.4	61.3	62.6	22.1
较为符合	17.4	19.8	20.6	28.0	23.4
一般符合	8.5	10.3	10.8	4.8	16.2
不太符合	2.1	3.0	4.2	2.5	15.9
不符合	1.3	2.5	3.1	2.1	22.4

(4)课堂互动

课堂互动部分主要指向教师的阅读策略指导和课中即时指导。具体调研题目如下。

阅读策略指导：

1. 语文老师提供的阅读方法对我的阅读有帮助。

课中即时指导：

2. 学完一篇课文后，老师总要求我们把课文的主要内容背下来。

3. 上学期，你被语文老师提问的情况如何？(选项设计：从来没有；次数较少；次数较多)

阅读策略指导主要关注教师所提供阅读方法策略的有效性。调研结果显示，64.4%的学生认为教师提供的阅读方法有益于自己的阅读。从不同学生群体对教师阅读策略指导情况的感受看，年龄越大的学生对教师阅读策略指导的认可度越高，12 岁学生对教师阅读策略指导的认可度最高，71.4%的 12 岁学生认为教师的阅读策略指导对自己的阅读很有帮助。成绩越好的学生对教师阅读策略指导的认可度越高。具体数据见表 3-28。

表 3-28　学生对教师阅读策略指导的认可度(%)

维度	总体	年龄						语文成绩			
		8 岁	9 岁	10 岁	11 岁	12 岁	13 岁	优秀	良好	合格	不合格
不符合	1.6	1.1	1.6	1.6	2.0	1.3	1.9	1.6	1.5	1.9	6.7
不太符合	2.4	2.6	2.8	2.1	2.6	1.7	2.9	2.2	2.8	3.6	5.3
一般符合	10.9	15.0	11.2	8.4	7.8	7.4	8.3	8.2	10.6	16.7	21.3
较为符合	20.7	23.4	21.9	19.0	18.1	18.2	17.4	19.0	21.3	20.5	20.0
非常符合	64.4	57.9	62.5	68.9	69.5	71.4	69.5	69.0	63.8	57.3	46.7

课中即时指导的调研结果显示，一半以上的学生认为老师会在学完一篇课文后，要求自己把课文的主要内容背下来。升入五年级后，有大约一半的学生认为自己被老师提问的次数比较多。具体数据见表 3-29。

表 3-29　课中即时指导情况(%)

调研题目	选项	百分比	调研题目	选项	百分比
老师总要求我们把课文主要内容背下来	非常符合	24.6	本学期，你被语文老师提问的情况	次数较多	49.9
	较为符合	29.1		次数较少	47.9
	一般符合	16.9		从来没有	2.2
	不太符合	16.4		—	—
	不符合	13.0		—	—

(二)教师调研结果分析

教师调研采用了网上调研的方式，于 2016 年 11 月至 2017 年 2 月实施。经统计，调研共收到有效问卷 7991 份。调研对象总体情况见表 3-30。

表 3-30　被调研教师总体情况

调研对象	性别		年龄				教龄				
	男	女	25 岁及以下	26～35 岁	36～45 岁	46 岁以上	5 年以内	6～10 年	11～15 年	16～20 年	21 年以上
人数	786	7205	744	2807	3519	921	1672	1013	908	1978	2420
百分比(%)	9.8	90.2	9.3	35.1	44.1	11.5	20.9	12.7	11.4	24.7	30.3

调研对象	学历			地域			职称				
	大专及以下	本科	研究生及以上	城市	乡镇	农村	正高	高级	一级	二级	无职称
人数	1178	6488	325	4563	2028	1400	33	689	4220	2273	776
百分比(%)	14.7	81.2	4.1	57.1	25.4	17.5	0.4	8.6	52.8	28.5	9.7

本次被调研教师平均年龄 36.34 岁，平均教龄 15.21 年，涵盖了不同性别、年龄、地域、教龄以及职称的小学语文教师，取样具有比较好的代表性。

围绕影响小学生阅读素养提升的因素，教师问卷主要从学校教学相关支持性因素展开调研。具体包括阅读氛围、阅读资源、阅读活动及空间、课堂互动 4 个指标。下面按照这 4 个指标分别加以分析。

1. 阅读氛围

阅读氛围主要关注学校整体的阅读氛围和语文教师的阅读状态两个方面。

(1)学校整体阅读氛围

学校阅读氛围部分共调查阅读活动和阅读气氛两项内容。调查具体题目如下。

阅读活动：

1. 在过去一年中，学校开展过多少次面向教师的阅读活动？

2. 学校为教师组织的阅读活动效果如何？

3. 在过去一年中，学校为学生开展过多少次阅读活动？

阅读气氛：

4. 您认为您的同事中喜欢阅读的人占多少？

5. 影响您阅读最主要的原因是什么？

6. 您在哪个地方能得到安静的阅读环境？(选项设计：家里；学校教室；学校图书馆；其他地方)

有关阅读活动的调查结果显示，在过去一年中，学校为教师开展1～3次阅读活动所占比例最大，为58.8%，这说明多数学校都重视教师的阅读，并能为此积极推动。但部分学校对教师阅读的认识还不够，忽视了阅读活动的意义和价值。有22.7%的学校没有为教师开展过阅读活动。在已经开展教师阅读活动的学校中，教师阅读活动本身的质量和效果也不容乐观。只有7.5%的教师认为学校组织的阅读活动效果明显，相当一部分教师并没有从阅读活动中得到收益。从学校为学生开展的阅读活动次数看，学校对学生阅读的重视程度高于对教师阅读的重视程度，组织的学生阅读活动也比较多，只有7.9%的学校没有组织过学生阅读活动。

有关学校阅读氛围的数据显示，教师认为同事中喜欢阅读的比例不足四分之一的占55.8%，认为同事中多数(50%以上)喜欢阅读的仅占14.8%(表3-31)。这说明绝大多数教师认为自己所处环境中喜欢阅读的人数不多，这也和另外两道问题的调研数据相互呼应(图3-9)。调研结果显示，教师认为影响自己阅读最主要的原因中处于第二位的是“缺少阅读氛围”，只有10.4%的教师能够在学校教室、27.1%的教师能够在学校图书馆获得安静的阅读环境。

表3-31 学校阅读活动开展及阅读氛围(%)

调研题目	选项	百分比
过去一年，开展教师阅读活动次数	0次	22.7
	1～3次	58.8
	4～6次	12.0
	7次及以上	6.5

续表

调研题目	选项	百分比
过去一年，开展学生阅读活动次数	0次	7.9
	1～3次	46.9
	4～6次	20.7
	7次及以上	24.5
学校教师阅读活动效果	效果很小	11.2
	效果较小	25.7
	效果一般	35.9
	效果较大	19.7
	效果明显	7.5
同事中喜欢阅读的比例	10%以内	24.8
	10%～25%	31.1
	26%～50%	29.4
	51%～75%	12.3
	76%及以上	2.5

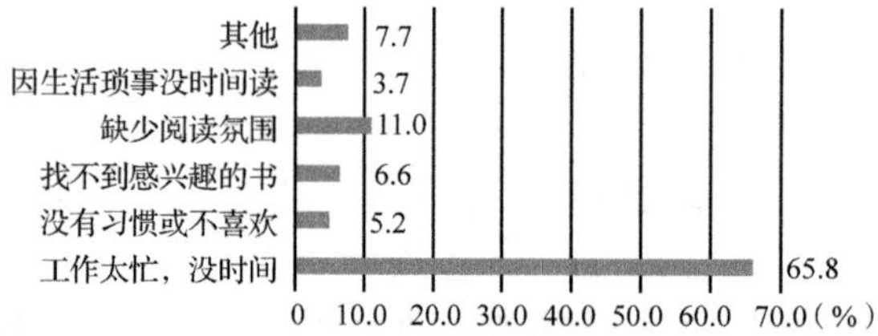

影响您阅读最主要的原因

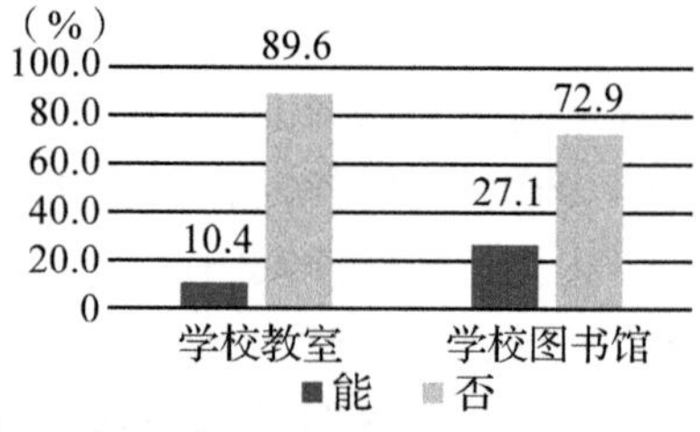

能否在下列地方获得安静的阅读环境

图 3-9　学校阅读气氛调研结果

(2)教师阅读状态

围绕教师的阅读状态主要调查了3个方面，分别是教师的阅读兴趣与阅读习惯；阅读量与阅读内容；阅读方法与策略。

围绕阅读兴趣共调查了3道题目，具体题目如下。

阅读兴趣：

1. 我能享受阅读带给我的快乐。
2. 您进行阅读最主要的原因是什么？
3. 您最喜欢的书籍类型是什么？

调研结果显示，绝大多数(81.4%左右)的语文教师喜欢阅读，能够享受阅读的快乐。从不同教师群体的阅读观看，女教师、城市教师的阅读兴趣更高。随着年龄的增加，教师的阅读兴趣也呈逐步增加趋势。具体数据见表3-32。

表3-32　教师的阅读兴趣情况(%)

我能享受读书带给我的快乐		非常符合	比较符合	一般符合	不太符合	很不符合
性别	男	32.2	42.3	21.2	3.7	0.6
	女	43.2	38.9	15.5	1.5	0.9
年龄	25岁及以下	39.0	39.5	17.9	2.4	1.2
	26～35岁	41.1	38.6	17.7	1.8	0.8
	36～45岁	42.8	39.5	15.3	1.6	0.8
	46岁及以上	45.6	39.5	12.9	1.1	0.9
地域	城市	46.6	37.3	13.8	1.3	1.0
	乡镇	36.8	41.3	18.9	2.4	0.6
	农村	35.3	42.5	19.6	2.0	0.6
总体		42.2	39.1	16.1	1.7	0.9

从教师的阅读目的与动机看，60.3%的教师最主要的阅读目的是增加知识、开阔眼界，为了休闲消遣而进行阅读的教师比例整体比较少(3.6%)。具体数据见表3-33。

表3-33　教师的阅读目的与动机(%)

维度		增加知识，开阔眼界	打发时间，休闲消遣	满足兴趣爱好	掌握一些实用技能	提高修养	工作学习需要	其他
性别	男	57.6	6.2	7.6	4.1	14.4	9.2	0.9
	女	60.6	3.2	8.2	2.7	18.9	5.8	0.6
年龄	25岁及以下	66.9	3.7	9.1	2.4	15.2	2.2	0.5
	26～35岁	61.5	3.4	8.2	3.0	17.7	5.6	0.6
	36～45岁	58.2	3.8	7.7	3.0	19.7	7.2	0.4
	46岁及以上	59.1	3.3	8.5	2.2	18.7	6.8	1.4
地域	城市	61.1	3.0	8.1	2.2	19.4	5.7	0.5
	乡镇	59.1	3.9	8.0	3.3	18.1	6.8	0.8
	农村	59.2	5.3	8.1	4.1	15.9	6.6	0.8
总体		60.3	3.6	8.1	2.8	18.5	6.1	0.6

从教师喜欢阅读的书籍类型看，语文教师更喜欢阅读文学类的书籍(56.0%)，其次是教育类(21.4%)。女教师中喜欢阅读文学类作品的比例更高，男教师的阅读兴趣更加广泛。随着年龄的增加，喜爱阅读文学类作品的教师比例呈逐步降低的趋势，而喜欢阅读教育类作品的教师比例呈逐步增加的趋势。这一趋势在城市、乡镇、农村 3 个教师群体中也同样存在。具体数据见表 3-34。

表 3-34　教师最喜欢阅读的书籍类型(%)

维度		文学类	教育类	哲学类	文化类	艺术类	科学类	休闲类	其他
性别	男	42.0	25.7	3.6	6.6	2.2	7.1	9.0	3.8
	女	57.5	21.0	2.0	5.2	1.9	1.3	9.0	2.1
年龄	25 岁及以下	63.5	12.1	1.8	4.7	3.9	2.0	8.5	3.5
	26～35 岁	55.8	20.0	2.0	5.9	2.6	2.1	9.6	2.0
	36～45 岁	56.5	22.7	2.2	5.0	1.1	1.8	8.9	1.8
	46 岁及以上	48.0	29.0	2.7	6.0	1.5	1.8	8.5	2.5
地域	城市	59.6	19.9	1.9	5.8	1.7	1.7	7.6	1.8
	乡镇	52.2	22.3	2.8	4.6	1.8	2.3	11.4	2.6
	农村	49.6	25.3	1.9	5.1	2.9	2.1	10.2	2.9
总体		56.0	21.4	2.1	5.4	1.9	1.9	9.1	2.2

围绕教师的阅读习惯主要调查了每周阅读次数和每次阅读时长两个方面，具体题目如下。

阅读习惯：

1. 您平均每周会阅读书刊几次？
2. 每次阅读的平均时长是多少？

从教师每周的阅读次数看，每周阅读 1～2 次的教师比例接近一半(47.4%)，这说明相当一部分教师还没有养成勤于阅读的习惯。再联系教师每次阅读的时间看，还有相当一部分教师每次阅读的时长不超过半小时(47.1%)。这些都反映了教师阅读本身存在的问题。具体数据见表 3-35。

表 3-35　教师阅读习惯调研情况(%)

调研题目	选项	百分比	调研题目	选项	百分比
平均每次阅读时长	10 分钟内	6.6	平均每周阅读次数	几乎没有	7.5
	10～30 分钟	40.5		1～2 次	47.4
	31 分钟～1 小时	40.6		3～4 次	25.0
	1～2 小时	10.3		5～6 次	10.7
	2 小时以上	2.0		7 次及以上	9.4

教师的阅读量主要调查了阅读时间、频率、数量及对阅读量的自我感受 4 道题目。具体题目如下。

阅读量与阅读内容：

1. 在过去的一年中，您完整地阅读了________本书。
2. 在过去的一个月中，您阅读了________期(份)学术期刊。
3. 请把您完整读过的作品勾出来。
4. 您对自己的阅读量满意吗?

表 3-36 呈现了教师总体的阅读量情况。从被调研教师总体看，在过去一年中，语文教师平均阅读 7.31 本书籍；在过去一个月中，语文教师平均阅读 3.10 期学术期刊。其中，年阅读书籍总量在 1～2 本的语文教师比例最高，绝大多数教师年平均阅读量在 6 本以下；月阅读期刊总量在 1～2 期的教师比例最高，超过了调研总人数的一半。这些都说明语文教师的总阅读量还有一定的提升空间。大多数语文教师对自身的阅读状态并不十分满意，只有 3.5%的教师对自己的阅读量非常满意。

表 3-36　教师阅读量调研情况(%)

调研题目	选项	百分比
过去一年完整阅读书籍量	0 本	1.5
	1～2 本	24.5
	3～4 本	21.8
	5～6 本	24.4
	7～8 本	4.5
	9～10 本	10.3
	11 本及以上	13.0

续表

调研题目	选项	百分比
过去一月阅读期刊量	0 期	11.0
	1～2 期	55.1
	3～4 期	15.4
	5～6 期	9.7
	7～8 期	1.2
	9～10 期	2.8
	11 期及以上	4.8
对自身阅读满意度	非常满意	3.5
	比较满意	28.3
	不大满意	53.1
	很不满意	15.1

从不同教师群体的阅读总量看，男教师的年阅读书籍平均值和月期刊阅读量都高于女教师；乡镇地区教师的阅读量最小；不同教龄的教师在阅读量上差异不大。具体数据见表 3-37。

表 3-37　不同群体教师阅读量分析(均值)

阅读量	性别		地域		
	男	女	城市	乡镇	农村
一年读书量(本)	8.33	7.20	7.81	6.40	7.00
一月期刊量(期)	3.52	3.05	3.15	3.04	3.00

阅读量	教龄(年)						
	0～5	6～10	11～15	16～20	21～25	26～30	31 以上
一年读书量(本)	6.90	7.18	7.70	7.25	7.31	7.28	9.88
一月期刊量(期)	2.77	2.63	2.95	3.16	3.19	3.84	4.21

为进一步调查教师阅读的情况，列出了《课程标准》推荐的部分书目请教师圈出其完整阅读过的内容，分别为《安徒生童话》《格林童话》《稻草人》《宝葫芦的秘密》《伊索寓言》《鲁滨逊漂流记》《格列佛游记》《中国神话故事》《西顿野生动物故事集》。结果显示(图 3-10)，接近 40%的教师阅读量在 3 本及以下，读过其中 8 本以上的教师不足 10%，只有 2.1%的教师全部阅读过。

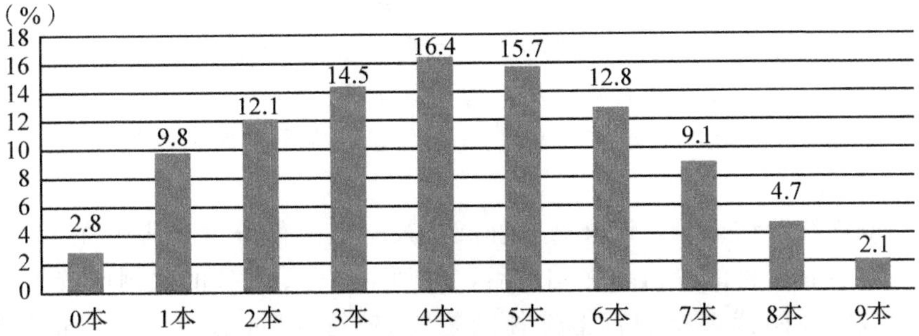

图 3-10 教师实际阅读《课程标准》推荐书目调研情况

从不同教师群体的《课程标准》书目阅读情况看，女教师的阅读量要高于男教师的阅读量。教龄长的教师阅读的平均本数相对较高，但也都不足总量的一半。农村教师的阅读量低于城市和乡镇教师。具体如表 3-38 所示。

表 3-38 不同教师群体平均《课程标准》书目阅读量统计(本)

性别		教龄							区域		
男	女	5 年及以内	6～10 年	11～15 年	16～20 年	21～25 年	26～30 年	31 年及以上	城市	乡镇	农村
3.54	4.25	3.85	3.99	4.17	4.22	4.33	4.54	4.34	4.36	4.01	3.85

围绕阅读方法与策略，主要调查了 13 道题目，具体题目如下所示。其中，1～8 题属于认知策略；9～13 题属于元认知策略。这 13 道题目均采用五等划分的方式，分为“非常符合、比较符合、一半、比较不符合、非常不符合”。在对结果进行分析时，按五级记分的方式，分别对各选项赋予 5、4、3、2、1 分，通过计算平均分来呈现教师们的总体阅读方法与策略掌握和使用水平。

阅读方法与策略：

1. 阅读新文章时，我会根据题目猜测文章内容。
2. 阅读时，我能很快地把握所读内容的整体结构。
3. 阅读时，我能迅速从所读内容中找到需要的信息。
4. 我经常利用文章中的表格、数字、插图等帮助理解文本。
5. 我经常会用自己的话对文章的内容进行总结。
6. 阅读时，我会通过不断向自己提出问题推进理解。
7. 阅读时，我会通过把文字想象成画面推进理解。
8. 阅读时，我能结合自己的已有经验对所读内容形成深入理解。
9. 我经常会根据不同的目的选择合适的文章来读。

10. 阅读时，我明白哪些内容我还没有理解。

11. 阅读时，遇到不理解的段落我会重读一遍。

12. 我的阅读速度能满足我的阅读需要。

13. 阅读时，我经常会根据阅读内容的难易程度调整阅读速度。

从最终统计结果看，语文教师在阅读策略上的得分主要集中在 16～30 分之间，将所有题目的分值求平均数后，教师得 2 分、3 分的比例比较集中，绝大多数教师在阅读策略题目上选择的是“比较符合”或者“一半”。也就是说，教师本身对所给出阅读策略的使用情况不容乐观。具体数据见图 3-11。

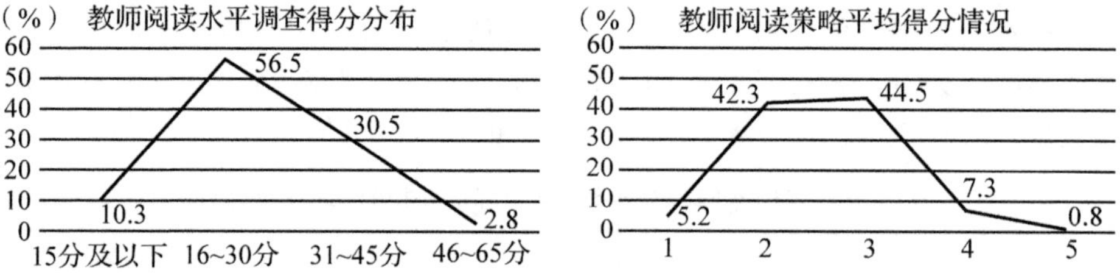

图 3-11 教师阅读水平调研情况

2. 阅读资源

阅读资源部分主要调查教师提供资源的多样性和适切性两个方面，调查具体题目如下。

阅读资源：

1. 阅读课上，您最经常利用的一种相关信息是什么？（选项设计：作者的资料；文中人物、事件的介绍；工具书中的注释；视频、音频资料；相关的诗文、名言、谚语；与课文内容相近的文章）

2. 学完一篇课文后，我经常向学生推荐课外读物。

调研显示，教师在课堂上最常运用的资料类型是文中人物、事物的介绍，也就是一些背景知识或延伸知识点的介绍，能够在教学之余补充利用与文本相近的文章等信息的比例不足五分之一。教师对教学资源及阅读文本的拓展大多集中在教学之后。调研显示，学完一篇课文之后，46.4%的教师经常向学生推荐课外读物。具体数据见表 3-39。

表 3-39　教师阅读教学资源选取与提供情况

调研题目	选项	百分比
最常利用的一种相关信息	作者的资料	18.9
	文中人物、事件的介绍	42.6
	工具书中的注释	3.8
	视频、音频资料	13.6
	相关的诗文、名言、谚语	3.0
	与课文内容相近的文章	18.1
经常向学生推荐课外读物	完全符合	46.4
	基本符合	42.3
	不确定	8.7
	基本不符合	1.9
	完全不符合	0.7

3. 阅读活动及空间

阅读活动及空间部分围绕教师阅读学习活动的设计与实施展开，主要调查阅读学习活动的安排及阅读教学方式方法的使用两个方面。调查具体题目如下。

阅读学习活动安排：

1. 阅读教学中，学生做以下几种活动的频率如何？（选项设计：自主读书思考；小组讨论交流；反思自己的阅读过程；听教师讲解阅读相关知识；质疑或提出问题）

阅读教学方式方法：

2. 阅读课上，占用您教学时间最多的一项是什么？（选项设计：理解课文内容；掌握学习方法；领悟表达方法；阅读相关资料；有感情地朗读；背诵和积累）

3. 为更好地帮助学生理解《凡卡》中乡下生活的描写，最有效的一种教学策略是什么？（选项设计：联系上下文；抓住关键词语；补充相关资料；有感情地朗读；鼓励多元理解；结合课文整体理解）

阅读学习活动安排聚焦学生在阅读学习过程中最主要的几种阅读学习活动，调查教师安排学生参与这些活动的频率。调研结果显示，教师在阅读教学中，总是让学生听教师讲解阅读知识的比例相对较高，为12.3%，让学生反思自己阅读过程的比例最低。具体数据见表 3-40。

表 3-40 教师阅读学习活动安排情况(%)

选项	自主读书思考	小组讨论交流	反思自己的阅读过程	听教师讲解阅读知识	质疑或提出问题
从不	3.3	4.3	19.4	1.1	4.9
偶尔	29.8	24.6	40.2	10.1	30.3
有时	34.6	34.3	28.7	29.5	37.3
经常	26.2	30.7	9.8	47.1	22.2
总是	6.1	6.1	2.0	12.3	5.3

将这一组题目按照频率由低到高依次给每个选项赋分 1～5 分后计算平均值，结果呈现同样的趋势，即听教师讲解阅读知识的平均得分最高，为 3.59 分。反思自己的阅读过程得分最低，为 2.35 分。具体数据见图 3-12。

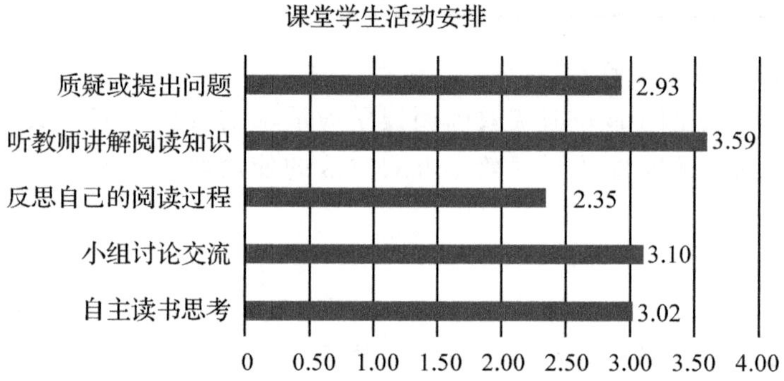

图 3-12 教师阅读学习活动安排情况

教学方式方法主要指向教师实际阅读教学中常用的一些具体方式方法。调研结果见图 3-13 及图 3-14。图 3-13 显示，在阅读课堂的时间分配上，37.6%的教师认为阅读课上占用自己时间最长的是理解课文内容。这个数据反映了相当一部分教师的阅读教学观还停留在内容传授层面，没有转向能力培养或素养养成这样的教学观念。另外，图 3-14 显示，在面对学生理解上的难点，比如《凡卡》一课乡下生活部分的描写时，30.6%的教师认为最有效的策略是补充相关资料，18.5%的教师认为抓住关键词语是最有效的策略。

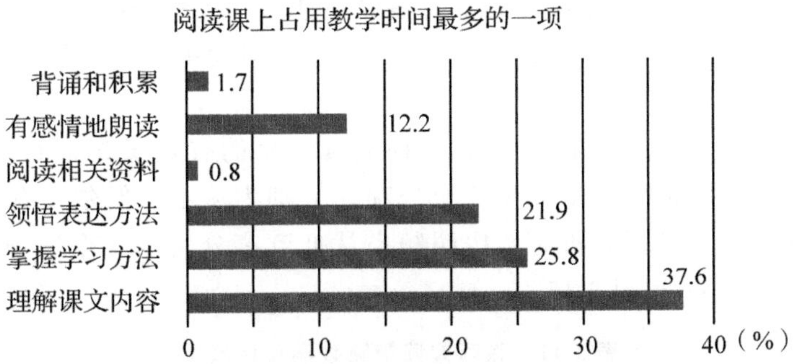

图 3-13　教师阅读教学时间运用情况

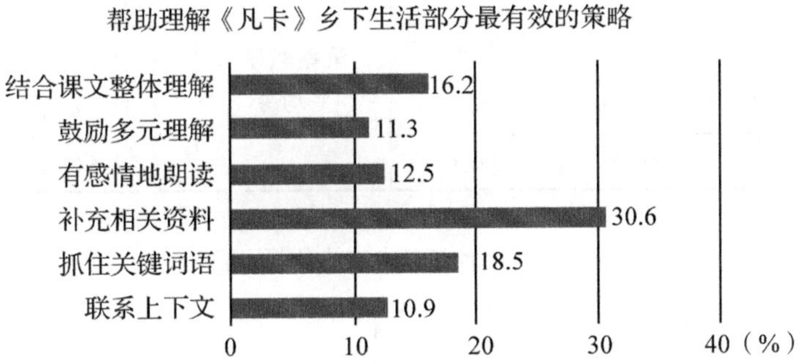

图 3-14　教师阅读教学方式方法运用情况

4．课堂互动

课堂互动部分主要调查教师阅读策略指导和课堂即时指导两个方面的情况。调查具体题目如下。

阅读策略指导：

1. 阅读教学中，您使用以下阅读教学策略的频率如何？（选项设计：a. 让学生阅读前根据题目进行猜想或预想；b. 引导学生在阅读过程中进行自我提问；c. 让学生用自己的话概括文章大意；d. 让学生联系文章中的插图、提示语等理解文章内容；e. 鼓励学生边读边将重要内容圈画出来；f. 让学生边读边记下自己的感受和想法；g. 让学生边读边想象画面；h. 让学生画文章的结构图或人物关系等）

课堂即时指导：

2. 学完一篇课文后，我要求学生必须记住课文讲了什么事。

3. 一般来说，您在一节语文课上能提问到的学生占全班人数的多少？（选项设计：20％以下；20％～39％；40％～59％；60％～79％；80％以上）

4. 指导学生课外阅读时，您最常采用的一种方法是什么？（选项设计：推荐阅读篇目；开展读书活动；让学生写读书笔记；其他）

阅读策略指导主要指向教师对 8 种阅读策略的有效指导，主要是通过频率调查完成的。每道题目都提供 5 个选项，分别为从不、偶尔、有时、经常、总是。对调查结果进行分析时，按照频率从低到高分别给 5 个选项赋予 1～5 分。结果见表 3-41 和图 3-15。

表 3-41　教师阅读策略教学总体情况

调研项目	分值	百分比	调研项目	分值	百分比
策略教学总分	10 分及以下	0.3	策略教学平均分	2 分及以下	1.4
	11～20 分	3.6		2.01～3 分	12.2
	21～30 分	42.0		3.01～4 分	50.6
	31～40 分	54.1		4.01～5 分	35.8

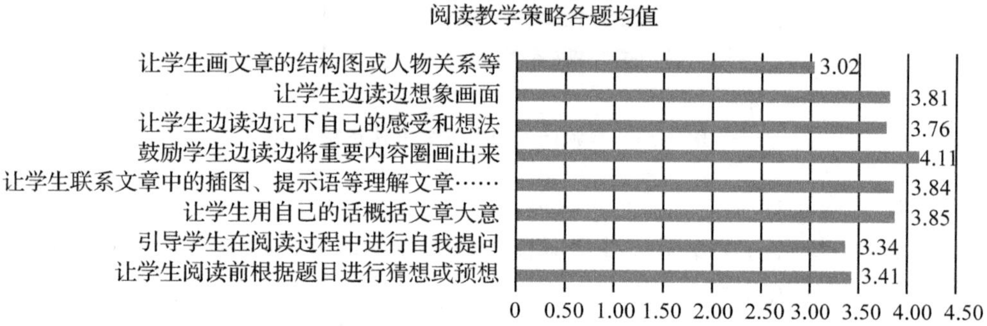

图 3-15　教师阅读策略教学情况

调查结果显示，在 8 道阅读策略相关题目中，教师的总体得分在 30 分及以下的比例占 45.9%，这部分教师在教学中不能经常引导学生使用这些教学策略。从 8 道题的平均分分布看，低于 4 分，即不能经常引导学生使用这些策略的教师比例超过了 60%。从每道题目的均值看，鼓励学生边读边将重要内容圈画出来这一策略的使用频率最高，让学生画文章的结构图或人物关系、让学生阅读前根据题目进行猜想或预想、引导学生在阅读过程中进行自我提问等策略在教学中的使用频率较低。

课堂即时指导的调研结果显示，一节课上能够提问 80%以上学生的教师比例较高，占 34.7%。69.8%的教师要求学生学完一篇课文后必须记住课文讲了什么事，这说明相当一部分教师最关注的还是课文内容以及既有理解的传授，而不是学生对意义的自主建构。教师指导学生课外阅读最常用的办法是开展读书活动，占 42.3%。具体数据见表 3-42。

表 3-42　教师阅读即时指导情况

调研项目	选项	百分比
一节课提问人数的百分比	20%以下	1.5
	20%～39%	10.6
	40%～59%	23.8
	60%～79%	29.4
	80%及以上	34.7
要求学生必须记住课文讲了什么事	完全符合	24.5
	基本符合	45.3
	不确定	12.5
	基本不符合	14.3
	完全不符合	3.4
指导课外阅读最常用的方法	推荐阅读篇目	27.2
	开展读书活动	42.3
	让学生写读书笔记	30.2
	其他	0.3

三、录像课分析结果

(一)录像课总体情况

录像课分析以从北京市 9 个区县随机抽取的 20 节阅读课录像课例作为研究对象。

首先，三至六年级每个年级均有 5 节课例。整体涉及 4 个年级的课例，有利于反映阅读教学在年级衔接上的现有状况，全面评价小学语文中高年级教师提问与理答现状。

其次，每个年级的录像课内容基本一致。三至六年级分别为《七颗钻石》《永生的眼睛》《威尼斯的小艇》《卖火柴的小女孩》。集中在一种课型、同一教学内容上，有利于制定一致的评课标准，对结果进行横向比较，发现教师课堂教学中存在的主要问题。

(二)录像课结果分析

通过对 20 节课例的分析，得到基本结论如下。

1. 学生在课堂中获得了更大的发言权，学生语言成为课堂语言中的主体

学生是学习的主体。要保证学生学习的主体地位，前提条件是让学生获

得学习的时间和空间。在所分析的20节课中，教师语言所占比例为43.2%，学生语言占24.7%，课堂沉默占32.1%。从绝对比例来看，学生语言虽不及教师语言的比例，但已经成为课堂语言的主要组成部分。从师生语言的时间看，每节课的平均讲授时间为7分6秒，平均提问时间为4分2秒；学生每节课回答问题的时间为10分27秒。可见，传统的教师“满堂灌”“满堂问”的教学状态已经改善，学生在课堂中获得了更大的发言权。这为保障学生学习的主体地位奠定了基础。

2. 大部分教师具有尊重学生的意识，教师的理答态度以肯定、鼓励为主

从对教师理答态度的分析结果看，教师对学生的回答大多(72.6%)能够采取鼓励或表扬、启发或引导的方式，批评或否定学生的比例仅为2.0%。这说明大部分教师能够对学生采取积极、正面的理答方式，这对促进学生的学习是有积极的帮助作用的。但值得注意的是，在学生的课堂回答中，教师对7.8%的回答没有表态，打断了9.8%的学生回答。这说明部分教师对部分学生的回答或者由于预设不足而不能做出及时、有效的反馈，或者由于过度关注教学进度而打断学生。具体数据见表3-43。

表3-43　教师理答态度分析(%)

选项	三年级	四年级	五年级	六年级	总体
鼓励或表扬	45.5	29.4	33.3	36.4	35.3
不表态	0	17.6	0	9.0	7.8
打断学生	9.0	11.8	16.7	0	9.8
批评或否定	0	0	0	9.1	2.0
启发或引导	45.5	29.4	33.3	45.5	37.3
其他	0	11.8	16.7	0	7.8

3. 文本理解是中高年级语文教师提问的主要指向，对学习方法的引导不够

对教师提问指向的分析结果显示(表3-44)，教师提问中最主要的是文本理解方面的问题，占91.3%。其中，“形成解释”的问题占35.2%；其次为“提取信息”类问题和“整体感知”类问题；“做出评价”和“联系实际”类的问题均比较少。从不同年级来看，“形成解释”是各个年级教师提问最多的类别；“提取信息”“联系实际”类问题整体呈现随年级增高而减少的趋势，“整体感知”类问题整体呈现随年级增高而增加的趋势。这说明，不同年级语文教师大多能够较好地把握年段教学特点，体现不同年段在阅读理解方面的学习重点。

数据还显示，在教师的提问中，学法获得(学习方法的点拨或指导)方面的问题仅占4.4%。不论在哪个年级，这都是教师涉及较少的问题。显然，如

何在关注文本理解的同时，加强对学法的指导是大多数教师需要反思的一个问题。

表 3-44　教师提问指向分析(%)

提问指向		三年级	四年级	五年级	六年级	总体
文本理解	提取信息	17.2	26.4	15.3	14.0	18.5
	整体感知	6.1	12.3	18.4	25.3	16.6
	形成解释	46.5	36.2	29.0	32.8	35.2
	做出评价	16.1	8.0	9.2	15.6	12.0
	联系实际	11.1	9.7	10.6	5.9	9.0
学法获得		3.0	2.9	4.5	6.4	4.4
其他		0	4.5	13.0	0	4.3

4. *课堂提问浅层次理解的问题多，有思维深度的问题较少*

对教师提问答案类型的分析结果显示，教师的问题中27.3%为可以从课文原文中找到答案的问题，21.0%为判断是非、好坏的问题，16.8%为贴标签式的简单评价性问题；真正需要学生用几句话，甚至一段话进行论述性回答的问题仅占27.9%。可见，教师的问题大多以简单问题为主，学生不经思考也能轻松回答，真正需要深度思考的问题比较少。长此以往，不仅影响学生的学习兴趣，降低课堂教学效率，同时也丧失了语文教学让学生感悟、体会的开放性特点。特别是六年级的课，72.2%的问题都是课文原文或是非判断性、简单评价性的问题。如何在初读粗知的基础上，通过问题推动理解、发展思维，是很多语文课堂面临的重要问题。具体数据见表3-45。

表 3-45　教师提问答案类型分析(%)

提问答案类型	三年级	四年级	五年级	六年级	总体
课文原文答案	30.9	28.6	20.3	32.2	27.3
是非判断性答案	1.8	27.1	22.7	17.8	21.0
简单评价性答案	23.6	14.6	13.3	22.2	16.8
论述性答案	43.6	24.3	28.1	25.6	27.9
其他	0.1	5.4	15.6	2.2	7.0

5. *教师理答没有充分发挥引导学生思维发展、促进理解深入的作用*

对教师理答方式的分析结果显示，12.0%的理答是以重复学生答案的方式呈现的，11.6%是以引出另一个问题的方式呈现的，甚至还有5.9%是教师直接代替回答的。这些数据说明，教师的理答并没有充分发挥引导学生思维发展、理解深入的作用。特别是六年级的课，重复学生答案的比例高达 20.4%，再提出另一个问题的比例则为 18.4%。具体数据见表 3-46。

表 3-46 教师理答方式分析(%)

理答方式	三年级	四年级	五年级	六年级	总体
对学生的回答补充或引申	43.3	27.7	37.4	46.9	35.4
教师代答	5.0	7.1	6.1	2.0	5.9
让其他学生再回答	41.7	23.4	25.3	8.2	24.8
重复问题	0	15.7	5.6	4.1	8.6
重复学生答案	1.7	12.5	12.5	20.4	12.0
再提出另一个问题	8.3	11.4	11.1	18.4	11.6
其他	0	2.2	2.0	0	1.7

6. 师生之间有效的信息互动与交流还没有形成，学生的学习仍处于被动地位

师生之间的有效交流与互动是促进学生学习深度发生的基础条件。它主要体现为师生之间语言的交流与互动。从本次分析结果看，虽然有 35.3%的学生发言得到了教师的鼓励或表扬；但教师的鼓励大多流于“嗯”“对”“是”等表层认可，能从情感上和观点上得到教师接纳的学生发言比例较低。并且，20 节课中学生所有的发言均为教师驱动的被动性语言。可见，学生回答问题虽然多了，但得到教师的实质性回应并不多；大部分教师接纳和利用学生情感、观点的意识还没有完全形成，课堂教学中，师生之间的相互理解、深层次交流程度不足。

这一点，从对具体课例的弗兰德斯师生语言矩阵分析中可以更为明显地体现出来。下面是《威尼斯的小艇》一课的语言分析结果(表 3-47)。五年级《威尼斯的小艇》一课，学生发言后继续提问 18 次，讲授 18 次，提出指示或命令 10 次；学生发言后能接纳学生情感的次数为 1 次，称赞或鼓励 0 次，接纳或利用学生观点 0 次。显然，在这节课中，学生的发言几乎都是以再提问、再讲授等方式处理的，教师的问题和学生的回答在情感上、观点上几乎没有产生互动。

表 3-47　《威尼斯的小艇》师生语言矩阵分析(次数)

师生互动	接纳学生情感	称赞/鼓励	接纳/利用学生观点	提问	讲授	指示/命令	批评/维护权威	教师驱动的学生语言	学生自主讲话	课堂沉默	合计
接纳学生情感	0	0	0	0	0	0	0	1	0	0	1
称赞/鼓励	0	2	0	2	2	1	0	0	0	1	8
接纳/利用学生观点	0	0	0	0	0	2	0	0	0	0	2
提问	0	1	0	29	12	15	1	16	0	1	75
讲授	0	3	2	17	145	9	2	4	0	6	188
指示/命令	0	1	0	6	2	23	1	22	0	11	66
批评/维护权威	0	1	0	0	0	1	0	2	0	2	6
教师驱动的学生语言	1	0	0	18	18	10	0	166	0	1	214
学生自主讲话	0	0	0	0	0	0	0	0	0	0	0
课堂沉默	0	0	0	3	9	5	2	3	0	227	249
合计	1	8	2	75	188	66	6	214	0	249	809

第三节　调研主要结论

通过将教师和学生问卷所调查各维度、因素与学生的实际学业表现建立关联，可以发现它们对于学生实际学业表现的解释率①是不同的。根据回归系数、解释率的大小和显著程度，可以确定影响小学生阅读素养的主要因素。为此，本节主要采用 SPSS 软件对实证调研的几个维度进行线性回归分析，以此找到影响小学生阅读素养的关键因素。

阅读素养是人的心智力量的聚合。小学生阅读素养的提升首先受到小学生自身发展状态的影响。为此，本节首先梳理小学生阅读素养发展现状中各个因素的关系，确定影响小学生阅读素养提升的主体因素。

① 解释率表示的是两种变量之间相互依赖的定量关系。解释率越大，两个变量之间越存在相互依赖关系。本文中所有解释率均采用线性回归分析法，取其中的回归平方和与总离差平方和的比值，即 R^2。回归系数表明两个变量之间关系的方向，回归系数为正数，表明两个变量之间存在正相关。

一、阅读情感、阅读策略是小学生阅读素养提升的主要影响因素

(一)阅读情感态度是影响小学生阅读素养提升的关键因素之一

情感态度经验是构成阅读素养的重要子系统之一。已有很多研究证明了阅读情感态度在学生阅读素养发展过程中的重要作用。比如，张文静、辛涛曾发现学生喜爱阅读的程度与阅读素养表现关系密切。[①] PISA 的研究成果也证明了学生阅读参与度对学生阅读素养的积极影响。PIRLS2011 年研究结果显示，参与度较高的学生阅读表现比参与度低的学生更为优秀(519 分对 494 分)。

本书通过将阅读兴趣、阅读动机、阅读习惯等情感态度部分的题目进行赋分转换、汇总统计后，将其与学生的阅读学业表现相互关联进行线性回归分析，统计结果如表 3-48 所示。

表 3-48　阅读情感态度对小学生阅读素养的线性回归分析结果系数表

模型	非标准化系数		标准系数	t	P 值	解释率	
	β	标准误差				R^2	P 值
常量	3.213	0.027		117.887	0.000	0.089	0.000
阅读情感态度	0.124	0.006	0.201	20.043	0.000		

数据显示，阅读情感态度对小学生阅读素养的发展具有显著的正向预测作用(回归系数 $\beta=0.124$，$P=0.000$)，且阅读兴趣等情感态度对小学生阅读素养发展的解释率是 8.9%(R^2 为 0.089)。由此可以判断，学生阅读兴趣越高、阅读动机越强、阅读习惯越好，其阅读发展状况越好。阅读情感态度是影响小学生阅读素养发展的重要因素之一。

(二)阅读策略是影响小学生阅读素养提升的关键因素之一

通过将阅读策略部分的所有题目进行赋分转换、汇总统计后，将其与学生的阅读学业表现相互关联进行线性回归分析，统计结果见表 3-49。

表 3-49　阅读策略对小学生阅读素养的线性回归分析结果系数表

模型	非标准化系数		标准系数	t	P 值	解释率	
	β	标准误差				R^2	P 值
常量	3.421	0.028		123.649	0.000	0.086	0.000
阅读策略	0.087	0.007	0.122	12.051	0.000		

① 张文静、辛涛：《阅读投入对阅读素养影响的跨文化比较研究——以 PISA2009 为例》，《心理发展与教育》，2012 年第 2 期。

数据显示，阅读策略对小学生阅读素养的发展具有显著的正向预测作用(回归系数 $\beta=0.087$，$P=0.000$)，且阅读策略对小学生阅读素养发展的解释率是 8.6%(R^2 为 0.086)。由此可以判断，学生的阅读策略掌握得越好，其阅读的发展状况就越好。阅读策略是影响小学生阅读素养发展的重要因素之一。

已有研究结果也显示出，阅读策略的使用能够显著提高阅读素养成绩。PISA2009 年的研究报告揭示，理解和识记信息策略、总结策略、控制策略等阅读策略的使用与阅读成绩之间有显著的正相关关系。[①] 在 OECD 国家中，总结策略指数每增加一个单位，学生的阅读学业成绩就会提高 42 分；理解和识记信息策略指数每增加一个单位，学生的阅读学业成绩就会提高 35 分以上。还有许多研究者(陆璟[②]，黄熙彤[③]，王晓平[④]等)强调了阅读策略对阅读素养的影响作用。

从本次调研结果也可以看出，阅读理解策略并不限于一种，能力越强的学生越能够妥善地运用多种策略。他们不会永远只使用一种策略，而是会根据文章的特性及本身研读的目的，适当地选用及调整使用不同的阅读理解策略。

二、四年级是阅读素养发展的关键期

(一)问卷调查中的四年级现象

通过问卷调查分析发现，阅读素养各个子系统的发展趋势均在 10 岁发生了较大的变化。按照我国目前的教育规划，10 岁正是处在小学四年级左右。由此可以推断，四年级左右是小学生阅读素养发展过程中的关键时期。

1. 学生阅读的兴趣与动机在四年级左右出现了发展的拐点

阅读兴趣、阅读动机是构成阅读情感态度经验的重要内容。调查结果显示，10 岁之前，学生在阅读兴趣、阅读动机方面的表现呈现出随年龄增加而逐步提高的趋势；而 10 岁之后，学生的表现呈现出随年龄增加而逐步降低的趋势。

在“读书是我的爱好之一”一题的调查中，10 岁学生中选择“非常符合”的比例在各个年龄段中相对最高，为 59.3%。8 岁和 9 岁学生选择“非常符合”

---

① 胡咏梅、唐一鹏：《学习策略与教学策略哪个更重要?》，《北京师范大学学报》(社会科学版)，2018 年第 3 期。

② 陆璟：《阅读参与度和学习策略对阅读成绩的影响——基于上海 PISA2009 数据的实证研究》，《教育发展研究》，2012 年第 18 期。

③ 黄熙彤：《小学生阅读策略对阅读素养的影响：基于潜在剖面分析》，《第二十届全国心理学学术会议——心理学与国民心理健康摘要集》，中国心理学会，2017 年。

④ 王晓平、吴庆麟、胡艳萍：《小学四年级叙述文阅读理解策略教学的实验研究》，《心理科学》，2008 年第 5 期。

的比例分别为46.9%和54.5%；11岁、12岁、13岁学生选择“非常符合”的比例分别为58.5%、56.5%和45.7%。在“阅读最主要的原因”一题中选择“为满足兴趣爱好”而进行阅读的学生比例呈现同样的趋势，具体数据见图3-16。

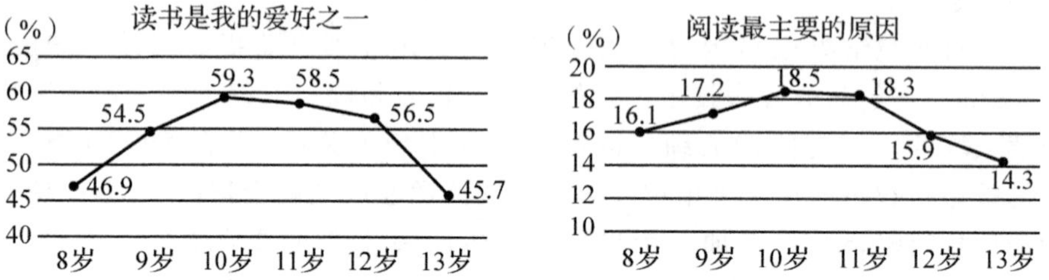

图3-16　不同年龄学生在阅读兴趣与动机中的作答情况

数据说明，四年级左右学生的阅读兴趣与动机发展趋势发生了比较大的改变，从上升趋势变为下降趋势。四年级是学生阅读兴趣与动机发展过程中的关键时期。

2. 学生对阅读策略的认知从四年级开始趋于自觉

调查结果显示，10岁学生自己感觉遇到的阅读困难在8～13岁学生中相对最大。在“我发现读完一本书很难”一题的调查中，10岁学生选择“非常符合”和“较为符合”的比例在各年龄段中最高，为29.1%，而这一比例在8岁时仅为20.1%，到13岁时又再次下降到22.3%(图3-17)。这说明10岁学生对阅读难度的感知要难于其他各年龄学生。

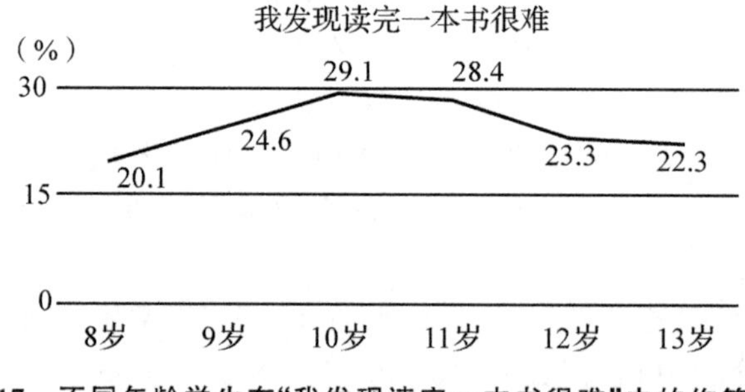

图3-17　不同年龄学生在“我发现读完一本书很难”中的作答情况

随着年龄的增长，学生对阅读策略的需求呈现出逐步增加的趋势，而从10岁开始学生对教师阅读策略指导的认可度持续处于比较高的水平。随着年龄的增长，认为自己阅读最欠缺的是阅读技巧的学生比例逐步提高。8岁时这一比例为21.2%，到13岁时这一比例增长到25.1%(见表3-20)。而对于教师课堂中的阅读策略教学，8岁、9岁的学生中认为“非常有帮助”的比例分别为57.9%和62.5%，从10岁开始，这一比例显著增高到一个比较平稳的高位，10～13岁的比例分别为68.9%、69.5%、71.4%和69.5%(见表3-28)。这说明，四年级(10岁)以后学生对教师的阅读教学策略认可度比较高，学生对阅读策略的认知开始从无意识的状态趋于自觉。

已有研究也表明，小学生阅读策略的发展在四、五年级发生了突变。周龙兴通过562名小学生的实证调研发现：小学生的阅读策略在三、四年级处于较不稳定的时期，三年级处于策略应用较迟钝的发端期，四年级则处于发展较快的阶段，五年级处于质变期。① 这和本研究的结果基本一致，也与学生思维发展的轨迹基本吻合。

3. 学生的阅读习惯在四年级后发生了改变

调研结果显示，四年级(10岁)之前，学生在阅读频度、阅读时长方面的表现呈现出随年龄增长而逐步提高的趋势；而四年级(10岁)之后，学生的表现呈现出随年龄增长而逐步降低的趋势。

在"平均每周的读书次数"调查中，11岁学生中选择"平均每周会读书7次及以上"的比例在各个年龄段中相对最高，为38.4%。8岁、9岁和10岁学生选择"7次及以上"的比例分别为32.7%、33.7%和35.4%；12岁、13岁学生选择"7次及以上"的比例分别为34.7%和31.4%。同样的趋势也体现在"平均每次读书30分钟以上"选项中。可见，10岁时阅读兴趣的变化在11岁时有了具体的表现，11岁学生在阅读的频度、时长上均出现了发展上的拐点。从不同年龄学生的阅读时间、频次发展趋势看，11岁是一个分水岭。11岁之前，学生的阅读时间、频次均呈现随年龄增长逐步增加的趋势，11岁之后则呈现出随年龄增长逐步降低的趋势。重点数据可参见表3-50，每道题目的具体数据也可参见第三章的调研结果。

表3-50　不同年龄学生阅读习惯统计(%)

平均每周的读书次数	8岁	9岁	10岁	11岁	12岁	13岁
平均每周会读书7次及以上	32.7	33.7	35.4	38.4	34.7	31.4
平均每次读书30分钟以上	30.5	51.4	55.4	66.5	65.7	64.4

4. 阅读量在四年级后出现了发展的拐点

阅读内容和数量直接影响学生阅读对象经验的积淀。调查显示，四年级(10岁)之前，学生的阅读量呈现出随年龄增长而逐步提高的趋势；而四年级(10岁)之后，学生的阅读量呈现出随年龄增长而逐步降低的趋势。

① 周龙兴：《小学生阅读策略发展及教学研究报告》，《教育理论与实践》，1999年第3期。

在“过去一年的读书总量”调查中，11岁学生的阅读均值是18.28本书，在各个年龄段中相对最高。8岁、9岁和10岁学生的阅读均值从12.67本、17.03本到17.18本，逐步增加；12岁、13岁学生的阅读均值分别为16.45本和15.50本。同样的趋势也发生在“平均每天读书40页以上”选项中。可见，10岁时阅读兴趣的变化在11岁时有了具体的表现，11岁学生在阅读量上出现了发展上的拐点。11岁之前，学生的阅读量呈现随年龄增长逐步增加的趋势，11岁之后则呈现出随年龄增长而逐步降低的趋势。

为了更直观地呈现学生阅读素养发展中的10岁、11岁现象，我们把重点数据整理在表3-51中，每道题目的具体数据可参见第三章的调研结果。

表3-51　不同年龄学生阅读量统计(%)

过去一年的读书总量	8岁	9岁	10岁	11岁	12岁	13岁
平均每天读书40页以上	7.9	20.1	24.2	31.5	30.8	30.2
过去一年读书量均值	12.67	17.03	17.18	18.28	16.45	15.50

从不同年龄学生在阅读兴趣、阅读量、阅读自我认知、阅读策略等方面的发展状态都可以发现，四年级(10岁左右)是小学生阅读素养发展中的一个转折期。学生在这一时间前后的阅读素养发展需要有着明显的不同，这一时期学生阅读素养的发展状况对学生阅读素养的持续提升有重要影响。

(二)四年级是阅读认知发展中的转折期

皮亚杰在其认知发展阶段论中将7～12岁划分为具体运算阶段，也就是说整个小学阶段，学生的认知发展大体都处于同一个阶段，他们的认知结构由前运算阶段的表象图式演化为运算图式，思维具有守恒性、脱自我中心性和可逆性的特点。

哈佛大学心理学教授费谢尔(Kurt Fischer)在对皮亚杰认知发展阶段论进行研究的过程中进一步修正了皮亚杰的观点。他提出发展是儿童与环境之间交互作用的产物。在得到环境支持的条件下，皮亚杰所提出的认知发展阶段可以被修正为3个阶段共10个水平。其中3个阶段分别为感知动作技能阶段(3个月～2岁)、表征技能阶段(2～12岁)和抽象技能阶段(12～26岁)。每个阶段又都包括4个水平，前一阶段的最高水平(如感知动作技能阶段的水平4)对应后一阶段的最低水平(表征技能阶段的水平1)。具体参见表3-52。

表 3-52　费谢尔的认知发展阶段①

<table>
<tr><th>水平</th><th colspan="2">发展阶段</th><th>循环水平</th><th>大致年龄</th></tr>
<tr><td>1</td><td rowspan="4">感知动作技能阶段</td><td></td><td>1</td><td>3～4 个月</td></tr>
<tr><td>2</td><td></td><td>2</td><td>7～8 个月</td></tr>
<tr><td>3</td><td></td><td>3</td><td>11～13 个月</td></tr>
<tr><td>4</td><td rowspan="4">表征技能阶段</td><td>4　1</td><td>20～24 个月</td></tr>
<tr><td>5</td><td></td><td>2</td><td>4～5 岁</td></tr>
<tr><td>6</td><td></td><td>3</td><td>6～7 岁</td></tr>
<tr><td>7</td><td rowspan="4">抽象技能阶段</td><td>4　1</td><td>10～12 岁</td></tr>
<tr><td>8</td><td></td><td>2</td><td>14～16 岁</td></tr>
<tr><td>9</td><td></td><td>3</td><td>18～20 岁</td></tr>
<tr><td>10</td><td></td><td>4</td><td>24～26 岁</td></tr>
</table>

在表征技能阶段，儿童的认知发展会在 10 岁发生一次水平的提升，而且这次水平提升既是表征技能阶段的最后一个水平，也是抽象技能阶段的第一个水平。10 岁是儿童认知发展从表征技能阶段向抽象技能阶段过渡的开端。

还有很多研究结合儿童的认知发展特点专门对儿童的阅读素养发展阶段进行了研究。其中以查尔(Chall)的《阅读的发展阶段》(*Stage of reading development*)为主要代表。查尔在皮亚杰认知发展阶段理论的启发下，将儿童阅读素养的发展分为 6 个阶段，每个阶段的年龄分期及阅读表现如表 3-53 所示。

表 3-53　查尔(Chall)的阅读素养发展阶段②

阶段分期	名称	时间	典型阅读表现
阶段 0	阅读前(Pre-reading)	出生到 6 岁	大概可以认识路标等标识的名称； 具备一些阅读的概念，比如拿正书本，用手指着书上的字来“念”； 看着图画讲故事； 一页一页地翻书
阶段 1	初始阅读/解码阶段(Initial reading or decoding)	6～7 岁(小学一至二年级)	学习字母和字音之间的对应； 阅读时会出现半记半猜的情况

① 张卫、林崇德：《论儿童发展的新皮亚杰理论》，《华南师范大学学报》(社会科学版)，2002 年第 4 期。

② Chall J. S. *Stages of reading development*. New York: McGraw-Hill, 1983, pp. 13—26.

续表

阶段分期	名称	时间	典型阅读表现
阶段 2	确认期(Confirmation)	7～8 岁(小学二至三年级)	字词辨认自动化; 可以联系语境阅读; 流畅性有所增加
阶段 3	为获取新信息而阅读(Reading for learning the new)	9～14 岁(小学四年级至初二)	开始通过阅读获取新知; 大量吸收词汇知识,并发展阅读策略; 先备知识发展迅速
阶段 4	发展多元观点(Multiple viewpoints)	14～18 岁(初三到高三)	阅读内容的长度和复杂度均显著增加; 阅读时可以处理和协调多种观点
阶段 5	建构及再建构(Construction and reconstruction)	18 岁及以上(中学教育后)	是发展完整世界观的时期,读者通过分析、综合、判断等方式,形成自己的看法。有选择地阅读,可以从篇章的不同位置寻找自己所需的信息

从表 3-53 中可以看出,小学生在经历了一、二年级的解码阶段和二、三年级的确认期后,到四年级开始进入为获取新信息而阅读的阶段。按照查尔的观点,前三个阶段属于学会阅读时期,后三个阶段属于从阅读中学习时期。小学阶段,学生要经历从学会阅读到学会从阅读中学习的重要转变,这一转变的关键节点就在四年级。

Fitzgerald 等人进一步发展了查尔的研究成果。他们提出从阶段 3(9～14 岁)开始,儿童的学习任务不再局限于字词的水平,而是转变为对文本意义的理解。① 从这一阶段开始,儿童开始聚焦于理解和解释文本中更深层次的观点和思想。儿童的阅读发展跨入了一个具有重大转折意义的新阶段。

很多研究者的研究也都证明四年级是学生阅读发展的一个关键期。② Shepard 等人提出,四年级左右的学生面临着阅读学习的一个重要转变:从需要教师的大量支持来提高自己的基础学业能力,转变为能通过阅读获得绝大

① Fitzgerald J. & Shanahan T. Reading and Writing Relations and Their Development. *Educational Psychologist*, 2000, 35(1).

② 谢锡金、林伟业:《提升儿童阅读能力到世界前列》,北京:北京师范大学出版社,2013 年,第 20—23 页。

多数他们所需要的信息，转变为一个比较独立的学习者。[①] Block 的研究表明学生三年级能否愉快、有效地阅读，关系到其后续阅读素养的长远发展。[②] 朱智贤及林崇德的研究表明，三、四年级学生的识字量有一个明显的停滞阶段，此时期学生能掌握将近 3000 个汉字。

以上来自认知心理学研究的成果都指出了一个共同的事实：儿童的认知发展，包括阅读素养的发展在四年级(10 岁左右)会发生一个重要的转折。

(三)《课程标准》从四年级到五年级的阅读要求明显提高

《义务教育语文学科课程标准(2022 年版)》[以下简称《课程标准(2022)》]中有关阅读素养的内容，是国家对小学阶段学生阅读学习的总体要求。确定小学生阅读素养发展的关键时期，离不开对《课程标准(2022)》的深入分析。

第一，从《课程标准(2022)》对小学三个学段阅读与鉴赏目标的描述方式上看，一、二学段是不区分文体，整体要求的。从第三学段开始，按照不同文体分别表述，即叙事性作品、诗歌、说明性文章和非连续性文本。这说明，到四年级为止，学生应该完成了阅读的初步学习，对于所接触的文章应该能够“初步把握文章的主要内容，体会文章表达的思想感情”，形成对文章的初步理解。从五年级开始学生进入了阅读学习的高级阶段，不仅要对叙事性、说明性、诗歌等各类文本有深入的学习，同时还要在建构意义的过程中“提出看法，作出自己的判断”。

第二，从阅读的对象上看，前两个学段主要是故事类、叙事性作品的阅读，阅读材料与学生的生活经验比较接近。从第三学段开始，阅读的内容不仅涉及记叙性、说明性、诗歌等不同类别，还涉及连续性与非连续性等不同组织方式。学生阅读的对象范围一下子扩大了不少，对学生阅读的要求也提高了不少。

第三，从阅读的具体要求上看，前两个学段主要是对内容和情感体会的要求，从第三学段开始，对表达顺序、表达方法等写法的要求成为重要的学习目标。从阅读理解的层次上讲，前两个学段主要是在弄懂文章“写了什么”，第三学段则是在这个基础上进一步思考“怎么写”的问题。

结合小学生的认知特点、发展实际和课程标准的具体分析，可以确定四年级是小学生阅读素养提升的关键时期。抓住这个关键期可以更好地促进学生阅读素养的发展。同时，对关键期的理解应该是一种发展意识，而不是严格的时间概念。心理学研究发现，认知发展关键期的确定除了依赖于时间外，也依赖于经验(experience)，它是一个过程(process)，而不是一个在成长过程

① Shepard L. A., Kagan S. L., Wurtz E. Public policy report. Goal 1 early childhood assessments resource group recommendations. *Young Children*, 1998, 53(3).

② Block C. C., et al. *Process-based comprehension instruction: perspective of four reading educators*. Block C. C, & Pressley M. (Eds.), Comprehension instruction, research-based practices. New York: The Guilford Press, 2002, pp. 42—61.

中定时开关的窗户。① 每个个体的发展都会受到来自外部环境的复杂因素的影响，每个个体的发展过程并不一定是同步的。所以，从小学生群体发展看，四年级是阅读素养发展的关键期，但这并不排除某些个体、小群体存在发展超前或滞后的情况。

三、阅读课堂教学是学校教学中的首要影响因素

(一)阅读课堂教学是学校教学中的首要影响因素

通过将教师问卷与学生问卷关联，对教师阅读教学部分的所有题目进行赋分转换、汇总统计后，将其与学生的阅读学业表现相互关联并进行线性回归分析，统计结果如表 3-54 所示。

表 3-54 阅读课堂教学对小学生阅读素养的线性回归分析结果系数表

模型	非标准化系数		标准系数	t	P 值	解释率	
	β	标准误差				R^2	P 值
常量	3.531	0.028		127.464	0.000	0.101	0.000
阅读课堂教学	0.049	0.006	0.081	8.000	0.000		

数据显示，教师的阅读课堂教学对小学生阅读素养的发展具有显著的正向预测作用(回归系数 $\beta=0.049$，$P=0.000$)，阅读课堂教学对小学生阅读素养发展的解释率为 10.1%(R^2 为 0.101)。由此可以判断，教师的阅读教学质量越高，其所教学生的阅读素养发展状况越好。教师的阅读课堂教学是影响小学生阅读素养发展的因素之一。

一些研究者也关注到了教师，特别是教师课堂教学在学生阅读素养提升过程中的重要影响。如，康斯坦丁诺斯(Constantinos Papanstasiou，2008)的研究指出，阅读课堂活动对中小学校学生阅读成就影响最大。张伟明、谢锡金、约瑟夫·W. 林、李嘉怡等人研究发现，影响香港地区学生阅读素养的主要因素之一是教师的阅读指导策略和教学行为。② 他们强调，教师因素与提升阅读素养紧密相连。付媛姝基于对 PISA 结果的再分析发现，教师支持对学生的阅读素养有着显著的正向预测作用。③ 所谓教师支持，指的是学生知觉到教师对自身学习投入和学习策略的指导行为。它会通过加强学生对控制策略的

---

① [美]R. 基思·索耶：《剑桥学习科学手册》，徐晓东等译，北京：教育科学出版社，2010 年，第 26 页。

② Wai Ming Cheung，Shek Kam Tse，Joseph W. I. L. & Elizabeth K. Y. L. Progress in International Reading Literacy Study 2006：pedagogical correlates of fourth-grade students in Hong Kong. *Journal of Research in Reading*，2009，32(3).

③ 付媛姝、陈启山：《教师支持与控制策略对阅读素养的影响：来自 PISA 的证据》，《考试研究》，2015 年第 5 期。

运用从而提高学生的阅读素养。张生等人利用结构方程模型发现，教师影响力的提升对学生阅读投入、阅读能力有明显的积极效用。① 孙素英等人认为，教师阅读教学方式、教师教学自我效能感与学生的阅读成绩紧密相关。② 可见，教师的阅读教学状况是影响小学生阅读素养发展的最大因素。

(二)阅读氛围和阅读资源也会影响小学生阅读素养的提升

1. 阅读氛围能够影响小学生阅读素养的提升

通过对阅读氛围部分的所有题目进行赋分转换、汇总统计后，将其与学生的阅读学业表现相互关联并进行线性回归分析，统计结果如表 3-55 所示。

表 3-55　阅读氛围对小学生阅读素养的线性回归分析结果系数表

模型	非标准化系数		标准系数	t	P 值	解释率	
	β	标准误差				R^2	P 值
常量	3.628	0.017		209.471	0.000	0.038	0.000
阅读氛围	0.041	0.006	0.074	7.302	0.000		

数据显示，阅读氛围对小学生阅读素养的发展具有显著的正向预测作用(回归系数 $\beta=0.041$，$P=0.000$)，且阅读氛围对小学生阅读素养发展的解释率是 3.8%(R^2 为 0.038)。由此可以判断，学校阅读氛围越浓厚，其学生阅读素养的发展状况就越好。学校阅读氛围是影响小学生阅读素养发展的重要因素之一。

2. 教师自身阅读状况间接影响小学生阅读素养的提升

本次调研还对教师自身的阅读状况进行了专门调查。通过对教师阅读部分的所有题目进行赋分转换、汇总统计后，将其与学生的阅读学业表现相互关联并进行线性回归分析，统计结果如表 3-56 所示。

表 3-56　教师阅读对小学生阅读素养的线性回归分析结果系数表

模型	非标准化系数		标准系数	t	P 值	解释率	
	β	标准误差				R^2	P 值
常量	3.612	0.018		200.401	0.000	0.024	0.000
教师阅读	0.010	0.003	0.034	3.279	0.001		

① 张生、苏梅、王丽丽等：《教师对学生阅读能力的影响研究：阅读投入的中介效应》，《中国特殊教育》，2014 年第 9 期。

② 孙素英、李英杰、王云峰：《阅读能力：测试框架、发展状况及分析》，《中国教育学刊》，2010 年第 1 期。

数据显示，教师的阅读状况对小学生阅读素养的发展具有显著的正向预测作用(回归系数 $\beta=0.010$，$P=0.001$)，但教师阅读状况对小学生阅读素养发展的解释率只有 2.4%(R^2 为 0.024)。由此可以判断，教师阅读状况是影响小学生阅读素养发展的因素之一，但解释率比较小。

但是，通过将教师阅读与教师的阅读教学进行相关分析可以发现，教师阅读与教师的阅读教学之间呈显著的正相关关系(相关度为 0.362，在 0.01 水平上显著相关)。也就是说，教师阅读虽然不能在很大程度上解释小学生阅读素养的发展，但是它可以通过阅读教学这一桥梁中介，对学生阅读素养的提升发挥积极的作用。特别是小学生心理发展的特殊性，决定了他们具有更强的向师性和模仿性，教师自身的阅读状态也是学生阅读素养提升的一个重要影响因素。

3. 阅读资源能够影响小学生阅读素养的提升

通过对阅读资源部分的所有题目进行赋分转换、汇总统计后，将其与学生的阅读学业表现相互关联并进行线性回归分析，统计数据显示，阅读资源对小学生阅读素养的发展具有显著的正向预测作用(回归系数 $\beta=0.027$，$P=0.000$)，阅读资源对小学生阅读素养发展的解释率为 3.6%(R^2 为 0.036)。由此可以判断，阅读资源越丰富，学生阅读素养的发展状况就越好。阅读是影响小学生阅读素养发展的因素之一。具体结果如表 3-57 所示。

表 3-57　阅读资源对小学生阅读素养的线性回归分析结果系数表

模型	非标准化系数		标准系数	t	P 值	解释率	
	β	标准误差				R^2	P 值
常量	3.668	0.014		259.336	0.000	0.036	0.000
阅读资源	0.027	0.004	0.063	6.140	0.000		

四、学校阅读素养培养整体不容乐观

(一)阅读课堂教学还没有真正指向素养

教师的课堂教学是学生阅读素养发展最主要的影响因素。但从目前的调研结果看，教师的阅读课堂仍然是以知识或者能力为中心的，还没有真正实现指向素养的阅读教学。这主要表现在如下几个方面。

1. 单向传递为主，对阅读过程的指导不足

录像课分析结果显示，学生虽然在课堂中获得了更大的发言权，但本质上仍处于被动地位，师生之间有效的信息互动和交流还没有形成。课堂教学的主要模式仍然是以接受式的单向传递为主，教师讲、学生听是课堂教学展

开的主要方式，“学生学习的主要形式就是听讲”①。

这种单向传递的教学模式，使得教师在教学中主要关注的就是要讲什么，对学生的阅读过程、意义建构过程缺乏足够的关注，对学生阅读学习的过程缺乏必要的指导。例如在推动学生阅读上，教师更倾向于做一个活动组织者或材料提供者。通过对教师推动学生阅读的方法的调查可以看到，三分之一以上的教师是通过组织阅读活动推动学生阅读的，还有四分之一左右的教师是通过推荐阅读材料的方法推动学生阅读的，能在阅读方法、阅读环境、阅读兴趣、阅读计划等方面对学生的阅读进行干预的教师不多。

2. 知识(教材)中心仍然是教学的主流

阅读教学的目标是帮助学生形成满足实际需要的阅读素养。但调研显示，绝大多数教师的阅读教学课堂仍然是以知识或结论为中心的课堂。教师在教学设计时思考的核心问题不是学生如何学习，而是教科书如何处理；教师在课堂实施过程中关心的不是学生如何建构意义和理解，而是学生是否记住了教材的结论。

本次调研显示，69.8%的教师在学完一篇课文后要求学生记住课文的主要内容，37.6%的教师认为阅读课上占用自己时间最长的是理解课文内容。更严重的是，一部分教师并不会深入研读教材，他们所传递的教材标准理解不过是网络上、教学参考书中或者自己过去的理解。这些教师潜在地认为别人对教材的理解是天然正确的，已有的教学设计是放之四海而皆准的，缺少对不同班级、不同学生的关注度。

在这样的教学思路下，课堂中虽然存在教师与学生之间的对话，但这种对话主要是通过教师的讲授或学生在教师的同意下回答问题实现的单向对话，对话的内容是以教学文本的结论性理解为归宿的。教师要求学生记住知识结论，甚至记住一些操作性的方法步骤，但却忽视在何时、何地、何处怎样运用这些方法的策略性知识及灵活运用的能力。因此，学生的阅读素养自然难以提高。

3. 师生互动流于表层，课堂思维深度不够

调研结果显示，虽然学生在课堂中已经获得了一定的学习时间和学习空间，但是师生间真正有效、深入的互动并未形成，课堂上学生仍然是以浅层次思维为主，教师对学生的思维引领不够。

具体看调研数据，在所分析的 20 节录像课中，教师语言所占比例为 43.2%；学生语言占 24.7%，学生语言已经成为课堂语言的主要组成部分。但深入分析即可发现，学生虽然获得了更大的发言权，但其被动的学习地位并没有发生改变。20 节课中学生所有的发言均为教师驱动的被动性语言，在

① 王策三：《教学论稿》，北京：人民教育出版社，2005 年，第 378 页。

学生所有的发言中能在观点上得到教师接纳的占比较低。可见，学生回答问题虽然多了，但得到教师的实质性回应并不多。进一步探寻这个问题的原因可以发现，教师没有观点上的回应是因为教师提出的问题中27.3%为可以从课文中直接找到答案的问题，21.0%为判断是非、好坏的问题，16.8%为贴标签式的简单评价性问题；真正需要学生用几句话，甚至一段话进行论述性回答的问题仅占27.9%。可见，教师的问题本身就大多是一些浅层次的问题，回应的空间自然很小。这也造成了学生思维的浅尝辄止，影响了学生阅读素养的有效提升。

教师“讲授式”的课堂教学推进模式，实现了学生知识的增加，但却难以提升学生的认知品质和思维水平。以教师讲解为主要思路的课堂教学中，学生处于被动接受的地位。学生主要的学习方式不是自主、探究，而是接受、记忆。学生的知识呈现数量的“一课一增”，但在结构上却没有本质的提升。试卷调研的结果显示，学生在认知与理解维度的“整体感知”“做出评价”两个能力上的得分率相对较低，这两个能力恰好反映了学生在高阶思维发展上的问题。大多数教师的课堂提问都是简单事实的重现或简单比较，缺少高阶思维能力的要求，所以学生更擅长提取信息，对信息进行初步的解释，但是却很难完成整合、提炼、评价、鉴赏等高阶思维动作。

当前阅读教学中忽视思维品质的培养，单纯进行浅层次思维训练的教学模式，使得学生的学习方式主要是记忆、提取式的，难以在高层次的认知活动中将知识进行结构化。这影响了小学生阅读素养的提升。

(二)学校整体阅读氛围不够

1. 学校整体阅读氛围不够

从调研的结果看，学校并没有为教师、学生营造良好的、积极的阅读氛围。首先，学校对阅读的重视度不够，22.7%的学校没有为教师开展过阅读活动。教师的工作、学生的学业似乎成了学校工作的唯一要素，65.8%的教师认为自己工作太忙，没时间读书；30.8%的学生认为自己作业太多，没时间读书。读书使人明智。读书本应该是教师提升专业水平、学生提高个人素养最重要的途径。但现实中的工作、学习不仅没有促进教师和学生的阅读，反而成了阻碍教师、学生阅读的最重要因素。学校应整体思考如何从强调结果转向强调教师专业提升、学生素养提升的过程，引导教师和学生享受阅读的过程。

其次，群体对阅读的忽视也是学校阅读氛围缺乏的一个重要问题。问卷中，认为自己所处环境中一半以上教师喜欢阅读的教师比例只有14.8%，也就是说，绝大多数教师认为自己所处的环境中，喜欢阅读的人寥寥无几，喜欢阅读是个“与众不同”的事情。教师群体的不读书，整个学校氛围的浮躁都造成了教师、学生身处其中，并不会觉得阅读是一件多么有价值的事。相反地，他们会认为不阅读是习以为常的。这对于提升小学生的阅读素养十分不利。

此外，值得注意的是，只有30%左右的教师和学生认为他们能在学校教室或学校图书馆获得安静的阅读环境。小学生一天中的绝大多数时间是在学校度过的，能在学校中获得安静的读书环境，这是保证小学生阅读的最基本条件，也是最重要的条件。

2. 教师在阅读量和阅读状态上均落后于学生

调查结果显示，不论教师还是学生，整体阅读量都不够理想，特别是教师。以阅读量为例，2016年我国全民阅读调查显示，我国国民人均图书阅读量为7.86本。与这个数据相比，教师的年均阅读量还不及国民均值。

从具体调研数据看，学生的阅读量和阅读习惯都优于教师。在过去的一年中，学生平均每人完整地读了16.89本书，教师的年均阅读书籍数为7.31本。四分之一左右的学生能保持每天持续的阅读，47.4%的教师每周阅读1～2次，7.5%的教师几乎从来不看报刊。

3. 对资源的利用还有待改进

调研显示，学校为学生的阅读提供了一定的资源支持，但是对资源的利用程度还有待提高。66.4%的学生认为学校有较大、图书类型较多的图书馆或阅览室。但是到了班级图书角，整体比例就骤然下降，只有26.7%的学生所在班级图书角较大(图书超过100本)。这说明学校并不缺少图书资源，但大多是以学校整体管理的方式存放的，并没有真正走到学生身边，成为他们身边的图书。同时，学校图书馆并没有被充分利用，向学生开放的程度还不够。学生大多只是到图书馆走马观花(过去一年去图书馆的次数不足10次的比例为80.0%)，利用图书馆的比例并不高，真正能走进图书馆、从图书馆借书看书的比率就更低了。

综上所述，本章通过实证调研发现，影响小学生阅读素养提升的主体因素主要包括阅读兴趣与习惯、阅读策略、阅读量，它们之间存在着复杂的交互影响关系。其中，阅读兴趣与习惯对小学生阅读素养发展的解释率相对较高，为8.9%；阅读策略的解释率次之，为8.6%。

影响小学生阅读素养提升的教学因素主要包括：阅读课堂教学、阅读氛围、阅读资源，其中阅读课堂教学的影响力最大，解释率为10.1%；学校阅读氛围、阅读资源也会影响小学生阅读素养的发展，解释率分别为3.8%和3.6%；教师自身的阅读状态主要是通过影响教师的阅读教学对学生的阅读素养发展产生间接的影响。

通过对实践调研结果的深入分析，本章还发现了小学生阅读素养发展中存在的一些问题。首先，10岁是学生阅读情感态度经验发展中的一个关键点。10岁之前，学生的阅读兴趣呈现随年龄增长逐渐提升的状态，到10岁达到高点，而过了10岁，学生在阅读兴趣上呈现随年龄增长逐渐下降的趋势。由于本研究涉及的学生年龄只包括8～13岁，故8岁之前和13岁之后的发展状态如何有待进一步确认。其次，随着学生年龄的增长，他们对阅读技巧的需求度在逐步增加。总体来看，成绩越好的学生对阅读策略的需求度越高。再次，学校的阅读氛围和对资源的利用情况都不够理想。最后，教师的阅读课堂仍然存在知识中心、思维浅层化、单向传递为主的问题，还没有真正实现指向素养的阅读教学。

这些关键因素和现实问题的发现，为第四章提出小学生阅读素养提升策略奠定了基础。

第四章　小学生阅读素养提升的教学路径

影响小学生阅读素养提升的因素是复杂的，各因素之间的关系也是多向交互的。各个影响因素总是在一个整体的系统中相互作用，共同影响小学生阅读素养的提升。探索小学生阅读素养提升的有效策略，一方面要聚焦关键时期、关键因素，集中力量解决关键问题；另一方面要关注多个影响因素之间的复杂关系，整体构建小学生阅读素养提升的教学支持体系。

为此，本章将在前几章研究的基础上，整体构建小学生阅读素养提升的教学路径：聚焦小学生阅读素养发展的关键期，提出关键期前后小学生阅读素养提升的策略；聚焦小学生阅读素养发展的关键因素，提出各关键因素的干预策略；聚焦小学生阅读素养发展的关键环节——课堂教学，提出指向小学生阅读素养提升的课堂教学改进策略。

第一节　抓住关键期提升小学生阅读素养

根据学生四年级阅读素养发展的实际情况，学生的阅读兴趣态度、阅读量在四年级前呈逐步提高趋势，到四年级后则逐步降低。四年级是小学阶段学生自我感觉阅读难度最大的阶段。针对这一阶段的认知特点和学习特点提升学生的阅读素养，可以达到更好的效果。

一、情感态度：从直观感性之趣到思维理性之趣

小学低中年级学生喜欢用具体直观的方式认识事物，他们的注意力和兴趣维持时间都比较短，自控能力比较弱，容易受到外界环境、人员的影响。为此，低中年级可以通过安排体验性的阅读活动，创设生动直观的阅读氛围，调动学生的阅读兴趣，带动更多学生投入阅读活动。到了小学中高年级(四年级后)，学生的认知逐渐向抽象表征阶段发展，自我意识逐步崛起，直观形象对他们阅读兴趣的唤起作用会逐步减小，由活动本身所唤起的阅读兴趣持续时间也会逐步缩短。这时就要根据他们的认知发展特点，通过让其深度参与阅读思维活动，在阅读中认识自我、发现自我，形成对世界的独立的认识，来唤起他们对阅读的兴趣。也就是要逐步从阅读感性之趣的激发到理性之趣的唤醒。

(一)低中年级重视激发感性之趣

小学低中年级，教师可以通过增加阅读的直观性和体验性，帮助学生唤

起阅读动机、形成阅读伙伴、感受阅读乐趣。一方面，可以多采用直观的或体验性的方式，通过让学生看到、听到、触摸到文本中的内容形成阅读感受，激发阅读兴趣。比如，通过把阅读的内容分角色读一读、演一演的方式，让学生切身感受文本中主人公的行为、心理；通过使用头饰、实物、模型、图片等阅读道具或辅助手段，让学生直观看到、摸到文本中介绍的内容等。另一方面，可以多采用同伴共读的方式，通过师生共读、生生共读、亲子共读等方式，为学生找到志同道合的阅读伙伴，增强学生阅读的持续度。这里值得一提的是，师生共读中的"师"并不仅仅指语文教师，还包括其他各个学科的教师，他们共同参与到学生的阅读生活中，共同致力于提升学生的阅读素养。

(二)中高年级重视唤醒理性之趣

阅读是读者与文本多元对话、建构意义的过程。正是因为每个人都能以自身经验为基础，基于文本建构属于自己的意义，阅读才形成了其独有的魅力。随着学生认知能力和阅读素养的发展，对于中高年级学生阅读兴趣的培养，也要逐渐从外在之趣向阅读本质的思维之趣过渡，要关注学生在阅读过程中的思维参与，引导学生在阅读中触摸作者的思维过程，基于文本与作者、他人形成思维对话，形成对世界更丰富和深刻的认识，提升自己的思维水平。

一方面，强调阅读目的，引领阅读思考。明确的阅读目的可以提高学生的阅读效率，同时推动学生的阅读思考，提升阅读品质。随着年级的升高，教师可以有意识地引导学生在阅读活动开始之前先确定自己阅读的目的。阅读目的可以是统一的，也可以由学生自行确定。比如，一位教师在五年级开展"名家传记"阅读活动，学生们可以自己确定阅读对象、选择阅读书目，但是要在阅读前先明确自己为什么要选择这个人物的传记进行阅读。通过这种方式，学生自觉地将自己的既有经验与即将开始的阅读活动结合在一起，在正式阅读过程中也会更加自觉地确定阅读重点，增加阅读思考的深度。再如，一位教师开展《三国演义》整本书阅读活动，活动开始之前教师首先提出阅读思考的问题：曹操到底是一位英雄，还是一位枭雄？并在阅读结束后安排学生开展辩论活动。学生带着这个阅读目的走进《三国演义》的阅读，必然会关注曹操的每一处细节描写，认真思考曹操的每一次行为，结合自己的既有经验形成观点，并通过小组之间的讨论、准备、辩论环节进行深入思考，形成深入的认识。

另一方面，加强阅读分享与交流。分享与交流是促进阅读思考、增加阅读深度的有效手段之一。阅读教学与常态阅读的重要区别之一在于常态阅读主要是发生在主体与文本之间的认知加工过程，而阅读教学不仅关注主体与文本之间的认知加工与互动，更强调主体与教师、主体与他人之间的交流和协商。随着学生年级的升高、阅读素养的发展，教师应逐步增加阅读分享与交流的安排。通过阅读分享与交流，帮助学生分享阅读内容，开阔阅读视野；交流阅读思考，相互激发促进，增加阅读深度。

阅读分享与交流应以鼓励学生个性化理解和独立思考为前提。阅读是学生个性化的意义建构，不能以教师的理解或教学参考书的理解为唯一标准答案，束缚学生对意义的自由建构。教师要给学生提供独立思考、交流互动的空间，并鼓励学生基于文本进行合理的意义建构，允许学生有自己独特的理解。这样才能让学生越读越爱读，越读越会读。

阅读分享与交流的方式可以多样化，灵活安排。蕴含道理的内容可以采用感受分享的方式；情节复杂的内容可以采用思维导图、演示文稿等方式；描写精彩的句段可以采用感情朗读、配乐朗读的方式；甚至有些情节特别生动有趣的，可以采用演一演的方式进行分享交流。

二、对象经验：从自由阅读到经典阅读

阅读对象经验指的是主体自身建构的语言、文本、文化知识与经验，包括语言文字知识、文本经验、文化理解等。对象经验的丰富和发展有赖于大量高品质的阅读活动。很多研究都证明，对于阅读素养发展初期的学生，或阅读素养发展较为困难的学生，大量自由的阅读对他们阅读素养的发展大有裨益。Elley 从南非与斯里兰卡收集的数据显示：鼓励孩子多因为兴趣而读书，这些孩子的阅读学业成绩、语文学业成绩会比在传统教学方式下学习的孩子更好，而且这种差异会随着阅读时间的增加而持续扩大。① 另一项来自日本的研究表明，广泛阅读不仅会带来学生在阅读学业成绩上的显著提高，同时会带来阅读态度的显著变化。许多原本抗拒阅读的学生通过广泛的阅读变成了急切渴望阅读的学生。② 因此，在小学低中年级要重视学生的自由阅读，通过自由阅读不断丰富学生的阅读经验，开阔学生的阅读视野，提高学生的阅读素养。

随着学生认知能力的发展、阅读经验的丰富，小学中高年级学生的阅读要逐步从数量提升走向品质提升。优秀、经典的阅读内容对学生阅读素养的提升、文化的传承都具有重要的作用。教师要注重对中高年级学生的阅读内容进行引领，通过阅读经典作品提升学生的阅读审美能力与思维品质，内化文化理解。

(一)低中年级以自由阅读开阔阅读视野

小学低中年级学生的阅读素养发展处在初始阶段，他们还没有熟练掌握

① ［美］斯蒂芬·克拉生：《阅读的力量》，李玉梅译，乌鲁木齐：新疆青少年出版社，2012 年，第 5 页。

② 同上书，第 6—7 页。

各项阅读策略，还不能灵活地应对多样的阅读文本。这个时期，大量的阅读经验对于他们阅读素养的发展至关重要。

一方面，教师要为学生提供丰富的阅读资源，保证学生有书可读。为此，学校可以设立图书馆、校园阅读角等。教师可以设立班级读书区，根据学生年级的不同在班级读书区放置适宜的阅读书籍。通过形式多样、内容丰富的读书区设置，让学生处在一个时时有书、处处有书的环境中。在阅读资源的开发过程中，学生不仅是资源的使用者，也可以成为资源的建设者。教师可以引导学生将自己最喜欢的书籍带到学校，丰富班级读书区的资源，待一段时间后再拿回自己的书籍，以此保证班级读书区能够真正为学生提供他们爱读、想读的书。

另一方面，为学生树立阅读榜样。学生越常看到别人在读书，他们自己就会越爱读书。对于小学低中年级学生而言，树立阅读榜样是激发其大量自由阅读的一个有效手段。特别是教师自身成为学生的阅读榜样。Wheldall 和 Entwhistle 在研究 8 岁、9 岁学生的阅读时发现，热爱阅读的教师，其学生投入阅读的程度要明显高于那些教师没有阅读的学生。① 因此，教师要做爱读书的人，不仅要读工作需要的教育类书籍，还要培养自己的阅读兴趣，开阔阅读视野，读一些传记、科幻、历史类的书籍。同时，教师要及时发现班中爱读书的同学，及时肯定他的读书行为，并利用零散时间安排他介绍自己的阅读经验。通过在班中树立阅读榜样，带动全体同学广泛阅读。

(二)中高年级以经典阅读提升阅读品质

经典阅读不仅包括中国传统文化中的优秀作品阅读，也包括世界文化中的优秀作品阅读。正所谓，经典源于“伟大心智对于生命之共同性的言说”②。经典阅读，不仅可以帮助学生传承优秀文化、培养人文精神、提升文化素质，同时可以帮助学生在阅读中获得对世界和生活的认识，唤醒积极的心灵状态，提高阅读兴趣。

培养中高年级学生的阅读素养，教师首先要从学生立场出发，精心选择经典读物引导学生阅读。经典阅读虽然面向的主要是过去的文化传承，但教师对内容的选择和顺序的安排都应该考虑学生能够接受的程度。逐步从中外经典童谣、诗歌、童话、故事类的书籍，过渡到中外神话、寓言、中外经典小说、传记类书籍。另外，经典阅读要与教师的精心导读相结合。越到高年级，经典阅读的内容往往越大部头，对学生越有难度。教师要通过导读，激发学生阅读的兴趣，帮助学生掌握基本的阅读方法，制订大体的阅读计划，

① [美]斯蒂芬·克拉生：《阅读的力量》，李玉梅译，乌鲁木齐：新疆青少年出版社，2012 年，第 84 页。

② 樊杰：《立足于儿童生命成长的经典阅读》，《湖南师范大学教育科学学报》，2014 年第 2 期。

最终使学生的经典阅读落到实处。

三、认知经验：从参与活动到实践运用

低中年级学生对自身阅读的元认知水平还处在发展的起始阶段，他们的阅读认知过程往往是不自觉的、尝试性的。在大量的阅读试误、调整中，学生逐步发展起对自身阅读过程的元认知，提高阅读过程的自觉性。低中年级教师可以通过创设丰富多样的阅读活动，引导学生参与阅读活动，并在活动过程中逐步积累阅读经验、提高阅读元认知水平。

阅读素养提升的根本目的在于促进人的发展。学生不仅要学会阅读，更要学会通过阅读认识世界、发展自我。到了中高年级，学生的阅读元认知水平已经有了初步的发展，能够比较自觉地展开阅读过程。教师要引导学生从学习阅读向学会用阅读学习转化，要让学生在运用阅读解决问题的过程中提高阅读素养。

(一)低中年级提供丰富的阅读活动

低中年级教师可以通过阅读活动扩大学生的阅读量，积累阅读认知经验，逐步提高阅读元认知水平。这些阅读活动可以是常规性的，也可以是阶段性的。常规性的阅读活动，可以帮助学生在固定的时间进行阅读。比如每天早上上课之前的十分钟，或者下午放学之前的十分钟。这些固定的阅读活动时间不必很长，更不必规定阅读的内容，只需放手让学生自由阅读，重在读起来，在读中感受阅读的乐趣。此外，教师和学校还可以结合当下的时事热点、学生的生活实际开设一些阶段性的阅读活动，增加学生阅读的新鲜度，使学生的阅读始终保持在较高的热度。比如阅读月、读书节等活动，通过一个月的集中活动帮助学生强化阅读、深度阅读，还可以开展故事会、演讲比赛等活动，通过将学生的阅读所得进行输出交流，调动学生阅读的兴趣。

在开展阅读活动的过程中，明确的阅读要求和评价标准是必不可少的。明确的阅读要求可以实现对学生阅读的有效引领，而明确的评价标准则可以帮助学生明确阅读的具体要求。当然，这里的评价标准不一定是考试的标准，它的呈现方式是灵活多样的。比如评选故事会的“最佳讲解员”、演讲比赛的“最佳演讲者”，也可以是阅读月中“阅读量之星”“独特感受之星”等。只要能够发挥调动阅读兴趣、明确阅读目的、引导阅读方向的作用，评价的标准越灵活越好。

(二)中高年级引导活动中的实践运用

阅读是认识世界、帮助生活的重要途径和工具。学习阅读不能抽象为教室内的一套方法策略，还应与学生的生活建立联系。要让学生在真实或模拟真实的阅读情境中，面对生活中可能出现的问题，调用自己的阅读素养解决问题，在解决问题的过程中提高认知加工水平，提升阅读素养。

教师应创设阅读情境，将阅读与生活相结合，让学生体会到阅读在生活中的作用和价值，激发学生阅读的内驱力。比如，学习《纪昌学射》可以创设讲故事的情境，让学生假想生活中的不同对象，根据对象的不同需求把故事讲给他们。这样，学生通过给爸爸妈妈、弟弟妹妹、有需要的同学等不同的人讲这个故事，既可以体会寓言故事基本的体裁特点，感悟故事中蕴含的道理，同时也能感受到阅读在生活中的价值，推动他们进行更多、更主动的阅读。

在创设情境之后，教师还要让学生自主面对情境，合作协商解决问题。通过问题的解决过程，获得阅读的成就感，唤起阅读的内驱力。比如，在学生阅读《昆虫记》时，创设让学生在科学教室布置昆虫展的活动。然后将学生分成若干小组，每个小组充分自主，提出自己的设计创意，完成自己的展板设计。最后，各个小组解说推荐自己组设计的展板，同学们集体投票选出最心仪的展板设计。在这个过程中，学生既体会到了阅读的价值，又通过阅读获得了解决问题的成就感，提升了阅读素养。

第二节　聚焦关键因素提升小学生阅读素养

影响小学生阅读素养提升的因素虽然复杂，但抓住其中的关键因素可以达到更好地提升学生阅读素养的目的。第三章中的调研结果显示，阅读兴趣、阅读习惯、阅读策略是影响小学生阅读素养提升的关键因素。为此，本节将聚焦这些关键影响因素，提出各因素的教学干预策略，为学生阅读素养的提高提供更好的支持条件。

一、激发阅读兴趣

第三章中的调研结果显示，阅读素养中的情感态度经验对小学生阅读素养的发展发挥着关键影响作用(解释率为 8.9%)。特别是其中的阅读兴趣因素，和小学生阅读素养的发展呈现显著的正相关关系。温儒敏等专家学者多次强调要把激发学生的阅读兴趣当作语文教学的头等大事①，也说明提升小学生阅读素养，要从激发小学生阅读兴趣开始。

小学生的阅读兴趣，主要在于小学生的主观意识和求知动力，同时也与其所处的文化环境、教育背景，特别是与所在群体的阅读价值观有很大关系。比如一个家庭、一个班级、一所学校，阅读氛围浓郁，小学生身处其中耳濡目染，自然而然会产生阅读兴趣。因此，对小学生阅读兴趣的唤醒要同时关注外界环境的熏陶和小学生自身的主动性。学校教学中，小学生阅读兴趣的

① 温儒敏：《把培养阅读兴趣与习惯，当作语文教学头等大事》，《语文建设》，2016 年第 25 期。

激发可以通过创设阅读文化氛围、积极开展阅读活动、合理规划阅读内容、唤起主动阅读需要四个途径来实现。

（一）创设阅读文化氛围

学校对阅读的认识、对学生阅读素养提升重要性的认识，决定了学校整体的阅读文化氛围。良好的阅读文化氛围，有助于激发学生的阅读行为，唤醒阅读兴趣。提升小学生的阅读素养，要从创设学校积极的阅读文化氛围开始。

1. 树立阅读理念

营造积极的校园阅读文化氛围，学校领导者首先要树立自身对阅读重要性的深刻认识：阅读是一所学校教育的开端，是一所学校的生命力所在。一所没有阅读氛围的学校不可能有真正的教育。小学生阅读素养的提升，不仅关乎其个人发展，更是提高民族文化自信、增强国家竞争力的重要基础。然后在全校教师中进行阅读理念的宣讲与普及，使每一位教师都认识到阅读对于学校、学生、个人发展的重要作用。

在此基础上，要重点针对语文教师进行专门的阅读素养理论培训，帮助语文教师不仅认识到阅读素养的重要性，而且能够理解阅读素养的本质和形成机制，能与自己的阅读教学实践相结合，有效落实阅读素养的培养。阅读不是原有工作之外的附加任务，而是原有的文化体系中本来就很重要的要素之一，因此在校园阅读文化创设过程中，要注意将阅读与学校的既有文化传统相结合。

2. 营造积极的客观环境

创设学校阅读文化，不仅要注重阅读理念的普及，还要重视阅读客观环境的营造。通过积极的外部环境，调动学生参与阅读活动。

首先，积极的外部环境应该使人时时感受到阅读的召唤。要调动学生的主动性，让他们参与到校园阅读文化建设的过程中，把优化读书环境的过程作为一个教育过程，把学生的阅读感受、阅读小报等阅读成果作为装饰校园的素材来源之一。这样，学生身处学校，随时都能看到有关阅读的名言、轶事，随时都能看到其他同伴的阅读感受，随时都能反思“我今天阅读了吗”。

其次，积极的外部环境要保证学生有阅读的时间。充足的阅读时间是提升学生阅读素养的前提。学校可以充分利用学生学习的零散时间，形成阅读机制；或者通过课程重组，在保证国家课程规划的前提下设立专门的阅读课程，保证学生阅读的时间。

最后，积极的外部环境还应该提供安静、舒适的阅读空间。调研显示，安静的阅读空间对师生阅读都有积极的促进作用。学校阅读文化建设要确保为教师和学生留有安静阅读的时间和空间。

3. 鼓励教师阅读

教师是学生阅读的引领者，特别是对小学生而言，其身心发展阶段决定了他们比其他年龄的学生具有更强的向师性，更容易受到身边榜样的影响。学校要提升小学生的阅读素养，就要从教师做起，从提升教师自身的阅读素养做起。让学校所有教师爱读书、多读书，进而带动学生读书。

为了鼓励教师阅读，学校应从理念、制度、资源、环境、评价等各方面为教师的阅读提供保障。理念上要鼓励教师多读书，制度上要保证教师阅读的时间和精力，资源上要为教师提供可读之书，环境上要保证教师的阅读空间，评价上要对爱读书、多读书的教师及时给予肯定。

学校还可以对教师的阅读进程进行干预。如引导教师设计自己的阅读短期目标，并及时分享自己的阅读计划和阅读进度。再如开展教师阅读会、教师读书节、读书交流等教师阅读活动，调动全校教师参与阅读的积极性，同时帮助每位教师在活动中找到阅读的动力、氛围以及成就感。

(二)积极开展阅读活动

阅读素养是在大量阅读实践活动中形成和发展的。提升小学生的阅读素养，离不开多彩的阅读实践活动。同时，小学生的认知发展阶段决定了他们更易受到外在环境、氛围的影响。激发小学生的阅读兴趣，也离不开大量高品质的阅读实践活动。

1. 提高课堂阅读活动质量

学校教学中，小学生阅读最主要的场所在课堂内。因此，要为小学生阅读素养的提升提供丰富的阅读实践活动，首先要关注的是课内阅读活动。传统的阅读教学，主要以教师讲、学生听的单向传递为主要教学模式，以文本分析为主要教学内容，学生在课堂中主要是被动地听讲，缺乏思维的参与。这样的阅读活动并不能称为真正的阅读实践活动。阅读是一种思维高度参与的认知活动。学生只有主动参与阅读活动过程，才能促进自身阅读素养的发展；教师只有让学生在课堂中能“真读”“真思考”，才能提高课堂阅读活动质量。教师可以给学生创设具有思考价值和思维空间的阅读问题或阅读任务，鼓励学生主动与文本、同学、教师进行对话，积极参与问题解决的过程。在这个过程中，学生产生思想的碰撞，获得思维的乐趣。

2. 灵活运用多种阅读方式

小学生的注意力持续时间较短，他们能够在一件事情上保持兴趣的时间也比较短。教师要善于通过多种阅读方式的灵活运用，为学生的阅读活动注入新鲜因素，激发并保持学生的阅读兴趣。教师可以根据阅读内容选择不同的阅读方式，如哲理深刻的论说文可以采用默读的方式，韵律优美的诗歌可以选择诵读的方式；也可以根据阅读目的选择不同的阅读方式，如为了获得文学体验而进行的阅读可以采用朗读、默读等方式，为了获取信息而进行的阅读则可以采用浏览、跳读等方式；还可以根据阅读进程的需要选择不同的阅读方式，如在初始阅读文本时可以采用浏览的方式整体把握大概内容，在理解文本时可以采用默读的方式深入思考，在对文本有所感悟、有所思考的时候可以采用朗读、诵读等方式与他人分享自己的阅读感受。总之，通过多种阅读方式的灵活运用，使学生的阅读在外在形式上始终保持一种新鲜的状态，以契合小学生认知发展的特点，保持学生阅读的兴趣。当然，多种阅读方式的灵活运用还要与阅读思维的不断推进形成合力，使学生既能因外在方式的变化而保持阅读兴趣，也能因内在思维的收获而内化阅读兴趣。二者对小学生而言同样重要。

3. 开展丰富的课外阅读活动

形式多样的课外阅读活动，能够有效地激发小学生的阅读兴趣，调动小学生参与阅读过程。教师开展的课外阅读活动可以是常规性的，如每天晨读十分钟；也可以是阶段性的，如阅读月、读书节活动等。不论是哪种阅读活动，都需要注意以下几个方面。

首先，要符合学生的认知特点。小学生的认知正处在具体运算阶段，他们更容易被生动、直观的形式所吸引。因此，针对小学生开展的阅读活动既要有丰厚的内涵，同时也要辅以生动、形象的活动方式，以此调动学生更大的阅读兴趣。

其次，要贴合学生的学习和生活需要。任何活动，只有和学生的生活、学习发生关联，才能调动学生更大的参与欲望。小学生阅读活动的开展，也要尽可能联系学生当下的学习和生活，让学生产生亲近感。例如，高年级学生在课内学习了小说单元后，教师可以设计“动物小说专题阅读活动”，在学生的课外阅读与课内阅读之间搭设桥梁。再如，金秋时节可以组织“名家笔下的秋”阅读活动；学生追星狂热时，可以组织“名家传记”阅读活动，在学生的阅读与生活之间搭设桥梁。

再次，要突出阅读素养发展的阶段性。小学生的阅读素养正处在快速发展阶段，不同的年级、不同的年段，学生的阅读素养都有着不同的发展特点和发展重点。教师要根据学生阅读素养发展的不同阶段开设阅读活动，突出不同阶段学习的重点。例如，对低年级的学生可以开展“故事我来演”活动，引导学生多阅读寓言、童话类的小故事，并能够对故事内容有基本的了解，能够通过自己的表演展现出来。对中年级的学生可以开展“小小演说家”活动，引导学生阅读一些包含道理的叙述性文章，帮助学生把所理解的内容用语言条理清晰地表达出来。对高年级的学生可以开展辩论会活动，引导学生在阅读中产生自己的观点，并能够利用阅读内容支持自己的观点。

最后，小学生的阅读素养总体处在发展的起始阶段，为他们开设的阅读活动不仅需要有完整的活动设计，还要有针对性的过程指导。教师不能认为只要活动开展起来了，学生自然就会产生阅读的兴趣，参与阅读过程。教师要在活动的过程中随时安排有针对性的指导，唤醒并维持学生的阅读兴趣，促进学生的阅读参与，提高学生的阅读素养。

(三)合理规划阅读内容

适宜的阅读内容可以激发并保持小学生阅读的兴趣。小学各年级学生在认知发展和阅读素养发展上存在着较大的跨度。学校和教师应该根据不同年级学生的特点和需要，选择、确定阅读内容。避免因为阅读内容难易不当、兴趣不符等影响学生阅读。

首先，阅读材料的难度应符合学生现有认知发展的程度。低年级学生阅读最大的障碍在于对生字词的认识和理解，所以在规划阅读内容时，要格外关注生字词、句子复杂程度、语言表达风格等因素对学生阅读的影响。高年级学生积累了较为丰富的阅读经验，可以适当提供多元的阅读内容供学生选择。确保教师提供的阅读内容总能在学生阅读的“最近发展区”中，对学生的阅读发挥引领作用。

其次，阅读材料的选择还应考虑学生的不同阅读需要。不同性别、民族、性格的学生在阅读需要、阅读兴趣上也存在着差别，因此在为他们挑选阅读材料时就应当有所侧重。所提供的阅读资源中既要有所有学生都要共同阅读的书籍，也要注重阅读的广泛性。不同的内容，如历史、地理、社会等各领域的书籍都应当有所涉猎；不同的体裁，如诗歌、小说、戏剧等的学习都不容忽视；不同国家的优秀儿童作品都应当提供。只有广泛全面的阅读才能够使学生阅读素养得到真正的提高。①

最后，在规划阅读内容时，还可以发挥学生的主动性。让学生参与到阅读内容开发的过程中，成为阅读资源的建设者和使用者。如让学生将自己喜欢的书籍带到班级，开展图书漂流活动，丰富学生的阅读内容。

(四)唤起主动阅读需要

人的心理发展总是在主动参与、完成某种活动的过程中实现的。阅读兴趣归根到底是主体自身的事情。只有主体自身有了阅读的需要，才能产生持续而强烈的阅读兴趣。阅读是一种重要的学习方式，同时也是人们认识世界的主要方式之一。它具有工具性和人文性相统一的特点，而工具性本身就是和人的主观需要紧密联系在一起的。因此，教师要改变传统教学脱离情境的知识体系学习方式，从阅读工具性的特点出发，将阅读与学生的实际生活、学习需要建立联系，唤起学生内在的阅读需要。教师可以设置生活情境或学习情境中可能出现的阅读任务(或阅读问题)，让学生在真实的问题情境中产

① 刘凯丽、沈嘉祺：《基于认知发展的小学生阅读能力培养策略研究》，《基础教育研究》，2019年第5期。

生阅读的需要，在运用阅读解决问题的过程中提高阅读素养。

阅读任务的设计应以真实世界为锚点，提供一种问题情境，使学生通过阅读才能够解决，从而产生阅读的主动需要。如一位老师执教《美丽的小兴安岭》，她针对教学目标"能够借助关键语句理解小兴安岭一年四季景物的特点，体会用词造句的巧妙"设计了阅读任务：乌兹别克斯坦的朋友 Kevin 想去小兴安岭旅游，可不知道哪个季节去比较好，你能为 Kevin 做小导游，选一个小兴安岭最好的季节推荐给 Kevin 吗？这个任务来源于真实的生活，改变了以往强制要求学生"读课文，画出表现小兴安岭美的句子"这样的教学要求；面对这个任务，学生不再是通过阅读回答老师的问题，而是通过阅读解决实际生活中可能遇到的问题；阅读过程中，学生不再是被动阅读，而是根据任务的需要主动阅读，从而唤起了其内在的阅读兴趣。

二、培养阅读习惯

一个人，从小养成良好的阅读习惯，一生都会受用无穷；一个民族，人人养成阅读的习惯，整个民族就会充满智慧和希望。[①] 本研究的调研结果显示，阅读习惯与学生的阅读素养之间呈现明显的正相关关系，并且与阅读兴趣、阅读策略之间存在复杂的相互影响关系。提升小学生阅读素养，必须关注对良好阅读习惯的培养。

(一)规范阅读要求

良好的阅读习惯，是阅读兴趣、阅读内容、阅读行为内化、固定化后的一种态度和行为表现。培养学生的阅读习惯，可以从对学生阅读的行为要求开始。

首先，要培养学生认真读书的习惯。这是良好阅读习惯最基本的要求。它表现为学生在阅读时能够全神贯注，把注意力集中到阅读对象上。教师可以通过要求学生不动笔墨不读书、边读边圈画的方式，帮助学生静心会文，把注意力集中在与文本的对话上。

其次，要培养学生边读边思考的习惯。所谓熟读精思、学起于思，思考是良好阅读习惯的核心。阅读素养是学生在具体的阅读情境中，为建构意义而调动的所有心智力量的集合。没有思考，就没有真正的阅读。教师可以通过引导学生在阅读过程中不断提出问题、解决问题，帮助学生保持阅读过程的思维参与；也可以通过引导学生之间互动对话，帮助学生形成对文本的思考。

最后，要培养学生主动克服阅读困难的习惯。阅读活动本身的复杂性使

① 郝振省、陈威：《中国阅读：全民阅读蓝皮书》第一卷，北京：中国书籍出版社，2009 年，第 26—27 页。

学生在阅读过程中必然会遇到各种困难。小学生受到生活经验、认知经验的限制，在阅读过程中可能遇到更多的困难。因此，培养良好的阅读习惯，就要培养学生主动克服困难、持续阅读的习惯。教师可以通过设置阅读激励机制、提供阅读榜样、教给问题解决办法等方式，帮助学生面对阅读困难锲而不舍、主动调动自己的所有心智力量，谋求解决办法，完成阅读活动。

(二)整合课内外阅读

培养学生的阅读习惯，不仅要关注对学生阅读行为的要求，也要通过课内外阅读的整合形成持续性的力量，保证学生阅读习惯的养成。教学中，教师应该立足课内阅读，延伸课外阅读。帮助学生把他们在课内阅读中初步产生的兴趣、初步形成的感受、初步掌握的基本方法，在课外阅读中进一步维持、应用、延伸，并逐步内化为学生自动化的阅读习惯。

首先，延伸阅读兴趣。学生在课堂学习中产生的阅读兴趣，要在课外阅读中得到进一步的满足和落实。教师应关注学生整体的学习需要，提供适宜绝大多数学生阅读兴趣的课外阅读内容。例如，《课程标准(2022 年)》在低年段要求学生“阅读浅近的童话、寓言、故事”“诵读儿歌、儿童诗和浅近的古诗”，教师就可以在课外规划学生多阅读童话、寓言、故事或者各类适宜儿童阅读的诗歌。教师还要关注不同时期、不同学生的特殊学习需要，给学生提供选择的空间，满足所有学生的阅读兴趣。例如，教师在规划学生阅读童话时，可以给不同性别、性格的学生提供多种选择，避免所有学生固定同一个阅读内容。

其次，延伸阅读内容。学校可以通过主题阅读、比较阅读、整本书阅读等多种方式增加课内外阅读之间的联系，扩大学生阅读量，增加学生阅读深度。如课内学习了古典名著单元内容，可以组织“经典名著”的整本书阅读；学习了老舍的《猫》，可以组织“名家笔下的动物”专题阅读；学习了《女娲补天》和《普罗米修斯》，可以组织“中外神话故事”的比较阅读；等等。总之，教师可以基于学生的课内阅读经验，开发多样的整合方式，唤起并保持学生阅读兴趣，延伸学生课内阅读内容。

最后，延伸阅读方法。正所谓“教是为了不教”，学生在课内习得的阅读方法，要通过课外阅读应用、完善、熟练，并内化为学生阅读素养的一部分。教师要有意识地立足阅读方法的迁移，引导学生的课外阅读活动。比如，课内学习了“围绕一个内容想开去”，就可以安排学生在课外阅读中选择一个感兴趣的内容尝试想开去；课内学习了“从多个角度提出问题”，就可以安排学生在课外阅读中尝试从不同的角度提出问题，并分享各自提出的问题。

三、内化阅读策略

调研结果显示，阅读策略对小学生阅读素养发展具有显著的正向预测作用(解释率8.6%)。特别是元认知策略，与学生阅读素养之间的相关系数更大，在小学生阅读素养发展过程中发挥了更加重要的作用。在已有研究中也有许多研究者(张文静①、陆璟②、黄熙彤③、王晓平④等)强调了阅读策略对阅读素养的影响作用。提高小学生阅读素养，阅读策略是一个至关重要的影响因素。

(一)提供方法策略支架

研究发现，小学生阅读策略的发展大体经历了一个由外向内、由模仿向发现、由单一向综合的发展轨迹。⑤ 教师是小学生阅读素养提升过程中的指导者和引领者。在小学生阅读素养提升的过程中，教师要遵循小学生阅读策略发展的规律，适时适度为学生提供、示范阅读方法策略。

首先，教师要根据学生的发展阶段，及时提供程序性的阅读方法策略知识。小学生阅读策略的发展主要是以外部因素为主，特别是教师的教学因素影响。年级越低，这种外部影响的作用就越明显。随着学生年级的不断升高，学生从外部学习到的各种阅读方法及策略逐步内化，并最终成为个人稳定的认知经验。也就是说，学生要先从外部吸收有关阅读方法策略的知识，才有可能在反复实践中逐步内化为自己的阅读素养。所以在学生自主开展阅读活动的过程中，教师不能做旁观者，而是要根据学生的阅读需要和接受程度，及时为学生提供程序性的方法策略知识，帮助学生认知、调整、控制自己的阅读行为。

其次，教师要根据学生的实际需要，适时示范阅读方法策略，并帮助学生模仿、运用。在学习阅读的初始阶段(小学低年级)，学生主要是模仿他人的阅读行为，很少能自己发现阅读的方法策略。他们可以在教师的指导下重复各种阅读行为，但还没有形成自我反馈的意识。到了中年级，学生开始慢慢出现主动模仿的情况，有时也能自觉地运用一些方法策略。到了高年级，学生的阅读策略到了快速发展的阶段，大部分学生能够有意识地选择、运用熟悉的阅读策略，自己也会发现一些新的策略，对阅读的自我监控能力不断提高。根据学生阅读策略的这一发展特点，教师要在低年级多示范阅读方法，少讲解阅读知识；中年级多引导学生迁移运用，减少过于细碎的分解式讲解；

① 张文静、辛涛：《阅读投入对阅读素养影响的跨文化比较研究——以PISA2009为例》，《心理发展与教育》，2012年第2期。

② 陆璟：《阅读参与度和学习策略对阅读成绩的影响——基于上海PISA2009数据的实证研究》，《教育发展研究》，2012年第18期。

③ 黄熙彤：《小学生阅读策略对阅读素养的影响：基于潜在剖面分析》，《第二十届全国心理学学术会议——心理学与国民心理健康摘要集》，中国心理学会，2017年，第2页。

④ 王晓平、吴庆麟、胡艳萍：《小学四年级叙述文阅读理解策略教学的实验研究》，《心理科学》，2008年第5期。

⑤ 周龙兴：《小学生阅读策略发展及教学研究报告》，《教育理论与实践》，1999年第3期。

高年级引导学生有意识地规划自己的阅读进程，并及时进行反思，形成发现。

最后，教师要根据学生的发展阶段，引导学生逐步整合运用多样的阅读方法策略。在阅读素养发展初期，学生对阅读策略的使用一般都是单一的。例如，理解词语的意思，一、二年级学生中60%主要是用查字典的方法解决，其他方法运用的很少；到四年级就有26.5%的学生能利用课本的注释，40.8%的学生能联系上下文语境，20.4%的学生能基于经验推测，12.2%的学生能利用近义词替换理解。[①] 还有些学生能把几种方法结合使用，提高理解的正确性。教师在教给学生阅读方法策略的过程中，一方面要根据学生的思维、学习基础，选择最适合特定年段学习的策略先教给学生。相对来说，小学低年段学生以形象思维为主，可引导学生掌握“猜测”“创意”等阅读策略；到了小学中高年段，学生的抽象思维开始发展，便可将概括类的阅读策略整合到日常教学中。对阅读水平中等偏下的学生，更应重视及巩固其阅读策略。另一方面，要随着学生年级的升高，逐步引导学生整合运用多种阅读策略。

（二）建构互动对话空间

学习阅读策略的根本目的是提高学生与文本对话、建构意义的能力，提升学生的阅读素养。因此，阅读策略的学习必须以学生充分地参与阅读对话过程为基础。正如弗莱雷所说：“没有了对话，就没有了交流；没有了交流，也就没有真正的教育。”离开了学生与文本、他人之间的充分对话，阅读策略也就失去了运用的具体情境，失去了学习的价值。

1. 转变教学观念

要为小学生参与互动与对话过程提供充足的空间，教师首先要转变教学观念，包括教师的学习观、学生观和阅读观。

教师要改变传统的将学习看作人类已有经验复制传递的学习观。学习具有社会性，它在本质上就是一种对话，是学习者与客观世界、与他人、与自身的多重对话。在学习活动中，个人总是基于意向性开展互动，探寻意义，并通过与活动系统中各要素之间充分的社会协商，达成稳定、一致的解释。教师在这个过程中要做好学生与各要素互动的支持者和助推者，这样才能实现促进学生发展的目标。

教师学生观的转变，指的是教师要明确自己和学生在阅读学习过程中的地位和所要发挥的作用。教师既要明确自身在学习过程中的定位：是助学者，也是共学者；也要认可学生在阅读学习中的主体地位。这样，教师才能改变过去一言堂的局面，和学生一起通过阅读解决问题，给予学生自主建构意义的时间和空间，保证学生交流分享的时间。教师与学生双方越不觉得教师在

① 周龙兴：《小学生阅读策略发展及教学研究报告》，《教育理论与实践》，1999年第3期。

教，那么所得的教学结果越好。[①]

教师阅读观的转变，指的是教师要正确认识阅读、阅读素养及阅读教学。教师要深入理解文本意义的建构性，阅读是一个建构意义的过程，阅读素养是支配意义建构过程的所有心智力量的集合，阅读教学是要支持学生的阅读活动。在此基础上，教师才会做到鼓励学生参与阅读学习过程，分享自己建构的意义，并能够尊重学生在理解过程中的差异性。

2. 搭建对话协商的平台

学习科学发现，当学习者外化并表达自己正在形成的意义时，学习效果会更好[②]；当学习者开始比较清晰地表达某个意义时，表明他们真正建构起了这个意义。因此，学生与他人之间的对话并不是在完全理解之后的补充环节，而应当在学习者开始尝试建构意义之初，从学习者的意义还没有完全形成的时候就开始了。

教师可以鼓励学生用语言外化表达自己的理解，并把这种表达作为提升学生阅读素养的重要手段贯穿阅读学习始终。外化(说出来)可以将内隐的思维过程显性化，可以和他人之间产生思维的碰撞和交流，也可以借此观察、分析、调整自己的思维过程。教师重视学生之间外化的对话与协商，可以使学生的阅读学习在不断反馈与外化、修正中逐步深入。

3. 重视学生已有经验

所谓成功的学习，就是要把新知识和已知内容联系起来。[③] 学习者原有的不完整理解、错误观念和对概念的解释都会对阅读中意义建构的过程产生影响，这些初始经验是学习者建构意义的起点，可以帮助学习者更好地完成意义建构的过程。因此，对话与协商应以重视学生的已有经验为前提，鼓励学生合理地多元理解。

重视学生已有经验不等于放弃教师在阅读学习过程中的主动作用。教师不仅是学生阅读学习的平等参与者，还是成熟的学习伙伴，对学生的阅读学习承担着适时、适度指导的责任。在学生的阅读学习停滞不前时，教师要有效设置阅读任务，引发学生认知冲突，唤起阅读需要；在学生阅读遇到困难时，教师要为学生的阅读提供必要的学习资源、认知策略；在学生的阅读困难得以解决后，教师还要引导学生反思自己建构意义的过程，形成发现。这些指导，并不是传统教学中的讲解和传授，而是根据学生学习需要提供的适度支持；并不是解决问题的答案，而是指向问题解决的学习方法策略、思维

---

① 王天一、夏之莲、朱美玉编著：《外国教育史》下册，北京：北京师范大学出版社，1985 年，第 161 页。

② [美]R. 基思·索耶：《剑桥学习科学手册》，徐晓东等译，北京：教育科学出版社，2010 年，第 13 页。

③ [美]杰瑞·戈勒博：《学习与理解》，北京：教育科学出版社，2008 年，第 117 页。

方式、学习资源等。通过教师的适度指导，增加主体之间对话的深度，提升主体对文本意义的理解。

第三节　立足课堂教学提升小学生阅读素养

影响小学生阅读素养提升因素的复杂性决定了提升小学生阅读素养不仅要突出关键因素，还要关注因素之间的复杂联系，整体改进，整体提升。本节聚焦小学生阅读素养发展的关键环节——课堂教学，提出指向小学生阅读素养提升的课堂教学整体改进策略。通过重构小学阅读课堂教学，有效设计小学生的阅读学习历程，从而对各个因素发挥整体影响，对小学生阅读素养进行系统培养。

一、指向阅读素养的课堂教学需要整体改进

阅读素养本质的整体性、影响因素的复杂性、阅读教学现实问题的多元性，都决定了要提升小学生阅读素养，就要对小学阅读课堂教学进行整体改进。

(一)阅读素养本质的整体性

阅读素养是主体根据实际阅读情境的需要，与文本有效互动、主动建构意义的复杂心智力量的聚合。从内涵上说，阅读素养是主体的认知经验、对象经验、情感态度经验在面对特定情境时的聚合。情境是阅读素养得以存在的平台，在具体的阅读情境中，主体的阅读认知能力、思维品质、态度品格以一种整体的状态展现出来。单纯强调其中的某一个要素，或者将其中的任何一个要素从情境中抽离出来，都不能称之为阅读素养。

从阅读素养的形成机制上看，阅读素养是在大量的阅读实践活动中建构起来的。首先，每一次阅读活动中主体的建构都是以整体的方式存在的。面对真实的阅读情境，主体都要调动自身的认知经验、对象经验、情感态度经验等心智力量展开与文本之间的互动和对话，缺少其中任何一种心智力量都会对意义的建构过程产生根本性的影响。其次，每一次阅读活动中，各因素之间的影响都是多向的。情感态度经验会影响主体对阅读情境的识别，影响认知加工的过程，主体在阅读中的认知加工体验也会反过来影响情感态度。最后，主体最终的发展是整体性的。所有参与意义建构过程的心智力量都会成为主体发展的一部分，将其割裂进行单独培养是不现实的。

在某种意义上说，阅读素养的提升和人的发展成熟过程是一致的。因此，培养阅读素养首先要树立整体性的思想，既不能过于强调阅读认知经验的作用，也不能忽视阅读情感态度等在阅读素养形成与发展中的价值。要立足阅读素养，整体把握阅读认知经验、对象经验、情感态度经验，以方法、策略

等认知经验作为支配、执行工具，以语言、文字、文化等对象经验作为定向工具，以情感、态度、价值观等情感态度经验作为动力系统和调节工具，谋求阅读素养的整体提升。

（二）影响因素的复杂性

影响小学生阅读素养提升的因素不仅是多元的，更是复杂的。根据对第三章实践调研数据的分析可以发现，不同影响因素之间既存在相互促进、相互影响的关系，同时又共同影响着小学生阅读素养的提升。

首先，小学生阅读素养各子系统之间相互影响，共同发展。数据显示，小学生阅读素养中的情感态度经验和认知经验之间存在显著的相关关系（相关系数为0.201，二者在0.01水平上显著相关）。其次，影响小学生阅读素养提升的因素与因素之间相互影响，它们与阅读素养之间并不是简单的线性叠加关系。数据显示，学生的年阅读总量不仅与阅读素养的对象经验系统有显著的相关关系（相关系数为0.123，二者在0.01水平上显著相关），同时与阅读兴趣、阅读方法策略之间均存在显著的相关关系，相关系数分别为0.265、0.213，均在0.01水平上显著相关。最后，影响小学生阅读素养的各个因素在发挥作用的机制上是不同的。有些影响因素直接影响小学生阅读素养的提升，如教师的阅读课堂教学对小学生阅读素养的提升解释率达到了10.1%。也有一些因素是通过其他因素的中介传递而间接地影响小学生阅读素养的发展，教师阅读就是一个典型的例子。它对小学生阅读素养的提升并不发挥主要的直接影响作用，但却对教师的阅读教学产生显著的影响，从而间接影响学生的阅读素养提升。

正是小学生阅读素养影响因素的复杂性和整体性，决定了提升小学生阅读素养就要建立在整体把握各影响因素之间关系的基础上，寻求整体改进思路。

（三）阅读教学现实问题的多元性

提升小学生阅读素养，要以阅读教学实践现状为起点。当前小学阅读教学中存在的问题既有传统教学的惯性影响，也有新的教育思想、教育理念带来的新问题。多元的教学问题决定小学生阅读课堂要实现提升小学生阅读素养的目标，就要做出整体调整。

在教学观念上，现有的小学阅读教学存在着知识中心的课程追求，而且教师对知识的理解还停留在将“知识”视为人类认识的结果，课堂教学中追求的是对语法、修辞、逻辑等事实性知识的获取，忽略了阅读方法策略的教学。相当一部分教师在对知识的过度追求过程中，将教材与知识混淆，将对教材的统一理解作为教学的最终目标。这样的课堂教学，教师往往将对教材的理解、对学习的结论从具体的情境中剥离出来，追求所谓知识体系的逻辑完善或培养体系的逐级提升。但是这样的做法却忽视了学习的具体情境，与素养本身的追求、学习和阅读的本质渐行渐远。

在教学方式上，单向传递的教学模式使得教师过分强调知识传授，强调对文本理解结论的讲解，学生只能被动接受教师传授的知识和结论本身，师生、生生之间缺乏真正的互动。这种单向传递的模式，既不符合学习的本质，也违背了素养培养的基本规律，同时也远离了阅读过程中对意义的建构与协商。这样的教学忽视了学生在与他人互动中实现的知识建构过程，忽视了学生在建构式交往过程中通过多元对话实现的意义获得过程，难以实现学生阅读素养的提高。

在学习状态上，学生的学习主要集中于“是什么”的事实性问题，缺少对“为什么”和“为什么是”等探究性问题的关注，也缺少对“如何是”等方法策略问题的关注。学生的课堂学习更多是为了考试做准备，思维深度和思维参与度不够，影响了他们阅读素养的提升。

上述三个方面的问题共同存在、相互关联。要想达到有效培养学生阅读素养的目标，就要整体考虑教学中的多元问题，抓住它们之间的联系，找准根本问题进行教学改进。

综上所述，阅读素养本质的整体性、影响因素的复杂性、阅读教学现实问题的多元性，共同决定了要提升小学生阅读素养就必须整体重构小学生阅读课堂。

二、以阅读情境引发积极的阅读活动是改进的核心

根据对影响小学生阅读素养关键因素的分析、对阅读课堂教学问题的分析，联系当前语言学、学习科学研究的最新成果可以确定，指向小学生阅读素养提升的课堂教学必须以积极的阅读实践情境为核心。

(一)阅读素养的提升离不开阅读情境中的实践活动

素养是发生在有意义的情境脉络之下，为了适应个体所处生活情境的复杂需求，通过个体主动参与学习而获得的。[①] 素养强调学习者能够在真实的情境中有效解决问题的“综合力”和“胜任力”。[②] 阅读素养具有基于情境、超越情境的特点。它在阅读实践情境中形成和发展，同时又通过具体的阅读实践情境得以展现。脱离了具体情境，素养以及阅读素养都无从谈起。《义务教育语文课程标准(2022 年版)》中就指出，素养是“学生在积极的语言实践活动中积累、建构并在真实的语言运用情境中表现出来的”。[③] 也就是说，小学生的阅读素养是小学生在主动参与阅读实践活动的过程中逐渐积累和建构起来的。

---

① 蔡清田：《核心素养与课程设计》，北京：北京师范大学出版社，2018 年，第 37 页。

② 任友群、随晓筱、刘新阳：《欧盟数字素养框架研究》，《现代远程教育研究》，2014 年第 5 期。

③ 中华人民共和国教育部：《义务教育语文课程标准(2022 年版)》，北京：北京师范大学出版社，2022 年，第 4 页。

提升小学生阅读素养，必须靠学生自己大量积极的阅读实践活动。

首先，阅读活动是阅读素养提升的主要机制。阅读素养不是主体头脑中静态的智力结构，而是主体在阅读活动中，综合调用各种心智力量展开对话与建构的动态过程。在阅读活动中，主体调用自身的对象经验系统识别阅读情境的特征，并联合认知经验系统、情感态度经验系统共同制定意义建构的初步认知方案；认知经验系统支配主体与文本互动的过程，情感态度经验系统不断调节主体与文本、与情境之间的关系。同时，主体根据互动过程的具体情况不断进行反思，并根据反思的结果“同化”新的阅读经验或者“顺应”新的阅读经验，改组自己原有的经验体系。不论是“同化”还是“顺应”，主体的阅读素养都在活动中得到了发展。阅读素养是在大量的阅读实践活动中逐渐积累和建构起来的。因此，阅读素养不能通过传递-接受的方式进行简单复制，也不能通过刺激-反应的方式进行强化培养，它的形成和发展都离不开主体的阅读实践活动。

其次，阅读活动情境是文本意义得以存在的前提。语言学的最新观点认为，所有语言文字都是情境中的语言文字，必须在具体的运用情境中习得，其意义受到历史文化情境和语言文字运用具体情境的双重影响。韩礼德将语言阐述为人们有目的地用来在语境中表达意义的资源，维果茨基提出语言的基本功能是为交际服务的社会性功能，都意在强调语言是一种交流的工具，只有在社会交往中才能产生意义。语言的意义与其运用的情境有着紧密的联系。在阅读过程中，文本的历史情境和当前的生活情境共同支持着读者对文本意义的理解。只有联系文本语言所应用的具体环境、语篇体系、主体已有经验等，才能解读和认识某一语言内容所表达的意义。① 传统教学中将语言作为一种抽象知识进行学习的方式显然已经和语言学对语言本质的认识发生了偏离。阅读素养作为对语言意义的理解和建构活动，其培养过程也应该是以学生的实践运用为基本培养方式的，让学生在真实(模拟真实)的阅读实践活动中学习阅读、学习用阅读解决问题，在大量的阅读运用实践中提升阅读素养。

最后，主体在阅读活动中的主动参与是学习得以真实发生的基础。阅读实践活动将学生的阅读学习与真实生活建立了联系。20 世纪 80 年代，认知科学家就已经发现，当学生清楚地知道如何在真实世界和实际情况中运用知识时，这些知识就会在学生头脑中保持得更持久，同时也能将这些知识运用到更广泛的情境中。② 另外，学习在本质上是主体在活动情境中的对话与协商。知识则是主体通过与情境中各要素的互动而逐步达成的一致、稳定的解释。

---

① 高丽佳、戴卫平：《刍议乔姆斯基和韩礼德的语言观》，《广西社会科学》，2008 年第 3 期。

② [美]R. 基思·索耶：《剑桥学习科学手册》，徐晓东等译，北京：教育科学出版社，2010 年，第 4 页。

阅读活动为对话与协商的发生提供了平台。当主体积极主动地参与到阅读活动中，与活动情境中的各个要素开展对话时，学习就真实地发生了。在这个协商过程中，主体不断对原有经验进行“同化”或者“顺应”，促进自身认知经验结构的发展。被动的、简单重复的阅读实践活动并不能实现阅读素养提升的目的。如果学生只是被动地接受教师讲解的知识或文本的结论性理解，或者机械地重复简单的操作流程，他们所获得的知识都是脱离于具体阅读活动情境的结论性的知识，这些知识都是以割裂的方式存在的。学生既不能形成对文本意义的深刻理解，也不能在多样的阅读活动情境中迁移运用这些结论性知识。他们的阅读素养也难以提高。

因此，要实现素养指向的阅读教学，就要关注阅读情境，关注学生在真实、积极的阅读活动中通过使用来理解知识、提高能力、形成素养的过程，也就是围绕积极的阅读实践活动整体改进课堂教学。

(二)积极阅读实践活动的特征

并非所有的阅读活动都是指向小学生阅读素养提升的阅读活动。积极的阅读实践活动具有如下特征。

1. 目标指向阅读素养提升

人的活动都是带有意向性的。这种意向性在活动过程中会持续影响主体活动策略、认知方式的选用，调整主体活动的方向。积极的阅读活动，应该以阅读素养的提升为总目标，并能根据学生阅读素养发展的阶段和认知发展的特点，确定明确的活动目标。通过明确的活动目标，帮助教师和学生避免为了活动而活动的问题，更好地实现阅读素养提升的目标。因此，教师要改变单向传递的教学状态，积极为学生创设开放的阅读活动。同时，引导学生参与到阅读活动中，经历读书、建构意义的过程。

2. 活动唤起阅读的需要

传统的阅读教学，往往是教师规定学生的阅读行为动作，要求学生圈画出某种特定的字词，或标注某些特定的内容。学生处于被动阅读的状态，他们既不知道为什么要圈画，也不甚了解为什么要标注，只是按照教师的要求完成任务。积极的阅读实践活动，通过设计学生在真实生活、学习中可能遇到的各种问题，唤起学生阅读的需要，调动学生主动阅读的兴趣。学生为了完成活动中的问题，要根据实际问题的需要调用其已有的阅读知识、能力等，学生的学习是主动的。另外，带着明确的阅读任务和阅读目的展开阅读，有助于学生把学习到的经验普遍地运用到更多的情境中。学生通过记诵无意义、无情境的内容来获取信息，其理解是浅层次的，学生无法把学到的经验应用到新情境中去。学生在有意义的情境中获取信息，并将其与先前的知识经验建立起关联的时候，他们便能够在新情境中应用这些知识，并获得更好的、更深入的理解。

3. 包含丰富的阅读资源

阅读素养是在大量的阅读活动中积累和建构起来的。阅读资源的丰富程度不仅影响学生阅读活动经验的积累，其本身的质量也限制了阅读活动中意义建构的品质。此外，从分布认知理论的观点看，认知制品本身就包含着人类的优秀经验。文本就是阅读过程中最重要的认知制品。重视阅读资源的开发与利用，为学生提供多样的、丰富的阅读资源，不仅有利于增加学生阅读的深度，同时也有助于提升学生的阅读品质。

4. 提供恰当的认知支架

教师是教学活动中的成熟阅读者，他们不仅在认知经验系统、对象经验系统、情感态度经验系统中拥有更加丰富的经验，而且各个系统、要素之间的关联度和结构化程度也更高。因此，他们能够迅速识别阅读情境特征，并根据情境的需要和特点形成一整套程序性的活动方案或计划，按照方案或计划即时展开互动活动，并在活动过程中不断进行自我反思，做出调整来适应实际阅读情境和阅读活动的需要。在学生阅读素养提升的过程中，教师承担着重要的引领作用。当学生在阅读过程中出现不明白的地方或者认识的误区、偏见时，教师应该适时适度为学生提供脚手架，也就是为学生提供支持他们对话与协商活动的提示、规则、材料、阅读方法等。脚手架应该在学生自主学习遇到困难和问题时提供，应能发挥促进学生学习的作用，应根据学生的需要逐步增加、修正或撤去，直至最终完全拆除脚手架。

5. 支持多元的互动与评价

对话，是建构意义的主要方式，也是学习的主要方式。只有调动学习者与他人之间积极的对话与协商，通过学习者能动地参与活动，素养才会养成。阅读教学是以实现每一个学生的阅读"学习"为目的的。只有构筑了教学环境中多重主客体之间的对话关系，真实的学习才可以发生，学生的阅读素养才能提升。可以说，对话的有效发起和协商的顺利完成是决定阅读教学成功与否的关键。

阅读理解过程本质上是一种对话过程。语言承载了人们对客观世界认识的结果。但接受这一结果的过程并不是一种客观实在的简单还原，而是主动的意义建构过程。伽达默尔曾提出，文本的意义不是先验性地存在于文本中的，而是由处于不同历史境遇之中的读者和文本的互相作用所决定的。读者总是基于自己的前理解结构，与文本、作者、社会历史文化情境之间展开互动性对话，并最终达成视界的融合。[①] 对话是完成阅读过程的前提和基础。阅读教学中不仅包含了读者与文本、作者的对话，也包含了读者与教师、同伴之间的对话。在阅读课堂中，应给予"对话"以更加充分的关注，支持主体间

① 赵光武：《哲学解释学的解释理论与复杂性探索》，《北京大学学报》(哲学社会科学版)，2004年第4期。

的对话与协商。这种贯穿活动始终的对话，不仅可以将主体内隐的思维过程显性化，方便主体对自身的思维过程进行监控、分析、观察，也可以帮助主体不断反馈和修正自身的思维过程，逐步实现阅读素养提升。

三、指向阅读素养提升的六步教学法

阅读课堂教学永远处于特定的阅读情境中，受到阅读情境的制约和影响。指向小学生阅读素养提升的课堂教学必须以积极的阅读活动情境为核心进行整体改进。这里的阅读情境，既包括社会历史文化情境，也包括阅读课堂所处的具体情境。根据杜威对有效教学必备要素的分析，一个完整的阅读活动情境应该包含 6 个必备要素：阅读目标、阅读活动或任务、阅读资源、阅读指导、主体互动、评价。因此，围绕积极的阅读活动情境，小学生阅读课堂教学的改进就是要制定清晰的阅读目标、创设真实的阅读活动或任务、开发丰富的阅读资源、提供必备的指导与支架、保证主体间的多向互动、明确评价的方式与标准。这 6 个方面是动态的、螺旋上升的，贯穿于阅读课堂教学始终，共同促进小学生阅读素养的发展，形成了课堂教学改进的六步教学法。

(一)制定清晰的阅读目标

教师有清晰的教学目标，即关于学生学习结果的清晰愿景，才能提高各个教学环节与目标之间的一致性。学生有清晰的学习目标，才能明确学习方向，提高学习的自主性。因此，指向阅读素养提升的课堂教学要从制定清晰的阅读目标开始。

1. 阅读目标的基本特征

首先，要以学生的阅读素养发展为核心。指向阅读素养提升的学习目标要立足素养的整体性，不仅包括知识性、技能性的目标，也包括情感、态度等因素的目标，指向主体阅读素养的全面发展。这是提升小学生阅读素养的基本保障。我们不否认学习者在参与阅读学习的过程中还会得到诸多方面的发展，但就其特殊性而言，阅读课堂首先要关注的是学习者在阅读素养方面的发展状况。

其次，阅读目标应建立在社会、教师、学生动态协商的基础上。指向阅读素养提升的学习目标是社会、教师、学生三者对阅读学习达成的共识。学校教学是培养社会理想人的过程。公众与社会对未来人才的理想设想，就是社会对学校教育的总体要求，是教学追求的总体方向。不同学校、不同教师、不同学生在阅读学习中都有各自的特点和需求。教师要基于对社会总体目标要求的把握，对学生实际学习状况和学习需求的了解，确定阅读教学的具体目标。并且，在师生互动的过程中，还要根据具体的教学情况对阅读目标进行动态调整。

2. 阅读目标的制定过程

阅读目标的制定过程是社会、教师、学生三者对阅读学习目标达成共识的过程，是预设与生成相结合的产物。本研究以一位教师对略读课文《彩色的非洲》的阅读目标的设计为例说明这个过程。

(1)从社会要求到教师预期

指向阅读素养提升的阅读教学，首先要将社会对阅读素养的要求准确地转化为教师的教学预期。案例中的教师通过解读叶圣陶先生提出的教学理念，实现了对社会要求的把握。这个过程就是社会要求的教师化。

> 今天我要说的是略读课文教学。对于略读教学的价值所在，叶圣陶先生曾说过这样的两段话："略读的'略'字，一半系就教师的指导而言：还是要指导，但是只需提纲挈领，不必纤屑不遗，所以叫做'略'。一半系就学生的功夫而言：还是要像精读那样仔细咬嚼……""就教学而言，精读是主体，略读只是补充；但是就效果而言，精读是准备，略读才是应用。如果只注意于精读，而忽略了略读，功夫便只做得一半。"从叶圣陶先生的话中可以看出：略读课文是学生运用所学阅读方法，进行开放、体验和跨学科资源融合阅读的良好范例。所以在教学过程中，我们应不遗余力地发挥略读课文的作用，彰显它多元的功能，做到物尽其用。

实际教育教学中，教师还可以通过学习教育改革、学科教学的相关理念，或者把握《课程标准》对不同学段学生的具体要求来完成这一过程。当然，教师对社会要求的理解会受到个人、团队和既有教学经验的影响。教师要尽可能消减这种影响，准确把握阅读教学的社会要求，并将其具体到每一个年级、每一个单元，甚至每一节课中，成为教学的总体目标或方向。

(2)从教师预期到教学目标

社会要求是社会对未来人才的总体要求，要使抽象的、宏观的、概括的社会要求转化为日常教学中一个个学习行为，更好地适应每一个学生的发展需要，教师还要将自己对社会要求的理解进行教学化。即教师要在初步把握社会目标的基础上，将其与具体的教学内容相结合，形成针对一篇课文、一节课的具体教学目标。案例中的教师通过研读课前提示，找到了本课教学的落脚点，确定了本课的教学目标。

> 作为一篇略读课文，课前蓝方块中的"导语"是我们确定教学目标的一个有效途径。本课的"导语"直指两个能力点：其中一个意在引导学生感悟作者行文结构和表达方法，提升学生整体感知文本的能力，另一个则是帮助学生构建实践语言的契机，在语用中丰富认知，丰富异域风情的感悟。这两个能力不仅与课文的表达特点紧密联系，而且都直指学生阅读能力的发展。基于此，又根据本单元的训练点、教材的表达特点，我确定本课教学重点为：明晰课文结构，感悟作者表达方法。

这个过程可以大体分为三步。第一，要基于对教材脉络的分析形成与社会要求的对接。第二，要通过课前导读和课后提示的研读形成与社会要求的对接。第三，要通过课文精读形成与社会要求的对接。下面这位教师确定《扁鹊治病》一课教学目标的过程，清晰地体现了从教材整体脉络到单篇课文内容，再到课文特点研读的完整过程。

> 就整套教材而言，部编版小学语文教材共选编了7篇寓言故事：二年级上册的《坐井观天》，二年级下册的《亡羊补牢》《揠苗助长》，三年级下册的《守株待兔》《南辕北辙》，四年级上册的《纪昌学射》《扁鹊治病》。本课是小学阶段寓言故事的集大成者，应在寓言文体的把握上有回顾、整理和总结的意义。
>
> 就单元内容而言，本组教材以“故事长廊”为专题，2篇诸子寓言故事、1篇历史传说故事、1篇外国神话故事、1篇外国民间故事。后3篇故事有传说或神话色彩，而第一课中的2篇寓言更贴近生活，并且是训练复述故事的基础。
>
> 就课文而言，《扁鹊治病》是一篇寓言故事，在教学中要注意寓言这一体裁的特点，即故事性和寄托性，也就是目标中的复述与明理。文章情节熟悉、层次分明，有利于学生进行复述；但是对于人物描写比较简单，故可以让学生体会人物内心、展开合理想象，并结合生活经验讨论故事阐释的道理。

(3)从教学目标到学习目标

每个学生都是一个独特的个体。教师必须在深入了解学生既有学习状况的基础上，将教学目标与学生的实际发展状况相结合，形成适合于本班学生学习起点、既有经验的学习目标。

教师了解学生的学习基础，将社会要求、教师预期学生化的方法有很多。比较常见的有分析学生已有的学习成果，如作业、学习成果等；日常观察学生的表现，如课堂回答问题情况等；专项调研，如试卷、问卷、访谈等。案例中的教师就综合采用日常作业、问卷的方式对学情进行了细致分析，并在此基础上确定了学习的目标。

> 学情才是一节课的起点。为此，我从两方面展开学情调研。
>
> 首先对学生已有阅读能力进行分析。以下是学生以往练习中出现的3道阅读题。
>
> 1. 本文重点从________、________、________三方面介绍了海葵。
>
> 2. 文章的结构是________。
>
> 3. 文章第①段用了________修辞方法，这么写的好处是________________。

前两道题考查了学生整体感知这一能力。第1题中，班中62.9%的学生出现要点概括不准确的情况。第2题意在考查学生整体把握文章结构的能力，班中53.2%的学生并没能读懂文章的谋篇布局。第3题考查学生领悟表达方法，体会表达效果形成解释能力，其中22%的学生在判断表达方法时出现了丢要点现象，35.5%的学生在谈表达效果时，因未能准确抓住事物特点而扣分。由此可以得出：(1)学生在理解文本内容时不能够将文章整体联系阅读，因而造成对文章行文结构概括不准；(2)表达方法多样化，因而造成了学生领悟文章表达方法、体会表达效果时的不全面、不准确。

鉴于这种现状，在学生预习课文后，我通过问卷的方式，对学生"整体把握文本的程度"进行了调研。

1. 非洲留给作者最深刻的印象，如果凝练成一个词是什么？这种印象，作者是从哪些方面写出来的？

2. 文章给你留下印象最深的写法有哪些？为什么？

通过调研我发现：班中97.1%的学生能体会到"彩色"这一印象；能准确概括出"艺术文化"和"日常生活"的学生均分别占69.7%、60.6%，但能概括出"自然景观"的，仅有15.1%(5人)。

而对于表达方法和效果的调研中，班中73.5%的学生对修辞手法、过渡等段式关系都有所体会，但没人能进一步总结提炼出，作者紧密围绕着"彩色"这个主题来构思行文的表达方法，而这一思想才是作者表达手法的核心所在。

可见，将学生体会到的"表达方法"与文章"行文结构"这两部分内容进行整合，引导学生从整体关注作者谋篇布局的方法，继而感悟作者表达，才是本课教学的难点所在。

(二)创设真实的阅读活动或任务

学习是基于学生主动建构意义的积极互动过程。只有当学生觉得阅读学习是与他相关的、对他有意义的，他才能更好地投入阅读学习过程中，获得更好的发展。因此，指向阅读素养提升的课堂教学要基于阅读的目标设计真实或模拟真实的阅读活动或任务。

1. 基于阅读学习目标设计阅读活动

阅读活动的创设本身不是目的，实现阅读学习目标是阅读活动设计的出发点和追寻。因此，教师在设计阅读活动时，首先要明确自己追求的目标是什么，并围绕这一目标进行设计。

如，一位教师在设计北京版语文教材二年级上册第20课《钟点工》时，为了提高学生阅读过程中完整、准确获取信息的能力，设计了如下学习任务：利用教师提供的各种粗细不同、特点不同的机器人零件，拼搭一个课文中的钟点工机器人，拼完还要向同学们介绍自己的钟点工。在这个学习任务的驱动下，学生必然会主动参与阅读，通过阅读课文，搜寻有关机器人钟点工样子的语句，并基于这些关键语句选择合适的零件，拼搭机器人。在这个过程中，学生完整、准确获取信息的能力也就自然提升了。

再如，一位教师执教部编版语文教材二年级下册第 6 课《千人糕》时，根据课后习题：借助插图，说说米糕是经过哪些劳动才做成的，设定本节课教学目标：在理解课文内容的基础上，借助板书和图片，能够比较清楚、具体地说出千人糕是通过哪些劳动而来的。而后设计阅读任务如下：

> 请你当一名“中华美食讲解员”，把千人糕介绍给其他人。我们将评选出“金牌美食讲解员”，作为班级代表向全校介绍中国的传统美食千人糕。

基于不同的阅读目的，阅读活动的类型也可以多样化。既可以是学习阅读的活动，也可以是通过阅读进行学习的活动。如，可以是为了学习阅读的鲁迅作品主题阅读活动，也可以是为了更好地走进大观园而进行的“大观园”实践阅读活动。

2. 确保活动有适合学生需要的探索空间

阅读活动的创设以为学生阅读素养提升为根本追求。文本只是阅读活动得以存在的承载物之一，不能以文本理解结论的获得作为阅读活动追求的目标。教师设计的阅读活动要适合学生的最近发展区，保证学生既能独立完成，又有探索的空间。特别是随着学生年级的升高、能力的提升，阅读任务应该提供适合学生发展需要的探索空间，避免任务的能力要求过于简单，或者学生力所不及。

传统的阅读教学中，教师给学生提供的问题往往是被清楚表述的，学习过程中提供了所有的相关信息，并且问题都有一个最好的答案。换句话说，这些问题都是被精心设计的问题，它们早已经失去了生活中问题存在的真实状态。正是由于这个原因，学生的课堂学习往往非常顺利，学生并没有进行真正的思考和探索，通过这些问题所形成的能力也难以迁移到实际生活中。

指向阅读素养提升的课堂教学无意给学生提供定义良好、边界清晰的阅读活动，而是致力于提供一个复杂的、包含了过多或较少信息的、学习者需要在其中做出选择和判断的阅读问题。这样的问题由于情境和信息都比较复杂，能够给学生提供更大的探索空间，也更容易迁移到真实的生活中。

如，一位教师设计北师大版语文教材四年级上册《“扫一室”与“扫天下”》一课时，根据学生已经能够获取直接陈述的文本信息并形成初步理解的能力基础，设计了课堂辩论：到底应该先“扫一室”还是先“扫天下”？这个问题在课文中没有现成的答案，甚至课文的信息还不足以支持学生形成全面的判断，但正因如此，它使学生的学习有了更大的空间。学生要解决这个问题，不仅要读懂课文说了什么，更重要的是形成自己的观点，并能利用课文的信息，寻找更多的课外信息支持自己的观点。为了避免任务的难度过大，影响学生的学习效果，教师在学生讨论的过程中不断提供相关课外资料，推进学生的思维水平，使学生逐步形成对“扫一室”与“扫天下”的完整认识。

阅读活动或任务的设计还需要有协商的价值，不能是仅靠某一人或几人之力就能完成的。阅读任务需要提供给每个学生可以利用自己经验和知识的机会，需要与他人的经验和知识进行合作的机会，以及利用工具延伸自己思考的机会。

如，一位教师设计人教 2009 版语文教材五年级下册《彩色的非洲》一课时，提出了“非洲还给我们留下了怎样的印象呢？结合课文和课外资料，给非洲做一个海报”的学习任务。完成这一任务，既需要个人深入、独立地阅读文本，搜集资料；也需要小组形成观点，从某一个角度总结概括对非洲的印象；还需要所有成员的共同协商，丰富对非洲的认识。

3. 设计能唤起学生阅读需要的活动任务

学习是基于学生主动建构意义的积极互动过程。创设阅读活动的目的之一是调动学习者主动阅读的需要，唤起学习主体间的有效交流与协商。为此，良好的阅读活动应该与学生的生活或学习相关，这样才能调动学生真实的阅读需要，使学生主动参与阅读学习过程，并根据任务解决过程中的实际情况，灵活地调整自己的阅读，发生真实的学习。

为了调动学生学习的主动性，情境首先应该是学生主体的，即学生是真实情境中真实问题的遭遇者、决策者与解决者，如以“假如你是……”的陈述方式邀约学生进行身份定位，唤起学生的主人翁意识，促使其以主人的身份“投身”到真实问题之中。其次，情境中应该包含了对学生发起的挑战。任务既包含表述上“你能……吗？”的挑战，也包括所设任务的现实性和复杂性，它不能一蹴而就，学生需要开动脑筋、集其所学，跳起来摘桃子。在满足上述两个条件的基础上，情境的形式没有固定的规定，可以是一次活动，也可以是一个需要通过阅读解决的问题，只要是和学生真实相关的即可。

如，一位教师设计北京版语文教材四年级下册《吃虫的植物》一课时，围绕课文中对猪笼草和茅膏菜外形的描写，设计阅读任务：根据课文内容辨析所给的 6 幅图片（图 4-1）中哪一幅是猪笼草，哪一幅是茅膏菜，并说明理由。这就是用阅读活动来唤起学生的阅读需要。

图 4-1　植物图片

再如，一位教师为执教部编版语文教材五年级下册的《草船借箭》，首先在全年级学生中收集针对本篇课文提出的问题，然后将学生提出的 91 个不同问题分为学习课文能解决的和需要阅读原著解决的两类。为了既能学好本篇课文，又能引导学生延伸阅读《三国演义》，教师选择了课文情节中与原著联系最紧密的一个问题：为什么诸葛亮不让鲁肃告诉周瑜他的计划，鲁肃就真的没告诉周瑜？并将这个问题作为学生课堂阅读要解决的主要问题。这就是用学生真实的阅读问题来唤起学生的阅读需要。

教师设计的阅读任务也要避免脱离生活的抽象任务，要尽量设计接近真实生活的阅读活动。当然，课堂教学情境是不能呈现真实生活情境的复杂性的，因此，课堂教学情境中的任务设计只能尽量接近生活情境，帮助学生在走出课堂、走向生活时能够对生活情境“似曾相识”，从而很快实现知识、能力、素养的迁移运用。

如，一位教师在执教部编版语文教材三年级下册《赵州桥》一课时，设计了这样的学习活动：做赵州桥的小导游，为游客介绍赵州桥的特点。这个学习任务就是接近真实生活的，生活中会有导游，也会有向别人介绍赵州桥特点的需要，但是这二者并不一定是同时存在的。与此同时，学生对赵州桥特点的介绍必然受到阅读材料，主要是课文的限制，难以打破时空界限进行大面积的资料搜集与整理。这些都是接近真实的表现，但这并不妨碍学生在情境中获得真实的素养。

(三)开发丰富的阅读资源

阅读资源的丰富程度不仅影响学生阅读活动经验的积累，其本身的质量也限制了阅读活动中意义建构的品质。开发优质的阅读资源，有助于增加学生阅读的深度，提升学生的阅读品质。

首先，阅读学习中的资源应以文字性资源为主。阅读活动是基于文本材料建构意义的过程，只有重视语言文字材料，才可能提高学生对语言文字的感受力。根据学生的年龄特点和具体学习需要，低年级可以在文字材料之外适当辅以直观形象的视频、图片、实物等资源。随着年级的升高，视频、图片、实物所占的比重应逐渐减少。

其次，阅读资源的组织方式可以多样化。围绕不同的阅读目的，教师可以提供多样化的阅读资源，给学生提供筛选、评价资源的机会。群文阅读、比较阅读、主题阅读等方式都是可供选择的方式。如围绕同一个内容、同一位作家、同一种体裁组织不同的阅读资源进行比较性的阅读；再如针对某一生活现象、学习问题组织不同阅读资源的问题解决式阅读等。一位教师在执教部编版语文教材六年级上册《少年闰土》一课时，通过组合《去外婆家看社戏》《从百草园到三味书屋》两篇文章，形成了一带多的群文阅读结构，引导学生在丰富的阅读资源中形成对鲁迅儿时生活的认识，提高阅读素养。

最后，阅读资源的使用应以对文本的充分尊重为前提。阅读教学课堂中，所有成员之间的交流与协商都应以对文本的充分尊重为前提。每个人都从文本本身出发，通过联系自身的既有经验建构意义。在这个过程中，文本始终处于关键位置。后续的交流协商也总是能够基于文本展开，课堂中的每个人都展示出对文本的充分尊重。

（四）提供必备的指导与支架

教师作为学生阅读学习过程中成熟的学习同伴，不仅发挥设置阅读活动、提供阅读资源等作用，更具有提供支持、引发冲突的作用。不能认为有了活动，学生就能够自然地实现能力的发展。要根据学生阅读的实际需要，合理设置认知冲突，推动学生之间意义交流与协商；及时提供适度的认知支架与指导，促进学生对意义的重构。这里的认知支架与指导，并不是传统教学中的讲解和传授，而是根据学习需要提供的、指向问题解决的学习方法策略、思维方式、学习资源等。这里的适度，强调认知支架和学习资源的数量和出现时机都应以学生切实的学习需要为前提，避免教师一厢情愿的指导与支持。随着学习的推进，这种支架应逐渐减少。

以部编版语文教材三年级上册《美丽的小兴安岭》一课的教学为例，教师在为学生呈现了阅读任务后，有这样一段教学：

> 教师：为了完成这一任务，我们需要做哪些准备？
>
> 学生 1：先选出一个我们最想推荐他去的季节。
>
> 学生 2：说出这个季节的特点。
>
> 教师：我们只要告诉 Kevin 某个季节的特点，他就愿意去了吗？怎么才能让他听了我们的推荐，迫不及待地想去呢？
>
> 学生 3：还可以联系一些课外资料，或者展开想象，把小兴安岭说得更美一些。
>
> 教师：你们说到了很多办法，那你们就来准备一下吧。今天我们就用投票的办法替 Kevin 选出小兴安岭最值得去的季节。（出示学习提示）
>
> 学习提示：四人一小组，选一个你们认为小兴安岭最值得去的季节，推荐给 Kevin。
>
> 1. 先选定一个季节，再准备推荐。
> 2. 分工合作，突出季节最吸引人的特点。
> 3. 推荐要有理有据，充分利用课文内容。
> 4. 必要时，可以利用资料袋丰富自己的推荐。

在这个教学片段中，教师通过师生交流的方式帮助学生进一步明确了阅读任务的要求，同时也初步梳理了解决任务的方法和策略，学习提示更是明确给出了基本的学习过程。此外，教师还给学生提供了资料袋作为学习资料的补充。这些内容都可以看作教师对学生完成阅读任务的必备指导。有了这些指导，学生可以更好地通过阅读解决任务，在阅读中学会如何阅读。

此外，明确的学习规则和学习要求也是学习支架的重要内容。明确的活动规则和要求包括活动的时间、活动展开的方式、可能的学习途径等。通过这些具体的规则和要求，保证活动的顺利完成，保证每一个学生都能够有机会参与到阅读任务展开的过程中，进行充分的对话与协商，改变学生被动地接受文本的意义或漫无目的地展开阅读理解过程的学习状态。当然，阅读活动的基本规则也可以和课堂学习的常规规范相结合，不必每次阅读活动都从零开始，重新建立活动规则。

最后，教师还应提供明确的阅读活动成果要求。成果的呈现方式可以是灵活的，比如一篇文章、一幅画、一个图表，也可以是书面或口头的展示材料。但无论哪一种，都需要教师在活动之初明确提出，并在活动过程中随时引导学生的学习聚焦在成果的达成上。同时，要尽可能安排学生将他们的学习成果用语言、思维导图等直观的方式表达出来。因为清晰的表达有助于教师确认学生的知识建构过程，评判学生在知识建构和问题解决时所使用的策略思维。

(五)保证主体间的多向互动

情境教学理论认为：课程不是预先设定的内容，而是师生之间的对话。知识是表现在人们的行动和互动中的一种社会建构，是主体创造的——互动地、对话地、会话地创造的——永远存在于主体所处的文化和语言之中。[①]

指向阅读素养提升的课堂教学中，对话与协商并不是为了使学习者知道并记住某个既成事实的结论，而是为了建构属于每一个人的阅读意义。这个意义既基于作者创作时所要表达的本意，又联系阅读时所处的社会文化背景，同时经过课堂中所有成员的一致协商，融合了所有成员的社会文化基础及既有经验，是独属于这些阅读者的。此外，交流与协商的过程本身就是学习的过程，就包含了丰富的学习方法、思考方法，解决情境问题的方法也可能是多样的。

对话与协商主要分为三个层面，第一个层面是与文本对话，主要是课堂中的教师、学生等主体与文本之间的对话与协商；第二个层面是学习者的自我对话与协商，主要是学生与自己既有经验、文化理解等之间的对话与协商；第三个层面是课堂上多个主体之间的相互对话与协商。

1. 与文本对话

阅读是与文本对话并建构意义的过程。所以阅读文本既是构成情境的重要因素，同时也是参与情境中主体互动的重要因素之一。因此，指向阅读素养提升的课堂对话与协商不仅是师生之间、生生之间的对话，也是师生与作者之间基于文本的对话。

为了确保这一点，教师应为学生提供充分的与文本进行对话的时间与空

① [美]多尔：《后现代课程观》，王红宇译，北京：教育科学出版社，2000年，第194页。

间。第一，确保学生自主读书的时间；第二，确保学习任务(问题)的空间与序列性，避免简单问题的追问或同一水平问题的过度反复；第三，引导学生基于文本展开对话，鼓励学生利用文本中的信息展开自己的理解过程。

下面这位教师执教《北京亮起来了》第2课时的片段就是一个例子。

> 教师：自己小声读读课文，想一想，北京的夜晚给你留下什么印象？
>
> 学生(不假思索)：很亮！
>
> 教师：能从书上找一句话表达你的感受吗？
>
> 学生1(找到课文第一段中的句子)：每当夜幕降临，北京就亮起来了。
>
> 学生2(找到课文最后一段中的句子)：夜晚的北京，多么明亮，多么辉煌！
>
> ……

在这个案例中，面对教师的问题，学生第一反应是不假思索地回答“很亮”，他们不是基于文本对问题做出反应，而是基于自己之前的阅读经验和生活经验做出反应。这样的反应有些时候是对的，但更多时候也是偏离文本建构意义的开始。因此，教师引导学生首先建立文本意识，强调从书上找一句话表达你的感受。学生通过静心读书，与文本形成对话，找到了文本中已经明确表达的信息，为后续与他人之间的意义协商奠定了基础。

2. 与自我对话

与自我对话是交流与协商的一个重要层面，也是与他人对话的前提和基础。在与文本对话的基础上，学生首先要进行积极的自我对话，在文本信息与自身已有的社会文化背景经验之间寻求一致，建构意义。这时候建构的意义可能是不完善的，甚至是过于片面、极端的，但这是形成与他人互动交流的基础，也是课堂建构意义的重要组成部分。学生最终所建构的意义就是通过对自身所建构的意义进行充分的交流、协商，与他人逐步取得一致的结果。

为了确保这一点，教师应在学生与他人对话协商之前为学生安排足够的自我对话时间。同时，要设计切实的方法引导学生将既有经验与文本形成对接，并在这个过程中形成初步的理解。

下面这位教师执教《白杨》第2课时的片段就是一个例子。

> 教师：同学们感受到了白杨树高大、坚强的特点。它还有别的什么特点吗？
>
> 学生：“哪儿需要它，它就很快地在哪儿生根、发芽，长出粗壮的枝干。”这句话说明白杨在哪儿都能生长。

教师：仅仅是在哪儿都能生长吗？这里的“哪儿”都指哪些地方呢？联系你们的生活经验想一想。（PPT 填空：________需要它，它就很快地在________生根、发芽……）

学生 1：田野需要它，它就很快地在田野生根、发芽……

学生 2：校园里需要它，它就很快地在校园里生根、发芽……

学生 3：公园需要它……

……

教师：是啊，哪里需要白杨，白杨就在哪里生根、发芽，长出粗壮的枝干。白杨能在任何恶劣的环境中生长，从这里你能体会到它有什么特点？

学生：适应性强。

这个案例中，教师引导学生基于文本信息“哪儿需要它，它就很快地在哪儿生根、发芽，长出粗壮的枝干”，与自己的已有经验进行对话：“哪儿”指的是哪些地方？学生联系自身已有经验理解到，不管在什么样的地方，白杨都能生长，它的适应性很强。

3. 主体之间的相互对话

（1）与共学者（同学）对话

文本意义的形成是读者、读者所处的历史径脉与文本、文本所处的历史径脉之间通过协商，逐步达成一致的结果。课堂学习中，学生与学习同伴具有相似的既有经验，处在相同的历史径脉中，他们之间的对话更容易产生共鸣，同时也更容易在协商过程中发现理解中的分歧，达成初步的一致。因此，阅读教学中要鼓励共学者之间进行对话。教师不仅要为他们提供对话的时间和基本规则，更重要的是要引导他们通过对话，发现在意义建构过程中的未知或不一致，并通过协商理解这种未知或不一致。

值得注意的是，共学者之间对话要以共学者之间相互的认真倾听为前提，这样才能形成真正的对话、有深度的对话。佐藤学就曾经在《静悄悄的革命》中提出，互相倾听是相互学习的基础……倾听这一行为，是让学习成为学习的最重要的行为。[①] 阅读课堂中，教师要引导学生学会倾听，能集中自己的注意力，能梳理别人话语中的重点，能基于别人的话语与他人展开交流。

下面这位教师执教人教版语文教材四年级上册《呼风唤雨的世纪》第 2 课时的片段就是一个例子。

教师：请你们小组讨论一下，“这个时代”和“以往的任何时代”到底是什么样的？我们可以怎么设计第三、四自然段的朗读呢？试着分工读一读。

（学生小组讨论。）

① ［日］佐藤学：《静悄悄的革命》，李季湄译，长春：长春出版社，2003 年，第 73 页。

教师：哪组来汇报一下你们打算怎么读？

学生：我们两个人读第三自然段，他们两个人读第四自然段。

教师：好，那你们先读一读，读完再和大家说说你们为什么这么读。

学生(分工读书后)：我们这样读是因为第三自然段主要讲人类在上百万年的历史中是什么样的，第四自然段主要讲 20 世纪是什么样的。

教师：你们大家认为他们分得有道理吗？

学生：有道理。

教师：哪组有不一样的分法？

学生：我读第三自然段的前 4 句，王弘读第四自然段的前 2 句；然后张帆读第三自然段的最后 1 句，叶雨辰读第四自然段的最后 1 句。我们这样分是因为……

教师：先别说原因。他们组的分法有意思，我们先让他们来读一读，其他同学认真听，猜一猜他们为什么这么分工。

(学生分工读书。)

教师：谁来猜一猜。

学生：我猜他们组这样分是因为第三自然段前面写的都是人类之前没有什么，第四自然段前面写的都是 20 世纪人们就都有了。

教师(问读书的小组)：他们猜的对吗？

(读书的小组)学生：有点儿对，但还不全。

教师：谁再来猜？

学生：我猜他们先读的都是具体有什么没有什么，后来读的都是总的说的。

教师(问读书的小组)：这次猜全了吗？

(读书的小组)学生：差不多了。

教师：差不多，说明还差一点儿，你们组最后公布一下你们的答案吧。

(读书的小组)学生：我和王弘先读的是具体有什么没有什么，后来张帆和叶雨辰读的都是总的说的。这个他们说的是对的。还有一点就是我读的是人类之前没有什么，王弘读的是 20 世纪人们都有什么。我们都是先读上百年的历史，再读 20 世纪。

……

在这个教学片段中，教师成为课堂对话平台的提供者和维持者，学生在进行着积极的互动交流，并不断在交流中完善自己的认识。第一组学生汇报自己的分工原因，所有成员认真倾听，这是共同体内对他人观点的接纳和共享。第二组学生汇报了分工，教师却阻止了他们直接汇报分工原因。所有共学者一起探究原因，这个过程就是与他人对话的过程。

(2)与助学者(教师)对话

不论是艾登·钱伯斯提出的“阅读循环圈”，还是后现代主义代表人物福柯(M. Foucault)提出的“知识就是权力”，都是在强调教师作为成熟阅读者在学生学习、阅读过程中的引领作用。教师相对于学生而言具有更多的阅读知识、更丰富的阅读经验、更高的阅读素养，因此，其在与学生的对话与协商中必然处于优势地位。

指向阅读素养提升的阅读课堂，一方面强调主体之间的平等与尊重，另一方面也承认教师与学生在建构意义上的区别与差异。指向阅读素养提升的阅读课堂，力图为教师更恰当地展示其意义建构的优势，引领学生意义建构的过程提供一条解决之道——师生对话协商。

师生之间基于人格平等的地位开展对话，教师真诚地与学生开展交流、从学生的视角理解学生；同时在对话与协商的过程中对学生的意义建构过程进行干预，最终实现教师与所有学生在充分协商基础上的意义建构。

这里需要说明，师生对话与协商的过程不等于教师机械讲解的过程，教师参与对话也可以通过提出冲突性问题、提供启发性资料等方式实现。就像罗杰斯曾强调的，教师是学习的“促进者(Facilitator)”，他把教师的作用比作学习的向导(Guide)和解决问题的模范(Model)，教师像发动学习过程的催化剂(Catalyst)一样引发、推动学生的学习，并且像学生能带着问题来拜访的朋友一样陪伴学生经历学习的过程，不时给予指导。①

下面这位教师执教《白杨》第2课时的片段就是一个例子。

> 教师：谁能联系板书说说什么叫借物喻人？
>
> 学生：借物喻人就是借某一事物的特点，来赞美人的品格。
>
> 教师：很多作者在表达自己对某类人的赞美时都喜欢使用这种写法。读读这两段文字，想一想作者在借白杨赞美谁呢？
>
> (PPT出示歌曲《小白杨》的歌词与茅盾《白杨礼赞》节选片段。)
>
> 学生：《小白杨》是借白杨赞美守卫哨所的边防战士。
>
> 学生：在《白杨礼赞》节选里，作者是借白杨赞美北方农民。
>
> 教师：和课文比较着想一想，你们发现了什么？
>
> 学生：同样的事物可以用来比喻不同的人。
>
> 教师：袁鹰借白杨赞美边疆建设者，《小白杨》借白杨赞美边防战士，茅盾借白杨赞美北方农民。为什么能借同样的白杨来赞美不同的人呢？
>
> 学生：因为白杨与作者想要赞美的这些人有相似的特点，比如……

① 万云英、方展画、张伟远等：《当代国外教学流派》，武汉：湖北教育出版社，1989年，第13页。

（教师板书“相似”。）

教师：马上到教师节了，你们也用借物喻人的写法给你喜欢的老师写一张贺卡吧！一会儿我们来一起分享交流。

（学生写贺卡。）

教师：交流前，你们能根据今天的学习猜一猜，他是用什么事物来赞美老师的吗？（学生纷纷猜，并说明该事物与老师的相似之处：我猜是红烛、春蚕、明灯……，因为……）

（交流贺卡。）

教师：经过这几读几猜，现在你能再说说对借物喻人的理解吗？

学生：借物喻人关键是要找到物和人的相似点，只要有相似点，同样的物可以赞美不同的人，同样的人也可以用不同的物来赞美。

教师：你们真了不起，不仅知道了借物喻人这个概念，了解了同样的物可以喻不同的人，同样的人也可以用不同的物来比喻；更重要的是，你们发现了借物喻人的关键点是找到相似点，也就是作者想要表达的意图。作者正是从要表达的意图出发，寻找与之有相似点的物，让读者透过物看到人，透过语言看到作者的表达目的……

这个教学案例中，教师成为学生交流与协商过程的参与者。首先，教师不断设置认知冲突问题——“和课文比较，你们有什么发现”“为什么能借同样的白杨来赞美不同的人呢”……通过问题引导学生与学生、学生与文本之间交流、思考的方向。其次，教师提供帮助解决认知冲突的学习资源——《小白杨》歌词和《白杨礼赞》节选，引导学生的认知走向深入。最后，教师通过小结的方式再次总结、提升了学生的认识。

（六）明确评价的方式与标准

指向小学生阅读素养提升的课堂教学还要有明确的评价方式与评价标准。清晰的评价方式与标准可以对学生的阅读学习过程发挥积极的导向作用，帮助学生更好地完成阅读任务，在阅读中聚焦阅读学习的重点。

评价方式与学习结果的匹配是有效评价的核心。以阅读活动为引领的评价是贯穿于阅读活动展开过程始终的，它具有情境性和隐含性的特点。因此，评价过程中既要明确评价的目的与方式，还要尽可能将评价内容具体化、行为化，将隐含在阅读活动背后的学习目标转化为可见的学生学习行为。

在制定评价标准时，要完整考虑阅读素养的各个要素，不仅关注学生达成学习目标的程度，还要关注学生的参与度、学习力等因素。要全面考虑参与课堂的多个主体，不仅重视教师评价，还要关注学生的自我评价和基于评价结果的自我反思。诸如哪些因素促进了任务的完成，哪些方法帮助了文本意义的构建，哪些感受印象最为深刻，从而实现隐性知识的共享与人的全面发展。

评价标准应该由教师和学生通过对话协商确定。教师应和学生一起设计贯穿学习过程始终的评价标准，以保证活动始终围绕目标展开，并最终达成目标。可以以阅读任务的完成度作为评价标准，也可以以具体的量表作为评价标准。前述《美丽的小兴安岭》教学案例中，教师是以阅读任务完成的效果作为评价标准的，所以教师在教学过程中强调“今天我们就用投票的办法替Kevin选出小兴安岭最值得去的季节”。《西游记》阅读则是以量表作为评价标准（图4-2）。

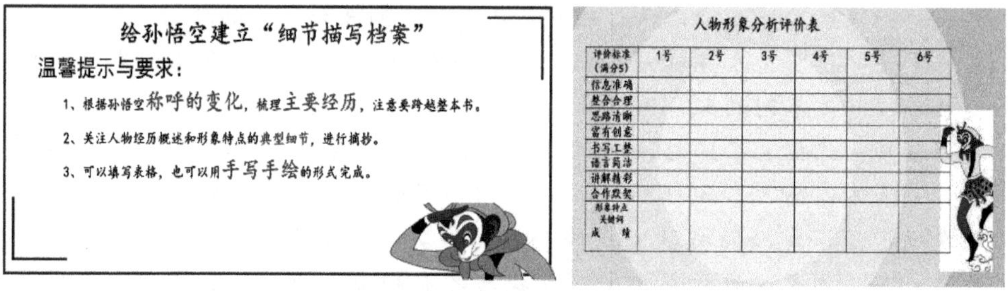

图4-2 《西游记》阅读评价量表

指向阅读素养提升的评价标准不是学习之后的终结性环节，而是贯穿学习过程始终的重要推动力和调节机制。它从学生进入阅读情境、接受阅读任务开始就已经伴随着学习而发生，学生通过明确评价的标准确定学习的目标。学习过程中，通过评价目标引领的方式保证学习向着既定的方向发展。同时，评价的结果不仅是对本轮学习的反馈，也是第二轮学习的伊始。

综上所述，影响小学生阅读素养提升的因素是复杂的，各因素之间的关系也是多向交互的。探索小学生阅读素养提升的有效策略，一方面，要聚焦关键时期、关键因素，集中力量解决关键问题；另一方面，要关注多个影响因素之间的复杂关系，整体构建小学生阅读素养提升的教学支持体系。

不论是学生阅读素养实际调查结果，学生阅读认知发展阶段研究成果，还是《课程标准》的具体要求，都显示出四年级是小学生阅读素养发展的关键时期。根据这个时期学生的发展特点和发展需要，对学生阅读素养的培养要注重3个方面的转变：在阅读情感态度经验上，要从重视直观感性趣味的激发转向重视唤起学生思维参与的理性之趣；在阅读对象经验上，要从自由阅读、开阔阅读视野转向重视经典阅读，以提升学生阅读品质；在阅读认知经验上，要从参与活动转向引导活动中的实践运用。

阅读兴趣、阅读习惯、阅读策略是影响小学生阅读素养提升的关键因素，抓住这3个关键因素，可以达到更好地提升学生素养的目的。教学中，可以通过创设阅读文化氛围、积极开展阅读活动、合理规划阅读内容、唤起主动阅读需要 4 个途径来调动学生的阅读兴趣；通过规范阅读要求、整合课内外阅读持续培养学生的阅读习惯；通过提供方法策略支架、建构互动对话空间帮助学生内化阅读方法策略。

课堂教学是小学生阅读素养发展的关键环节。阅读素养本质的整体性、影响因素的复杂性、阅读教学现实问题的多元性，都决定了要从整体上对小学生阅读课堂教学进行改进。通过对已有研究的深入分析，本研究提出阅读情境的有效创设是改进现有小学生阅读课堂教学的核心。围绕这一关键核心，改进小学生阅读课堂教学，就是要在大的阅读情境下，完成阅读目标制定、阅读活动设计、阅读资源组织、方法策略提供、师生互动、持续评价这 6 个步骤。这 6 个步骤之间并不是线性排列的，而是动态的、螺旋上升的，贯穿阅读课堂教学始终。教师和学生首先从共同的阅读目标出发，走进阅读任务，开展阅读活动，教师在学生活动的过程中提供阅读资源、阅读方法，并通过持续的评价不断参与、矫正学生的学习进程，整个过程伴随着师生之间充分的对话协商。一轮学习结束后，学生会在原有基础上，调整学习目标，投入新一轮的阅读活动，开展新一轮的对话协商。在这个螺旋上升的过程中，学生参与到相应的阅读实践之中，由“合法的边缘参与者”逐步变成“核心成员”，学生的阅读素养得以提升。

第五章　小学生阅读素养提升的实验研究

第四章提出的小学生阅读素养提升策略是否有效，还需要教育教学实践的检验。为此，2017 年 9 月至 2018 年 7 月，笔者进行了为期一年的教育实验研究，对所提出的改进策略进行实践检验。通过对实验过程的反思和对实验数据的分析，检验所提策略的有效性，发现所提策略中存在的问题。

第一节　实验研究设计与实施

一、实验研究设计

(一)研究假设

研究假设：实施第四章所提出的阅读教学改进策略，可以有效提升小学生阅读素养。

其中，对阅读兴趣、阅读习惯、阅读策略的干预，只在班级层面实施。这样做主要是为了避免同一所学校内不同班级之间的相互干扰。本实验在同一所学校内部选择了实验班与对比班，如果在学校范围对阅读兴趣、阅读习惯、阅读策略的培养进行干预改进，难免影响对比班的常态教学，影响实验结果。

在阅读课堂教学改进方面，研究严格遵循第四章中提出的 6 项策略，通过阅读目标制定、阅读活动设计、阅读资源组织、方法策略提供、师生互动、持续评价这 6 个方面对教师的阅读课堂教学进行干预和改进。

(二)研究变量

根据研究假设，实验自变量为指向小学生阅读素养提升的教学策略实施，因变量为小学生的阅读素养发展状况，控制变量为家庭背景、学校文化、教师个人因素及学生因素。

(三)研究对象

研究对象为城市、郊县、农村 3 所不同区域学校中的五年级学生。之所以选择城市、郊县、农村 3 所不同区域学校，主要是为了检验实施本研究提出的教学改进策略能否对来自城乡不同背景的学生都具有良好的效果。之所以选择五年级学生，是为了检验实施本研究提出的教学改进策略能否克服小学生阅读素养发展中的“四年级现象”。研究对象分为实验组和对照组。首先从北京市城区、郊县、农村分别选取实验学校 1 所。为尽可能控制无关因素对实验过程和实验结果的干扰，在每所实验学校的五年级分别选取 1 个实验班和一个对比班。

最终实验对象选取结果如表 5-1 所示。

表 5-1　实验对象总体情况①

实验对象	总人数	实验组		对照组	
		人数	比例	人数	比例
前测	221	114	51.6%	107	48.4%
后测	198	102	51.5%	96	48.5%

（四）研究方案

实验采用等组对比前后测的研究方案。

1. 前测引领

利用第三章中所开发的阅读试卷和问卷分别对实验组和对照组学生的阅读素养状况进行前测，对影响学生阅读素养的相关因素进行调研，通过录像课分析对实验教师的教学状况进行分析，了解学生整体阅读素养的起点状况和学生阅读素养发展的教育教学因素状况。在此基础上，确定、形成一年实验研究的总体思路。

2. 理念先行

对实验教师进阅读理念、阅读方法策略、阅读活动组织与推进方法策略、指向小学生阅读素养提升的阅读教学范式实施方法等的培训。通过一系列培训，帮助实验教师在理念上认同阅读素养提升的重要性，理解实验实施的思路。

3. 专家陪伴

一方面，学科专家每月定期与 3 位教师交流研讨实验推进过程中的感受和问题；另一方面，为每位实验教师安排专门的实践导师，实践导师都是具有丰富的一线教育教学经验的小学语文教研员，随时帮助 3 位实验教师解决实验过程中的问题。

4. 同伴交流

3 位实验教师定期进行阅读兴趣激发、阅读活动推进、学生阅读素养状态、阅读教学实施的交流与研讨，相互借鉴好的做法，反思改进自己不太理想的做法。

5. 课例抓手

为了保证本研究所提出的教学范式能够切实落实到实验教师的课堂教学

---

① 实验后测人数减少 23 人是由于部分在京借读学生到五、六年级后转回户口所在地上学，属于参与实验班级人数的自然减少，非实验干预的刻意选择。

中，实验采用定期研磨课例的方式，即每个学期3位教师共同研磨一节课例，共同执教一节课例，并分享交流备课感受。以这样的方式帮助教师内化教学理念，形成持续的教学改进行为，在日常的教学中落实本研究提出的改进策略。

6. 后测检验

研究进行一学年后，通过对实验组和对照组学生阅读素养发展状况的后测，验证研究的可行性和有效性。为了提高后测结果的可信度，后测的试卷采用了北京市2014年全市五年级学生学业评价调研中的阅读测试的内容，问卷则仍然沿用前测的问卷，同时利用北京市录像课分析平台对教师的课堂教学进行实证分析，验证实验假设是否成立。

二、实验研究过程

1. 实验启动阶段(2017年9月)

2017年9月，开展实验前测及问卷调研，了解学生阅读素养的起点状况，完善确定实验干预方案。

2. 实验开展阶段(2017年10月到2018年5月)

实验过程中的干预主要可以分为三个部分，一是阅读环境建设及活动实施指导，二是阅读素养理念指导，三是阅读教学课例指导。

(1)通过统一的实验教师培训，宣讲阅读素养对学生发展的重要意义，解读阅读素养的本质及形成机制，讲解指向小学生阅读素养提升阅读教学的思路及方法策略。这些培训，旨在帮助教师从理念上明确为什么这么做，应该怎样做。

(2)通过教师之间的同伴交流、实践导师的定期指导，在班级中切实营造阅读氛围、开展阅读活动，为学生阅读提供必要的指导和帮助。这些工作旨在帮助教师切实创设有利于学生阅读素养提升的班级氛围。

(3)通过具体的课例研究，帮助教师深入理解指向小学生阅读素养提升的阅读课堂教学实施方法，将理论转化为行动。通过教师之间的同伴交流、实践导师的定期指导，在实验教师的常态阅读课堂教学中切实落实指向素养的课堂教学。实施研究中共集中进行了3篇课文的课例研究，分别是《井》《董存瑞舍身炸暗堡》和《鲸》。3次课例研究均采用3位实验教师共同备课、分别执教、共同反思完善的方式。

研究过程中除每周的常态课堂观察外，其他关键事件梳理见表5-2。

表5-2 实验研究关键事件梳理

次数	活动时间	活动主题或内容
第1次	9月15日	项目启动及研究整体讲座《认识阅读素养》
第2次	9月17日	班级阅读有效推进讲座(布置前测工作)

续表

次数	活动时间	活动主题或内容
第 3 次	9 月 22 日	交流确定班级阅读开展计划(回收前测数据)
第 4 次	9 月 29 日	有效阅读策略专题讲座
第 5 次	10 月 13 日	前测数据反馈交流
第 6 次	10 月 20 日	阅读课堂教学实施讲座《指向阅读素养的课堂教学实施》
第 7 次	10 月 27 日	优秀课例示范观摩
第 8 次	11 月 10 日	阶段实施反馈及专题讲座《阅读策略有效培养》
第 9 次	11 月 24 日	启动课例《井》备课
第 10 次	12 月 8 日	课例《井》备课研讨及专题讲座《调动阅读兴趣的有效方法》
第 11 次	12 月 15 日	阶段实施反馈及课例《井》研讨
第 12 次	12 月 22 日	课例《井》教学实践研讨与反思
第 13 次	1 月 5 日	学期阅读教学实践案例交流与总结，启动假期阅读资源开发工作
第 14 次	1 月 10 日	阅读资源开发工作思路交流
第 15 次	3 月 13 日	阅读资源开发工作汇总，学期研究思路交流及《鲸》备课启动
第 16 次	3 月 21 日	课例《鲸》备课研讨
第 17 次	3 月 28 日	课例《鲸》教学实践研讨与反思
第 18 次	4 月 14 日	实验阶段经验总结及课例《董存瑞舍身炸暗堡》启动
第 19 次	4 月 21 日	课例《董存瑞舍身炸暗堡》备课研讨与反思
第 20 次	4 月 28 日	阶段实践反馈交流，课例《董存瑞舍身炸暗堡》教学实践研讨
第 21 次	5 月 19 日	阶段阅读教学实施经验交流
第 22 次	6 月 5 日	实验研究课例交流展示
第 23 次	6 月 29 日	后测试卷及问卷实施

3. 实验总结阶段(2018 年 6～7 月)

2018 年 6 月底，对实验组和对照组分别进行后测及问卷调查，利用录像课分析平台对教师的课堂教学进行实证分析，检验实验假设是否成立。

三、实验研究结果

(一)前测结果分析

调研共涉及学生 221 人，其中实验组学生 114 人。对调研数据采用 SPSS 软件进行分析，得到实验前测数据结果如下。

1. 实验组学生的阅读认知经验水平有待提高

数据显示，实验组学生在阅读总体及各项关键指标上的表现均低于学生总体表现。就实验组学生自身而言，学生在阅读认知经验各指标上的得分率均低于65%。这些说明，实验组学生的阅读认知经验水平还有待进一步提高。具体数据见表5-3。

表 5-3　不同学生群体阅读认知经验各指标表现

阅读认知经验	学生总体				实验组学生			
	人数	平均分	得分率%	标准差	人数	平均分	得分率%	标准差
阅读总分	221	30.19	62	8.67	114	27.98	57	8.37
提取信息	221	4.91	61	1.51	114	4.79	60	1.45
形成解释	221	6.01	67	2.06	114	5.72	64	2.20
整体感知	221	9.53	64	3.50	114	8.64	58	3.33
做出评价	221	2.98	50	1.60	114	2.58	43	1.47

从实验组学生自身的表现看，参与实验的几个班级学生之间还存在一定的差异。实验班1学生在认知经验各个具体指标上的表现自身差异较大；实验班3整体比较均衡；实验班2在各个指标上的表现均低于另外两个实验班。具体数据见图5-1。

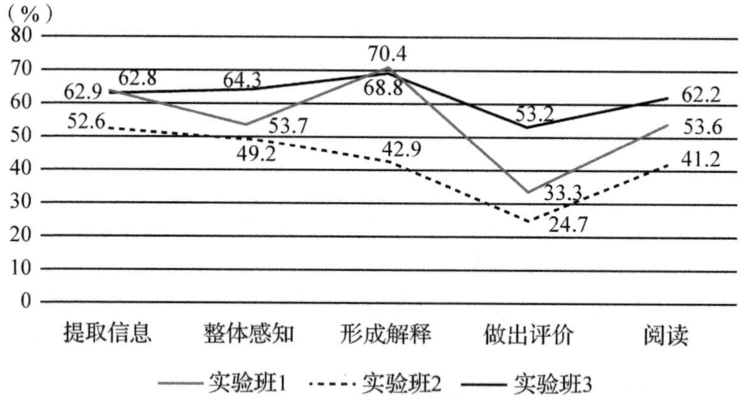

图 5-1　实验组学生阅读认知经验水平前测情况

2. 实验组学生有一定的阅读兴趣，为增加知识而阅读的学生比例最高

表5-4和表5-5显示了有关学生阅读情感态度的调研结果。数据显示，实验组学生的阅读兴趣比较高，在“读书是我的爱好之一”一题中，30.5%的学生认为非常符合，28.6%的学生认为较为符合。不过，也有10.5%的学生并没有把读书作为自己的爱好之一。在“我愿意向同学介绍读过的好书”一题中，28.5%的学生认为非常符合或较为符合自己的情况，但也有39.1%的学生不

认为自己符合这一描述。具体数据见表 5-4。

表 5-4　实验组学生阅读兴趣前测情况(%)

阅读兴趣	读书是我的爱好之一					我愿意向同学介绍读过的好书				
	非常符合	较为符合	一般符合	不太符合	不符合	非常符合	较为符合	一般符合	不太符合	不符合
实验组	30.5	28.6	30.5	6.7	3.8	15.2	13.3	32.4	26.7	12.4

另外，在“你阅读最主要的原因”一题中，有 40.0%的学生是为了增加知识、开阔眼界而阅读，有 25.6%的学生是因为功课、学习的需要而进行阅读，只有 12.9%的学生是为了满足兴趣爱好而阅读。具体数据见表 5-5。

表 5-5　实验组学生阅读动机前测情况(%)

你阅读最主要的原因						
增加知识、开阔眼界	功课、学习的需要	满足兴趣爱好	提高修养	休闲消遣	掌握一些实用技能	满足家长、学校的要求
40.0	25.6	12.9	3.8	8.9	3.6	5.2

3. 对照组学生的阅读认知经验水平优于实验组学生

数据还显示，对照组学生在阅读认知经验各测试指标上的表现均优于实验组学生。差异检验可知，对照组在阅读、提取信息、形成解释、整体感知、做出评价上的表现均显著优于实验组；在提取信息维度的表现略优于实验组，差异不显著。具体见表 5-6、表 5-7 及图 5-2。

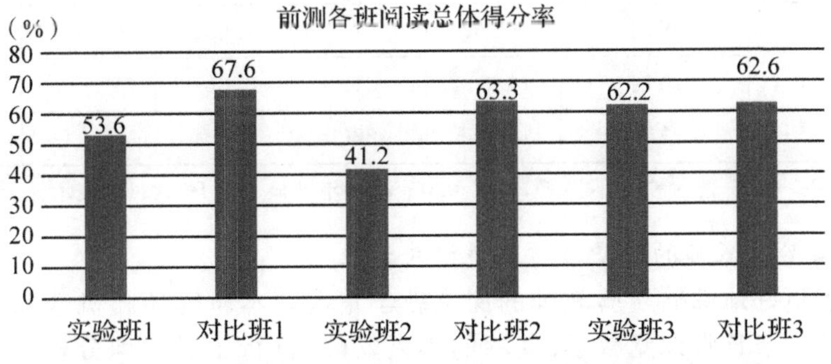

图 5-2　实验组与对照组不同班级学生阅读认知经验系统前测情况

表 5-6　不同组别学生阅读认知经验系统前测得分率情况(%)

阅读认知经验	总体	实验组	对照组
阅读	62	57	66
提取信息	61	60	63

续表

阅读认知经验	总体	实验组	对照组
形成解释	67	64	70
整体感知	64	58	70
做出评价	50	43	57

表 5-7　不同组别学生阅读认知与理解维度前测差异情况

阅读认知经验		平方和	*df*	均方	*F*	*P*
阅读	组间	0.478	1	0.478	16.377	0.000
	组内	6.391	219	0.029		
	总数	6.869	220			
提取信息	组间	0.049	1	0.049	1.376	0.242
	组内	7.810	219	0.036		
	总数	7.859	220			
整体感知	组间	0.827	1	0.827	16.258	0.000
	组内	11.142	219	0.051		
	总数	11.969	220			
形成解释	组间	0.244	1	0.244	4.725	0.031
	组内	11.311	219	0.052		
	总数	11.555	220			
做出评价	组间	1.062	1	1.062	15.927	0.000
	组内	14.603	219	0.067		
	总数	15.665	220			

注：$P>0.05$ 表示差异不显著，$P\leqslant 0.05$ 表示差异显著，$P<0.01$ 表示差异极显著。

4. 实验组教师的课堂教学以讲授式为主

为了更好地掌握实验教师的课堂教学情况，本研究还随机选取了一位实验教师的一节日常课堂教学《美丽的小兴安岭》进行了录像课分析。数据结果显示，教师的教学过程基本以教材为教学内容，引入的补充教学资源只有两次图片；从师生教学行为看，教师行为时间占 22 分 32 秒；学生行为时间占 19 分 22 秒。分析师生行为轨迹，可以发现师生行为总数为 838 个，教师行为占有率为 56%。可见，教师行为仍然是课堂行为的主体。具体分析结果见图 5-3 和图 5-4。

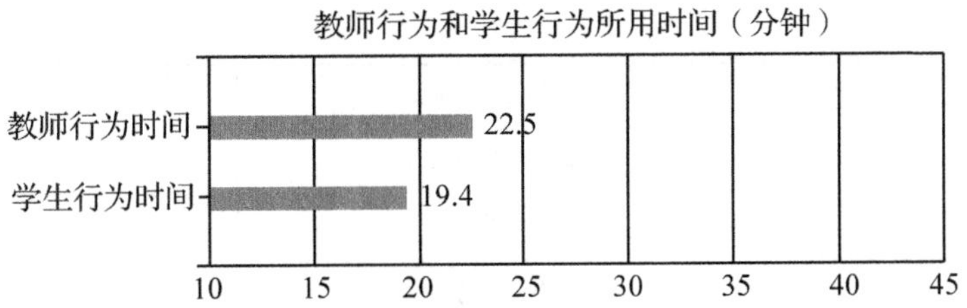

图 5-3　实验组教师录像课师生行为分布情况

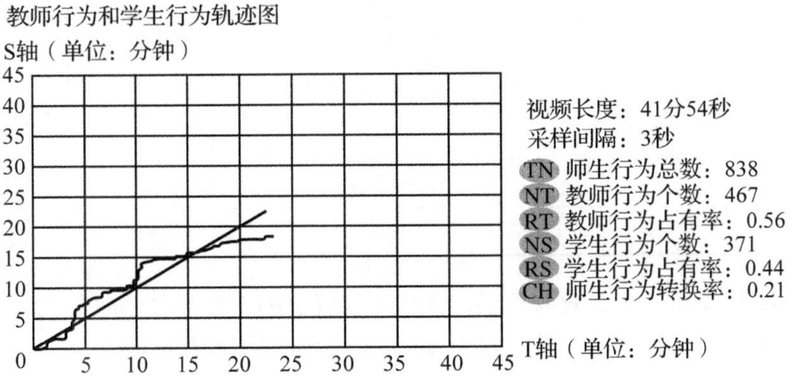

图 5-4　实验组教师录像课师生行为分布情况

进一步分析师生课堂行为，教师行为中讲解所占比例最高，占 20.2%；其次为命令或指示，占 12.9%。学生行为中被动发言所占比例最高，占 20.7%；其次为朗读，占 11.2%。值得注意的是，教师在课堂上没有任何接纳学生情感的行为，对学生的称赞或鼓励也比较少，只有 1.4%；学生的课堂思考时间和默读时间都非常少，仅有 0.2%和 3.7%。具体分析结果见表 5-8。

表 5-8　教师行为与学生行为分析结果

类别	编号	语言类别	次数	百分比
教师行为	01	接纳学生的情感	0	0
	02	称赞或鼓励	12	1.4
	03	接受或利用学生观点	61	7.3
	04	教师提问	80	9.5
	05	教师讲解	170	20.2
	06	命令或指示	108	12.9
	07	批评学生	0	0
	17	语言类属不清楚	9	1.1
	18	教师非语言行为	12	1.4

续表

类别	编号	语言类别	次数	百分比
学生行为	08	学生被动发言	174	20.7
	09	小组讨论	36	4.3
	10	学生主动发言	2	0.2
	11	学生默读	31	3.7
	12	学生朗读	94	11.2
	13	学生思考	2	0.2
	14	看视频、演示、听音频	4	0.5
	15	学生操作	5	0.6
	16	学生书写	40	4.8
合计			840	100

从师生语言互动有效程度看，教师的提问中以浅层次的问题为主，需要学生思维深度参与的论述性问题只有 2 次，占问题总数的 11.0%。师生互动过程中，教师有 7 次打断了学生的阐述。具体数据见表 5-9。

表 5-9　师生语言互动有效分析

评价指标	选项	次数	百分比
问题的层次	从课文原文找答案的问题	4.0	21.0
	二元判断性答案的问题	6.5	34.0
	简单评价性答案的问题	6.5	34.0
	论述性答案的问题	2.0	11.0
	合计	19.0	100

这些数据都说明实验教师的课堂教学仍然是以教师为核心、以已有结论的获取为目标的教学，不利于学生阅读素养的真正养成。

（二）后测结果分析

1. 实验组学生的阅读认知经验系统表现明显提高

数据显示，实验组学生在阅读总体及各项关键指标上的表现均高于学生总体表现。就实验组学生自身而言，学生在各指标上的得分率均高于 82%。这些说明，实验组学生的阅读认知经验水平有了比较大的提高。具体数据见表 5-10。

表 5-10　实验组学生阅读认知与理解维度后测情况

阅读认知经验	学生总体				实验组学生			
	人数	平均分	得分率	标准差	人数	平均分	得分率	标准差
阅读	198	40.16	0.84	4.85	102	27.98	0.86	4.38
提取信息	198	4.31	0.86	0.88	102	4.79	0.91	0.68
形成解释	198	8.78	0.88	1.34	102	5.72	0.90	1.15
整体感知	198	7.13	0.79	1.64	102	8.64	0.82	1.48
做出评价	198	4.74	0.79	1.13	102	2.58	0.82	1.03

2. 实验组学生的阅读认知经验水平优于对照组学生

数据还显示，实验组学生在认知经验系统各项指标上的表现均优于对照组学生。差异检验可知，实验组在阅读认知经验系统总体及各项关键指标上的表现均显著优于对照组。具体数据见表 5-11、表 5-12。

表 5-11　不同组别学生阅读认知经验系统后测得分率(%)

阅读认知经验	总体得分率	实验组得分率	对照组得分率
阅读	0.84	0.86	0.81
提取信息	0.86	0.91	0.81
形成解释	0.88	0.90	0.85
整体感知	0.79	0.82	0.76
做出评价	0.79	0.82	0.75

表 5-12　不同组别学生阅读认知经验系统后测差异情况

阅读认知经验		平方和	*df*	均方	*F*	*P*
阅读	组间	0.098	1	0.098	10.015	0.002
	组内	1.912	196	0.010		
	总数	2.010	197			
提取信息	组间	0.450	1	0.450	15.626	0.000
	组内	5.639	196	0.029		
	总数	6.088	197			
整体感知	组间	0.151	1	0.151	4.612	0.033
	组内	6.424	196	0.033		
	总数	6.575	197			

续表

阅读认知经验		平方和	df	均方	F	P
形成解释	组间	0.133	1	0.133	7.704	0.006
	组内	3.389	196	0.017		
	总数	3.522	197			
做出评价	组间	0.243	1	0.243	7.089	0.008
	组内	6.711	196	0.034		
	总数	6.954	197			

注：$P>0.05$ 表示差异不显著，$P\leqslant 0.05$ 表示差异显著，$P<0.01$ 表示差异极显著。

3. 实验组学生的阅读情感态度呈进一步提高趋势

调研结果显示，实验组学生的阅读兴趣与一年前相比呈进一步提高趋势。具体数据见表 5-13 和表 5-14。在“读书是我的爱好之一”的调查中，38.3%的学生认为非常符合(前测数据 30.5%)，只有 5.9%的学生否认读书是自己的爱好(前测数据为 10.5%)。在“我愿意向同学介绍读过的好书”一题中，只有 8.7%的学生选择了“不符合”，绝大多数学生(67.9%)愿意向同学介绍读过的好书(前测数据为 60.9%)。

表 5-13　实验组学生阅读兴趣后测情况

阅读兴趣	读书是我的爱好之一					我愿意向同学介绍读过的好书				
	非常符合	较为符合	一般符合	不太符合	不符合	非常符合	较为符合	一般符合	不太符合	不符合
前测	30.5	28.6	30.5	6.7	3.8	15.2	13.3	32.4	26.7	12.4
后测	38.3	28.3	27.5	3.7	2.2	20.1	14.6	33.2	23.4	8.7

另外，在“你阅读最主要的原因”一题中，有 39.3%的学生是为了增加知识、开阔眼界而阅读，有 13.4%的学生是因为功课、学习的需要而进行阅读，有 31.2%的学生是为了满足兴趣爱好而阅读。与前测结果相比，为了满足兴趣爱好而阅读的学生比例明显增加(增加了 18.3%)。具体数据见表 5-14。

表 5-14　实验组学生阅读动机后测情况

阅读动机	你阅读最主要的原因						
	增加知识、开阔眼界	功课、学习的需要	满足兴趣爱好	提高修养	休闲消遣	掌握一些实用技能	满足家长、学校的要求
前测	40.0	25.6	12.9	3.8	8.9	3.6	5.2
后测	39.3	13.4	31.2	4.1	4.3	3.1	4.6

4. 实验组教师的课堂教学有了更多的思维空间，互动性也有所提升

为了更好地了解实验后教师的课堂教学情况，本研究再次抽取了 3 位实验教师的常态课堂教学课例共 3 节，进行了录像课分析。3 节课分别为《井》《鲸》《董存瑞舍身炸暗堡》。结果显示，3 节课的课堂行为在时间、频次上均呈现出学生行为占主体的趋势。具体数据见表 5-15、图 5-5～图 5-7。

表 5-15　教师行为和学生行为所用时间

编号	分类	《井》	《鲸》	《董存瑞舍身炸暗堡》
1	教师行为时间	15 分 4 秒	15 分 45 秒	19 分 34 秒
2	学生行为时间	24 分 41 秒	22 分 18 秒	19 分 56 秒
合计		39 分 45 秒	38 分 3 秒	39 分 30 秒

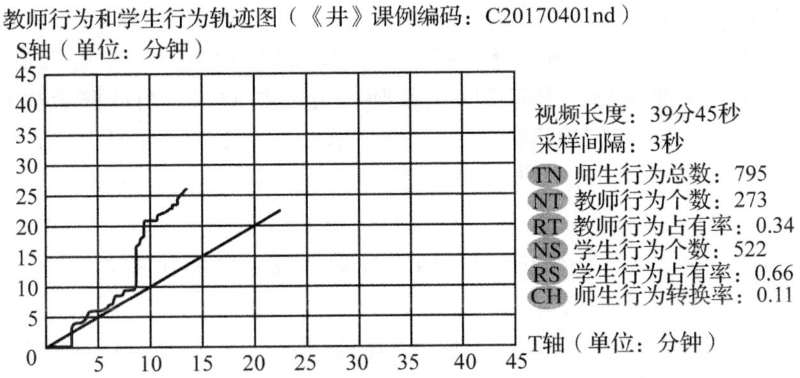

图 5-5　《井》教师行为和学生行为轨迹图

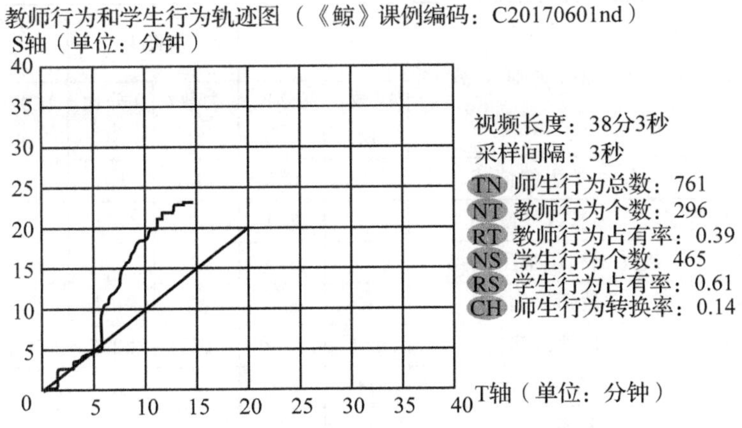

图 5-6　《鲸》教师行为和学生行为轨迹图

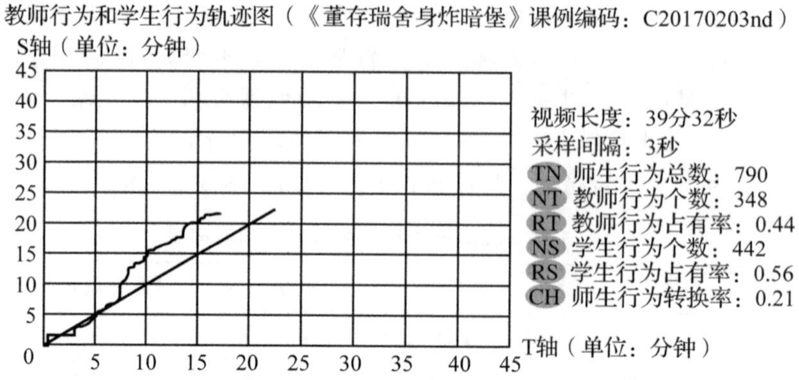

图 5-7 《董存瑞舍身炸暗堡》教师行为和学生行为轨迹图

数据显示，《井》一课的教师行为时间相对最少，占 15 分 4 秒；教师行为占比最低，795 次课堂行为中有 273 次教师行为，占 34%。《鲸》一课的教师行为占比达 39%。《董存瑞舍身炸暗堡》一课的教师行为时间相对最多，占 19 分 34 秒；790 次课堂行为中有 348 次教师行为，占 44%。与前测数据相比，3 节课的教师行为占比都有不同程度的降低。学生行为逐渐成为课堂行为的主体。

进一步分析师生课堂行为，教师行为中讲解所占比例有所降低，3 节课分别占 14.0%、22.7%和 23.8%；教师的命令或指示降幅较大，3 节课均保持在 5%～6%；教师对学生情感的接纳以及称赞或鼓励的比例有所提升。学生行为中被动发言所占比例有提高趋势，3 节课均超过了 27%；学生的课堂思考时间略有增加，特别是《鲸》一课，增加明显；但 3 节课的默读时间都呈下降的趋势。具体分析结果见表 5-16。

表 5-16 教师行为与学生行为分析结果

类别	编号	语言类别	《井》		《鲸》		《董存瑞舍身炸暗堡》	
			次数/次	百分比/%	次数/次	百分比/%	次数/次	百分比/%
教师行为	01	接纳学生的情感	4	0.5	8	1.1	8	1.0
	02	称赞或鼓励	17	2.1	8	1.1	34	4.3
	03	接受或利用学生观点	30	3.8	12	1.6	14	1.8
	04	教师提问	66	8.3	43	5.7	73	9.2
	05	教师讲解	111	14.0	173	22.7	188	23.8
	06	命令或指示	44	5.5	50	6.6	41	5.2
	07	批评学生	0	0	2	0.3	0	0
	17	语言类属不清楚	2	0.3	1	0.1	2	0.3
	18	教师非语言行为	28	3.5	19	2.5	32	4.0

续表

类别	编号	语言类别	《井》		《鲸》		《董存瑞舍身炸暗堡》	
			次数/次	百分比/%	次数/次	百分比/%	次数/次	百分比/%
学生行为	08	学生被动发言	244	30.7	234	30.7	217	27.4
	09	小组讨论	5	0.6	30	3.9	24	3.0
	10	学生主动发言	4	0.5	1	0.1	4	0.5
	11	学生默读	0	0	10	1.3	0	0
	12	学生朗读	104	13.1	59	7.8	41	5.2
	13	学生思考	4	0.5	63	8.3	2	0.3
	14	看视频、演示、听音频	5	0.6	0	0	13	1.6
	15	学生操作	0	0	4	0.5	14	1.8
	16	学生书写	128	16.1	44	5.8	84	10.6

从师生语言互动有效程度看，教师的提问中浅层次的问题所占比例仍然比较高，但需要学生思维深度参与的论述性问题所占比例已经呈现出提升趋势，特别是《鲸》一课，论述性问题占问题总数的37.0%。师生互动过程中，教师打断学生阐述的情况已经很少了。具体数据见表5-17。

表5-17　师生语言互动有效分析

评价指标	选项	《井》		《鲸》		《董存瑞舍身炸暗堡》	
		次数/次	百分比/%	次数/次	百分比/%	次数/次	百分比/%
问题的层次	从课文原文找答案的问题	3.5	39.0	7.5	50.0	2.0	10.0
	二元判断性答案的问题	2.0	22.0	0	0	6.0	30.0
	简单评价性答案的问题	2.5	28.0	2.0	13.0	10.0	50.0
	论述性答案的问题	1.0	11.0	5.5	37.0	2.0	10.0
	合计	9.0	100	15.0	100	20.0	100

第二节　实验研究的主要环节

本节将实验过程中的关键环节进行整理，以体现实验研究的基本过程。

一、阅读兴趣的激发

为了调动学生的阅读兴趣，实验主要从课堂教学和常态阅读两方面进行了干预。

(一)课堂教学：设置真实的阅读任务

只有当学生觉得阅读学习是与自身相关的、有意义的，学生才能更好地投入阅读学习过程中，获得更好的发展。为了调动学生主动阅读的需要，实验要求每位教师改变传统教学中画出句子、圈出词语的学习行为要求，联系学生的学习或生活实际，设置真实或模拟真实的阅读任务。

在《井》一课的教学中，教师首先对课文的语言、表达等特征进行了深入的分析，确定了这一课的学习难点：作为一篇借物抒情的散文，情是串起全篇的线索。学生理解井的特点不难，体会作者的情感是个难点。为此，教师设计了“讲我与井的故事”阅读活动，用这个活动唤醒学生主动阅读的需要。之后，教师又对学生的已有学习经验进行深入分析，确定这一活动的具体要求：五年级学生已经有过不少讲故事的学习经验，本课讲故事的重要目标是体会情感，因此要求学生将故事讲生动，既有探索提升的空间，又符合学习的目标。这样的阅读任务设计，使原来的学课文变为用课文解决问题，学生在讲故事中走进文本，体会井中蕴含的情感，突破学习难点。

除了讲故事，实验教师结合具体的课程内容还设计了诸如做小导游、画思维导图、课堂辩论等多样的阅读任务。

(二)常态阅读：创设积极的阅读氛围

为了让学生在日常阅读中持续保持较高的阅读兴趣，研究还要求每位实验教师在自己的班级中创设积极的阅读氛围。创设阅读氛围的基本原则是：创造阅读条件(有可读之书，有可用之时)；营造阅读氛围(有读书需要，有同读之人)；给予必要激励(能得到认可，能得到分享)；及时内化固化(能读有所得，能看见成果)。

3 位实验教师在调研自己学生实际的基础上，分别形成了各自不同的阅读氛围创设思路。如，有的教师结合自己所处学校的地域特点创设了班级阅读的整体文化氛围。

2015 年 10 月，第四届中国兰花大会在我区开幕。所以我以“兰韵书香”为题，建立我的班级阅读情境，昭示学生要像兰花一样，有着纯洁的品性，一身的清正，渗透其高贵品质与精神，与兰花精神内涵不谋而合，意在从兰花中学习悟道，追求道德上的完美境界、高贵品质。

也有的教师基于自己班级学生的实际情况，针对学生阅读漫画、笑话类书籍过多的问题，有的放矢地通过教师推荐阅读的方式创设班级共读一本书

的整体氛围。

> 在激发学生的阅读兴趣之后，我也发现一些学生主要是看一些搞笑、卡通漫画书籍，课外读得津津有味，课上还欲罢不能。如果不分时间场合，不管书的内容、品质，而一味强调阅读，这不仅不利于学习，还会给学习带来负面影响。因此，我决定适时向学生推荐与教学内容相关的书籍，创建班级共读的阅读情境，优化学生阅读内容。如学《蝉》一课后，我推荐学生阅读法布尔的《昆虫记》；学过《猴王出世》，我向学生推荐《西游记》；学过《草船借箭》，我向学生推荐《三国演义》。课堂学完后，提出一些相关的问题，激发他们持续阅读，去原著中找相关的答案。

还有的教师设计了班级固定的阅读活动时间和活动内容，以阅读活动推动学生阅读。

> 结合少先队工作和学校的特色，鼓励学生绘制阅读书籍的思维导图，张贴于后黑板的语文板块中，每两周评选、更换一次。以此来激发学生的读书兴趣，体验读书的快乐。

二、阅读习惯的培养

实验主要通过课内外阅读整合培养学生的阅读习惯。通过一年的实验，初步形成了3种课内外整合的思路。

首先，课内与课内的整合。即通过将课内相关联的多篇课文进行整合，在一节课的教学时间内为学生提供更多的阅读资源，为学生阅读素养的发展搭建更大的发展空间。整合阅读《军神》《董存瑞舍身炸暗堡》就是这一思路的研究成果。

其次，课内与课外多篇的整合。即立足一个主题，通过选择与课内文章相关联的课外多篇文章，形成多篇文章之间的比较阅读。通过这种方式，开阔学生阅读视野，引导学生在比较与分析中形成更多发现，增加学生阅读深度。

最后，课内与课外整本书的整合。即通过课内一篇文章，带动整本书的阅读。这种方式主要用于节选类课文。例如《草船借箭》可以带动对《三国演义》的整体阅读；《刷子李》可以带动对《俗世奇人》的整体阅读。通过这种方式，让学生形成对某一作家、某一类文章的规律性认识。

阅读习惯的养成需要较长时间的持续，课内外整合也需要在教学中长期坚持，这样才能为学生的阅读素养铺设坚实的基础。经过一年的实验研究，初步形成了针对北京版五年级下册语文教材的课内外阅读整合资源包。资源包对应课文目录见表5-18。

表 5-18　阅读资源包开发目录

单元	课号	课题	可选拓展文章
一	1	《桂林山水》	《迷人的张家界》《敦煌鸣沙山》《可爱的草塘》
	2	《索溪峪的“野”》	《山中访友》《山雨》《草虫的村落》
	3	《鸟的天堂》	《荷塘清韵》《通天瀑》《游奇梁洞》
	4	《长江之歌》	《长江颂》《黄河颂》《我爱三峡》
二	5	《在炮兵阵地上》	《向科学鞠躬》《我给郭沫若退稿》《彭德怀的大黑驴子》
	6	《深山风雪路》	《最后四根棒冰》《一夜的工作》《北京老人》
	7	《一双美丽的蓝凉鞋》	《我的老师》《老师的腰围》《美丽的裙子》
	8	《在金牌面前》	《光脚走进阅览室》《跟在阿姆斯特朗身后的人》《乔丹的眼泪》
三	9	《木笛》	《抗日名将佟麟阁》《致大海》《少年中国说》《可爱的中国》
	10	《圆明园的毁灭》	《街》《圆明园的牡丹台》《致巴特勒上尉的信》
	11	《半截蜡烛》	《萧华智取情报》《鸡毛信》
	12	《郑和远航》	《郑和下西洋》《与郑和相遇海上》
四	13	《义犬复仇》	《藏羚羊跪拜》《最后一头战象》《孤岛野犬》
	14	《金色的脚印》	《珍珠鸟》《老人与海鸥》
	15	《母爱》	《麻雀》《红豺》《雪豹悲歌》
	16	《这是儿子的鱼》	《森林警察》《钓鱼的启示》
五	17	《古诗四首》	《少年行》《马诗》《登岳阳楼》《村居》
	18	《三字经》	《黄香温席》《孔融让梨》
	19	《寓言二则》	《智子疑邻》《塞翁失马》《愚人食盐》
	20	《景阳冈武松打虎》	《倒拔垂杨柳》《大闹飞云浦》《大闹野猪林》
六	21	《挑山工》	《捅马蜂窝》《刷子李》
	22	《跳水》	《七颗钻石》《穷人》《鲨鱼》
	23	《鲁本的礼物》	《母女雕像》《珍妮的礼物》《特殊的圣诞礼物》
	24	《走独木桥》	《战胜自己》《战胜命运的孩子》《一个这样的老师》

续表

单元	课号	课题	可选拓展文章
七	25	《奇异的琥珀》	《黄河象》《化石吟》
	26	《鲸》	《松鼠》《埃及的金字塔》
	27	《夜晚的实验》	《天火之谜》《跨越百年的美丽》
	28	《通灵仙鹤》	《丹顶鹤的故事》
八	29	《丰碑》	《七根火柴》《三人行》
	30	《草地夜行》	《一袋干粮》《倔强的小红军》
	31	《白求恩与孩子》	《手术台就是阵地》《纪念白求恩》
	32	《蒋筑英》	《小英雄雨来》《夜莺的歌声》

三、阅读策略的指导

实验专门针对教师的阅读策略指导开展了专题讲座，帮助教师提高阅读教学策略指导的有效性。通过培训，教师们了解、掌握了有效的阅读策略培养之道。有实验教师在听讲座后提出这样的思考问题：就语文课的范畴而言，我们是在为什么而阅读？也有的教师这样写道：

所谓“教是为了不教”，我们的课内阅读（尤其是精读）应当起到引领的作用，让孩子们在共同阅读的体验中掌握方法策略（对于不同水平的孩子而言，掌握程度一定是不同的），然后在略读课中借助教师必要的帮助，与同伴相互交流，验证自己所学到的方法，并从相互学习的过程中习得更多有效阅读策略。最后，带着这些从教师的指导、同伴的交流、自身的实践与感悟中获得的阅读方法，孩子们将在语文课堂之外继续自己的阅读，即课外阅读。这之中最为基础的，就是依据需要或者学生的意愿，从文本中获取和处理相关信息的能力。

还有的教师这样写道：

讲座中指出，阅读素养的形成有赖于一系列阅读方法策略的掌握和内化。同时老师也指出了一些对学生阅读素养发展十分重要的阅读策略，如将文本信息与既有经验结合来促进理解的策略。教学中，我们如果能够关注学生对方法策略的掌握，就能够更好地实现提升学生阅读素养的目的。

我曾经在教学《记金华的双龙洞》一课的第四自然段，也就是外洞部分时有过这样的感受。我先有意识地让学生找出体现外洞特点的句子，并想想到底写了什么特点。学生读书时可以画句子、圈词语。汇报时，学生按照提问回答。每个学生回答完毕后，我根据学生的理解，归纳出几种理解文章的方法。如学生回答："在那里聚集一千或是八百人开个会，一定不觉得拥挤"，这说明外洞很大，因为这里用了"一定"这个词，作者非常肯定外洞很大。我根据学生这个回答，帮助学生归纳方法，她是抓住重点词来理解外洞特点的，这时我将此方法板书。这样在理解了外洞特点的同时，基本上可以归纳出三四种理解文章的方法，如：想象、结合生活实际、抓比喻句等。接着将学生在平时学习中积累的学习方法板书出来，这一过程学生习得了学习的方法，形成了理解。之后，学习课文的第五自然段即文章的重点部分，让学生利用这些方法继续学习。这时，我的提问加入了这样一句话：在说特点前说说你是用哪种方法进行学习的？这个问题就是让学生回忆之前的所学并进行运用。

从这些听后感中不难看出，实验教师基本上理解了阅读策略在阅读素养培养中的重要作用，初步掌握了阅读策略培养的基本方法。

四、阅读活动的实施

指向小学生阅读素养提升的课堂教学必须以积极的阅读活动情境为核心进行整体改进，具体包括制定清晰的阅读目标、创设真实的阅读活动、开发丰富的阅读资源、提供必备的指导与支架、保证主体间的多向互动、明确评价的方式与标准 6 个方面。课题实施过程中严格按照这 6 个方面对课堂教学进行改进。其中创设真实的阅读活动、开发丰富的阅读资源、提供必备的指导与支架等内容已经在阅读兴趣激发、阅读习惯培养、阅读策略指导中有所涉及。下面仅对引导自主运用与实践、鼓励参与互动协商两部分内容加以说明。

（一）引导自主运用与实践

按照研究提出的改进思路，几次备课都力求让学生在运用阅读中学会阅读，提升阅读素养。例如，《鲸》一课，为了让学生理解课文是怎样运用多种说明方法写出鲸体型大这一特点的，教师设计了学生合作搜集有关鲸鱼的资料，围绕"鲸是庞大的动物"写一段话的学习任务。在合作完成任务的过程中深入感受和体会。下面是教学过程实录。

教师：刚才，我们从第一自然段中了解了鲸形体庞大的特点，课前同学们也查了一些资料，我们就来练习使用材料，介绍一下鲸的"大"。看要求，我们要仔细阅读材料，选择有用的材料。成员之间合理分工，每人选择一句话写。我们再把各自的句子组合成一段有逻辑性的话。请同学们拿出材料，画出一句最让人感觉到鲸很大的句子。

教师：谁来读读你选的哪句话？

学生：它的心脏和小汽车一样大，舌头上能站50个人。

教师：她写得很好，也能让人感受到鲸很大。老师发给每人一张纸条。请把你找到的句子抄在小纸条上。然后把4个人的句子，按照这个例子排列在纸上连成一段有逻辑顺序的话。

（学生小组合作）

小组1汇报：（分别读下面几句话）"目前最大的动物"这句话可以概括鲸的一些大的特点；然后把"目前捕到最大蓝鲸的时间是1904年"作为第二句；接着介绍"它的心脏和小汽车一样大"，是在介绍它的一部分；最后说"婴儿可以爬过动脉"，也是围绕着第一句话来说的。

教师：大家觉得怎么样，有不同意见吗？第一句开始总写，到第二句说明蓝鲸的例子，后两句话都是在写蓝鲸的局部，有顺序吧？4个人，完成得也比较快。给你们加2颗星。哪组还愿意展示，抓紧机会。

小组2汇报：第一句是"鲸是哺乳动物，是海洋中最大的动物"。第二句"目前最大的竟有160吨重，最小的也有2吨重"。鲸的身长可达30米左右，一张嘴就可以容纳10个人那么大。相当于25头以上非洲象。我们是这样安排材料的，前两句都是在概括说明鲸有多大，后两句话就详细一点，跟其他进行比较来说明鲸有多大。

教师：其他组有没有不同的意见？

学生：我觉得把第二句和第三句换一下更好一些。

教师：你们看逻辑顺序上有没有问题？最后一句是写的整体还是部分呢？那我们应该把这句放到第三句的位置。

教师：课文中除了第一自然段介绍了鲸非常大之外，还有没有相关的信息说明它很大？和第一自然段之间的关系又是怎样的呢？整篇文章安排材料的时候又遵循了一个怎样的顺序呢？课下进行思考。我们第2课时再进行深入的学习。

从上面这段教学可以看出，在教师创设的阅读活动中，每一位同学都有了明确的阅读任务，而且学生之间形成了一种积极的合作互助关系。他们通过每人写一句话，对说明方法有了进一步的认识；通过合作拼成一段话，对段落结构有了更深入的认识。在主动参与阅读活动的过程中，学生获得了发展。

（二）鼓励学生参与互动协商

实验过程中，几位实验教师在尊重学生学习差异的基础上，积极鼓励每一位学生参与课堂互动与协商，给每位学生创造平等发表意见的平台。在协商的过程中，师生都是参与者和共建者，能愉悦地接纳他人建构的意义，从而实现意义的同化与顺应。下面这节课的教学实录可以说明这个过程。

教师：同学们，每个自然段都在说明鲸一方面的内容，每个自然段是围绕着哪个关键句来写的呢？用直线画出来。

学生1：（开始画）第一自然段，都说象是很大的动物，其实还有比象大得多的动物，那就是鲸。第二自然段，鲸生活在海洋里，因为它体型像鱼，所以许多人管它叫鲸鱼。第三自然段，鲸这么大，它们吃什么呢？第四自然段，鲸用肺呼吸，也说明它不是鱼类。第五自然段，鲸每天都要睡觉。第六自然段，鲸是胎生的。

教师：谁有不同的意见？

学生2：我觉得第一自然段应该是"其实还有比象大得多的动物，那就是鲸"。我的第二自然段画的是"鲸是哺乳动物，不属于鱼类"。

教师：那么刚才的同学画的是哪一句？大家来判断一下，谁的更为准确。

学生：我觉得如果画第一句话，对读者来说就直接介绍象了，第二句才可以说明比象大得多的动物那就是鲸。

教师：第二自然段呢？

学生：应该是"鲸是哺乳动物，不属于鱼类"。第一句话说改名叫鲸鱼了，第二句话更能确切地说明它不是鱼。

教师：还有哪句话跟他想的不一样？

学生：老师，我觉得第三自然段"鲸的身子这么大，它吃什么呢？"是问句，不能作为中心句。

教师：那你画的是哪一句？

学生：我画的是第二句，须鲸主要吃虾和小鱼。

教师：还有不同意见吗？

学生：齿鲸，主要吃大鱼和海兽。

教师：你们的两句话加起来就对了。这段中我们为什么要画两个关键句呢？

学生：既写了须鲸也写了齿鲸。

从上面这段教学可以看出，师生在尊重文本的前提下，积极投入意义建构的过程中。面对初始阶段不太完善的思考和认识，教师并不急于纠正，而是通过启发更多学生参与到对话协商的过程中来，通过学生之间的相互对话帮助学生的认识逐步趋于完善。

第三节　实验研究结论

本研究围绕影响小学生阅读素养提升的3个关键因素，对课堂教学这一关键环节进行整体改进和干预。通过对实验前后测试、问卷及录像课调研数据的整理与分析可以发现，一年的实验对学生阅读素养的提升确实起到了积极的推动作用。

一、聚焦课堂有效提升小学生阅读素养

通过一年的实验研究，实验组学生的阅读情感态度、阅读认知能力、阅读对象经验都有了显著的提高，并且实验组教师的课堂教学也呈现出了更大的思维空间和更强的互动性。

首先，实验组学生的阅读认知经验水平有了显著的提高。就实验组学生自身而言，一年的时间里，其在阅读认知经验维度的总体得分率提升了29%。与学生总体相比，实验组学生提升的幅度高了7%，这说明实验组学生在阅读认知经验水平上的提高已经超越了学生自然成熟达成的范围。与对照组学生的学业发展相比，实验组学生在实验后的得分率也超过了对照组学生的得分率，在阅读认知各个具体指标上的得分率均高出5%～10%。这说明实验组学生阅读认知经验水平的提高也超越了在未接受实验干预状态下的教学提升范围。

其次，实验组学生的阅读兴趣与动机呈提高趋势。在阅读兴趣上，更多实验组学生认为自己喜欢阅读，喜欢和别人分享交流自己的阅读。在阅读动机上，也有更多实验组学生能够享受阅读本身带来的乐趣。这说明本研究提出的改进策略对阅读素养的情感态度经验发展也有积极的推动作用。

最后，实验组教师的课堂教学呈现出更大的思维空间和更强的互动性。通过对实验教师课堂教学的录像课分析，与实验前相比，实验后的课堂教学中学生行为逐渐成为课堂行为的主体，教师具有思维挑战性的问题有增加的趋势，师生互动过程中教师开始关注与学生在情感和观点上的互动，教师的讲解和命令有降低的趋势。不过，受到实验时间、实验精力等的限制，教师的课堂教学还没有完全实现理想中的促进学生阅读素养提升的课堂教学追求，学生的思维时间、默读时间都还不够充分，教师和学生在情感、观点等多维度的互动也只是迈出了最初的一步。

二、克服阅读素养发展中的四年级现象

本书在前期的调查研究中发现，小学生的阅读兴趣与动机、阅读习惯、阅读量都在四年级出现了发展拐点，从上升趋势转为下降趋势；同时，从四年级开始学生对阅读策略的认识开始趋于自觉。一年的实验研究结果显示，实施本研究提出的阅读教学改进策略，可以较为有效地克服小学生阅读素养发展中的四年级现象。

数据显示，学生在从四年级结束到五年级结束的一年间，阅读兴趣与动机、阅读习惯等方面均呈现稳步提高的趋势。在“读书是我的爱好之一”一题中，学生在实验前和实验后选择“非常符合”的比例增加了近8%。在“我愿意

向同学介绍读过的好书”一题中，学生在实验前和实验后选择“非常符合”的比例增加了近5%。在“平均每周读书几次”一题中，每周读书7次及以上的学生比例在实验后增加了近10%。在“平均每天阅读的页数”一题中，每天读书超过40页的学生比例在实验后增加了近13%。具体数据见表5-19和表5-20。

表5-19　学生阅读兴趣发展分析(%)

阅读兴趣	读书是我的爱好之一					我愿意向同学介绍读过的好书				
	非常符合	较为符合	一般符合	不太符合	不符合	非常符合	较为符合	一般符合	不太符合	不符合
前测	30.5	28.6	30.5	6.7	3.8	15.2	13.3	32.4	26.7	12.4
后测	38.3	28.3	27.5	3.7	2.2	20.1	14.6	33.2	23.4	8.7
增值	7.8	−0.3	−3.0	−3.0	−1.6	4.9	1.3	0.8	−3.3	−3.7

表5-20　学生阅读习惯发展分析(%)

阅读兴趣	平均每周读书几次					平均每天阅读的页数					
	几乎没有	1～2次	3～4次	5～6次	7次及以上	0页	1～5页	6～10页	11～20页	20～40页	40页以上
前测	4.4	10.5	41.2	27.2	16.7	5.3	9.6	27.2	30.7	18.4	8.8
后测	1.0	2.9	37.3	32.4	26.5	1.0	8.8	18.6	24.5	25.5	21.6
增值	−3.4	−7.6	−3.9	5.2	9.8	−4.3	−0.8	−8.6	−6.2	7.1	12.8

三、弥补城乡条件对阅读素养发展的影响

小学生阅读素养的发展，不仅受到学生主体、学校教学的影响，还受到社会、家庭等多重因素的复杂影响。美国社会学家科尔曼在20世纪60年代就发现了学生家庭背景与学业成就显示了很强的正相关性。① 我国的相关研究也大多提出了学生家庭社会经济背景与学业成就之间有密切联系的结论。和城市学校学生相比，农村学校学生，特别是农村留守儿童从家庭获得阅读支持的难度更大。② 因此，学校阅读教学对于农村学生阅读素养的发展非常重要。农村学生要克服自身的不利家庭社会经济背景，除了自身努力之外，还需要来自学校、社会的外部支持。

① 沈学珺：《上海“抗逆”学生的学习特点——基于PISA2009数据的实证研究》，《教育发展研究》，2012年第18期。

② 郑国民、任明满、赵利曼等：《八年级学生语文阅读水平现状及影响因素研究——以某地测试为例》，《基础教育》，2018年第2期。

实验结果证明，通过对学生的阅读兴趣、阅读习惯、阅读策略进行集中干预，为学生提供高质量的课堂阅读学习活动，可以在一定程度上弥补城乡条件对阅读素养发展的影响。通过一年的实验研究，城市、郊县、农村学校实验班学生在阅读情感态度上均呈现出积极的发展态势，喜欢看课外书、喜欢与人交流课外阅读内容的学生比例均有所增加。特别是农村学生，他们在阅读情感态度上的表现虽然仍然落后于城市学生，但就提升的百分比而言，他们的发展甚至略微超过了城市学校学生。具体数据见表 5-21。表 5-22 呈现了实验前后城市、郊县、农村不同类型学生在阅读认知维度上的对比结果。数据显示，虽然城市、郊县、农村学校实验班学生在实验前后均呈现出了提升的态势，并且城市、郊县、农村学校学生的表现呈现依次降低的趋势，但从增值大小看，农村学校学生的总体增值和各项具体能力增值均大于城市学校学生。特别是提取信息这一基础能力上，农村学生的得分率甚至超过了郊县学生的得分率。这些数据都说明，学校教学对学生阅读兴趣、阅读习惯、阅读策略的有效干预可以在一定程度上弥补家庭、社会等条件对学生阅读素养发展的影响。

表 5-21　城乡学生阅读情感态度发展分析

阅读情感态度		前测			后测			城市增值	效县增值	农村增值
		城市	郊县	农村	城市	郊县	农村			
读书是我的爱好之一	非常符合	33.2	30.3	24.3	40.6	37.6	35.1	7.4	7.3	10.8
	较为符合	30.5	29.6	25.2	31.4	28.8	28.4	0.9	−0.8	3.2
	一般符合	29.9	30.1	33.8	25.3	27.5	28.6	−4.6	−2.6	−5.2
	不太符合	5.2	6.9	12.5	2.1	3.7	4.8	−3.1	−3.2	−7.7
	不符合	1.2	3.1	4.2	0.6	2.4	3.1	−0.6	−0.7	−1.1
我愿意向同学介绍读过的好书	非常符合	22.5	16.1	12.6	28.9	23.3	20.3	6.4	7.2	7.7
	较为符合	15.1	14.5	12.7	18.4	16.8	16.2	3.3	2.3	3.5
	一般符合	33.4	31.4	26.6	36.7	37.8	34.6	3.3	6.4	8.0
	不太符合	22.2	26.2	30.2	12.4	14.6	19.7	−9.8	−11.6	−10.5
	不符合	6.8	11.8	17.9	3.6	7.5	9.2	−3.2	−4.3	−8.7

表 5-22　城乡学生阅读认知能力发展分析

阅读认知能力	前测			后测			城市增值	郊县增值	农村增值
	城市	郊县	农村	城市	郊县	农村			
阅读	62.2	53.6	41.2	88.5	83.6	77.4	26.3	30.0	36.2
提取信息	62.8	62.9	52.6	90.6	88.4	89.9	27.8	25.5	37.3

续表

阅读认知能力	前测			后测			城市增值	郊县增值	农村增值
	城市	郊县	农村	城市	郊县	农村			
形成解释	64.3	53.7	49.2	91.2	90.0	84.6	26.9	36.3	35.4
整体感知	68.8	70.4	42.9	86.3	82.2	77.9	17.5	11.8	35.0
做出评价	53.2	33.3	24.7	82.1	62.3	61.4	28.9	29.0	36.7

综上所述，经过为期一年的教学实验检验，本书所提出的指向小学生阅读素养提升策略是有效的。通过实施阅读教学改进策略，可以有效提升小学生的阅读素养，小学生在阅读认知经验水平、阅读情感态度等方面都有了积极的发展；可以克服小学生阅读素养发展过程中的四年级现象，小学生的阅读兴趣、阅读习惯等方面均呈现积极的发展态势；还可以在一定程度上弥补城乡条件对阅读素养发展的影响，经过实验，农村学生在阅读认知经验、阅读情感态度经验等方面均获得了比城市学生更大的发展。

不过，受到实验条件和实验时间的限制，实验结果在常态化应用方面还有待进一步的检验。一方面，对学校阅读教学的整体效果还须进一步验证。本实验只在班级层面上展开，没有在学校层面进行实验验证。这些策略是否能够对学校整体阅读教学有积极的作用，还需要后续进一步的验证。另一方面，阅读素养的提升不是一蹴而就的，需要长时间的持续培养。本实验虽然证明了所提策略对阅读素养发展的积极推动作用，但由于实验过程中为3位实验教师安排了一对一的专家指导，进行了全程干预，现在所取得的实验效果，到底是因为高强度的教学干预达成的，还是因为策略本身的作用，还需要常态教学的进一步检验。

后　记

阅读素养事关国民素质和民族未来，是国家与民族文化水平和创造力的重要标志。阅读素养是核心素养的重要组成部分，是学生学习其他学科的前提和基础，也是个体实现精神成长的重要途径。小学阶段是阅读素养养成的关键时期，抓住小学阶段的培养对于整体提升全民族阅读素养具有重要的意义。

本书通过对已有研究的梳理和对阅读本质的探寻，明确了阅读素养是阅读主体根据实际阅读情境的需要，与文本有效互动，主动建构意义的复杂心智力量的聚合。通过大规模的实证调研，聚焦了影响小学生阅读素养提升的主要因素，整体构建小学生阅读素养提升的教学支持体系。首先，抓住四年级这一关键期，在阅读素养培养中注重 3 个转变：从直观感性之趣到思维理性之趣；从自由阅读到经典阅读；从参与活动到实践运用。其次，聚焦关键因素，通过开展阅读活动、重组阅读资源、整合课内外阅读、搭建学习支架、建构互动对话空间等多种方式激发学生阅读兴趣、培养阅读习惯、内化阅读策略。最后，立足关键环节——课堂教学，提出指向小学生阅读素养提升的课堂教学整体改进策略：以积极的阅读活动情境为核心，制定阅读目标、安排阅读任务、组织阅读资源、提供方法策略、加强师生互动、持续评价定向。整体设计小学生的阅读课堂学习历程，对小学生阅读素养进行系统培养。

整体看，本书聚焦在小学语文阅读教学中探索提升阅读素养的有效策略。但是，影响小学生阅读素养提升的因素是错综复杂的，提升小学生阅读素养是一个需要全社会共同参与的系统工程。未来也将对影响小学生阅读素养的社会、家庭等因素，对如何通过家庭、学校、社会等多主体的协作实现小学生阅读素养的全方位培育，进行持续研究。

参 考 文 献

(一)著 作

中文著作：

[1]蔡清田．核心素养与课程设计[M]．北京：北京师范大学出版社，2018.

[2]李英杰．义务教育阶段学业标准与评价：小学语文[M]．北京：北京师范大学出版社，2017.

[3]任翔．哲学的星空[M]．济南：济南出版社，2016.

[4]林崇德．21世纪学生发展核心素养研究[M]．北京：北京师范大学出版社，2016.

[5]祝新华．促进学习的阅读评估[M]．北京：人民教育出版社，2015.

[6]郭九苓，漆永祥，赵国栋主编．北大中文名师教育谈[M]．桂林：广西师范大学出版社，2015.

[7]吴亮奎．语文课程与教学研究：1979—2009(小学卷)[M]．南京：南京师范大学出版社，2014.

[8]谢锡金，林伟业．提升儿童阅读能力到世界前列[M]．北京：北京师范大学出版社，2013.

[9]刘勰．文心雕龙[M]．王志彬，译注．北京：中华书局，2012.

[10]陈琦，刘儒德．当代教育心理学[M]．北京：北京师范大学出版社，2011.

[11]郝振省，陈威．中国阅读：全民阅读蓝皮书(第一卷)[M]．北京：中国书籍出版社，2009.

[12]怀特海智慧教育研究中心课题编委会．阅读是最好的教育[M]．北京：石油工业出版社，2009.

[13]高文等编著．学习科学的关键词[M]．上海：华东师范大学出版社，2008.

[14]颜之推．颜氏家训全译[M]．贵阳：贵州人民出版社，2008.

[15]欧洲理事会文化合作教育委员会编．欧洲语言共同参考框架：学习、教学、评估[M]．北京：外语教学与研究出版社，2008.

[16]张明仁．古今名人读书法[M]．北京：商务印书馆，2007.

[17]王策三．教学论稿[M]．北京：人民教育出版社，2005.

[18]王希华．现代学习理论评析[M]．北京：开明出版社，2003.

[19]高文．教学模式论[M]．上海：上海教育出版社，2002.

[20]倪文锦，欧阳汝颖主编．语文教育展望[M]．上海：华东师范大学出版社，2002.

[21]赵艳芳．认知语言学概论[M]．上海：上海外语教育出版社，2001.

[22]韦志成．现代阅读教学论[M]．南宁：广西教育出版社，2000.

[23]刘润清，韩宝成．语言测试和它的方法(修订版)[M]．北京：外语教学与研究出版社，2000.

[24]张首映．西方二十世纪文史论史[M]．北京：北京大学出版社，1999.

[25]曾祥芹．阅读学新论[M]．北京：语文出版社，1999.

[26]冯忠良．结构化与定向化教学心理学原理[M]．北京：北京师范大学出版社，1998.

[27]韩雪屏．中国当代阅读理论与阅读教学[M]．成都：四川教育出版社，1998.

[28]曹明海，宫梅娟．理解与建构——语文阅读活动论[M]．青岛：青岛海洋大学出版社，1998.

[29]王文延．语文教育学教程[M]．郑州：河南大学出版社，1996.

[30]马笑霞．阅读教学心理学[M]．石家庄：河北教育出版社，1997.

[31]李广建．青少年阅读心理与读书方法[M]．北京：海洋出版社，1993.

[32]王继坤．现代阅读学[M]．济南：济南出版社，1992.

[33]曾祥芹，韩雪屏．阅读学原理[M]．郑州：大象出版社，1992.

[34]唐彪．家塾教学法[M]．赵伯英，万恒德，选注．上海：华东师范大学出版社，1992.

[35]彭聃龄．语言心理学[M]．北京：北京师范大学出版社，1991.

[36]朱作仁．语文测验原理与实施法[M]．上海：上海教育出版社，1991.

[37]朱立元．接受美学[M]．上海：上海人民出版社，1989.

[38]董昧甘主编．阅读学[M]．重庆：重庆出版社，1989.

[39]朱智贤，林崇德．学生心理学史[M]．北京：北京师范大学出版社，1988.

[40]瞿葆奎主编，徐勋、施良方选编．教育学文集·教学：中册[M]．北京：人民教育出版社，1988.

[41]俞琰．周易参同契发挥·下篇[M]．天津：天津古籍出版社，1988.

[42]高瑞卿．阅读学概论[M]．长春：吉林教育出版社，1987.

[43]王天一，夏之莲，朱美玉编著．外国教育史(下册)[M]．北京：北京师范大学出版社，1985.

[44]林传鼎．智力开发的心理学问题[M]．北京：知识出版社，1985.

中文译著：

[45]戴维·铂金斯．为未知而教，为未来而学[M]．杭州：浙江人民出版社，2015.

[46]克努兹·伊列雷斯．我们如何学习：全视角学习理论[M]．孙玫璐，译．北京：教育科学出版社，2014.

[47]斯蒂芬·克拉生．阅读的力量[M]．李玉梅，译．乌鲁木齐：新疆青少年出版社，2012.

[48]R. 基思·索耶．剑桥学习科学手册[M]．徐晓东，等，译．北京：教育科学出版社，2010.

[49]杰瑞·戈勒博．学习与理解[M]．北京：教育科学出版社，2008.

[50]佐藤学．静悄悄的革命[M]．李季湄，译．长春：长春出版社，2003.

[51]保罗·弗莱雷．被压迫的教育学[M]．顾建新，译．上海：华东师范大学出版社，2001.

[52]第斯多惠．德国教师培养指南[M]．袁一安，译．北京：人民教育出版社，2001.

[53]布鲁尔．知识和社会意向[M]．北京：东方出版社，2001.

[54]多尔．后现代课程观[M]．王红宇，译．北京：教育科学出版社，2000.

[55]H. R. 姚斯，R. C. 霍拉勃．接受美学与接受理论[M]．周宁，金元浦，译．沈阳：辽宁人民出版社，1987.

[56]苏霍姆林斯基．帕夫雷什中学[M]．北京：教育科学出版社，1983.

[57]皮亚杰．发生认识论原理[M]．北京：商务印书馆，1981.

[58]W. E. 诺里斯．教高级阅读：目标、技巧和顺序[M]．马俊明，等，译．北京：北京师范大学出版社，1981.

[59]凯洛夫．教育学[M]．沈颖，南致善，贝璋衡，等，译．北京：人民教育出版社，1950.

英文著作：

[60]Ina V. S. Mullis, et al. PIRLS 2016 Assessment Framework and Specifications(2nd Edition)[M]. Boston: International Study Center, Lynch School of Education, Boston College, 2015.

[61]National Assessment Governing Board. Reading Framework for the 2015 National Assessment of Educational Progress[M]. U. S. Government Printing Office, 2015.

[62]Britt M. A., Rouet J. F.. Learning with multiple documents: Component skills and their acquisition [M]. New York: Cambridge University Press, 2012.

[63]J. R. Kirby&M. J. Lawson. Enhancing the Quality of Learning: Dis-

positions, Instruction, and Learning Processes [M]. New York: Cambridge University Press, 2012.

[64]Rouet J. F., Britt M. A.. Relevance processes in multiple document comprehension [M]. NC: Information Age Publishing, 2011.

[65]Domunique Simone Rychen, Laura Hersh Salganik. Key Competencies for a Successful Life and a Well-Functioning Society[M]. GÖttinggen, Germany: Hogerfe & Huber, 2003.

[66]Rand Reading Study Group. Reading for Understanding: Toward an R & D Program in Reading Comprehension [M]. SantaMonica, CA: RAND Corporation, 2002.

[67]Jay R. Campbell, Dana L. Kelly, Ina V. S. Mullis, Michael O. Martin and Marian Sainsbury. Framework and Specifications for PIRLS Assessment 2001(2nd Edition) [M]. International Study Center, Lynch School of Education, Boston College, 2001.

[68]Seifert C. M. Situated cognition and learning[A]//The MIT Encyclopedia of the Cognitive Sciences，上海：上海外语教育出版社，2000.

[69]Richard C. Anderson, Elfrida Ⅱ. Ifichert. Becoming a Nation of Readers: The Report of the Commission on Reading[M]. The National Institute of Education U. S department of Education, 1985.

[70]Chall J. S. Stages of reading development[M]. New York: McGraw-Hill, 1983.

(二)论 文

[71]李颜如，李强．核心素养的意涵再探及其教育教学框架重构[J]．教育研究与实验，2019(1).

[72]廖家杰．核心素养视野下的中学生语文阅读素养[J]．广西教育学院学报，2019(1).

[73]王晓诚．PISA2018 阅读素养评估的特征解读[J]．首都师范大学学报(社会科学版)，2019(3).

[74]仲建维，王燕红．“素养”内涵的知识论界说[J]．泰山学院学报，2019(3).

[75]彭烨．背诵就是复制思维方式[J]．中学语文教学参考，2019(3).

[76]杨晓娟，艾金枝．我国核心素养研究热点与趋势——基于 CNKI 2015—2018 年 1653 篇文献的共词分析[J]．当代教育科学，2019(5).

[77]刘凯丽，沈嘉祺．基于认知发展的小学生阅读能力培养策略研究[J]．基础教育研究，2019(5).

[78]张晓华．中学语文阅读核心能力内涵探析[J]．名师在线，2019(21).

[79]蔡清田．论核心素养的国际趋势与理论依据[J]．东北师大学报(哲学社会科学版)，2018(1).

[80]王云峰．试析语文学科核心素养[J]．语文建设，2018(2).

[81]郑国民，任明满，赵利曼，等．八年级学生语文阅读水平现状及影响因素研究——以某地测试为例[J]．基础教育，2018，15(2).

[82]胡咏梅，唐一鹏．学习策略与教学策略哪个更重要？[J]．北京师范大学学报(社会科学版)，2018(3).

[83]张蒙，王维超．PISA 阅读素养测试变化与对我国语文核心素养教育的启示[J]．教育导刊，2018(4).

[84]韩邦胜．小学语文教学中提高学生阅读素养策略探讨[J]．课程教育研究，2018(10).

[85]丁铮．紧抓课堂教学 培养阅读素养[J]．江苏教育，2018(51).

[86]宋乃庆．小学生阅读素养的背景因素探析——基于国际阅读素养进步研究视角[J]．中国教育学刊，2017(2).

[87]何立新．阅读素养的教学逻辑与变革策略[J]．中国教育学刊，2017(4).

[88]俞向军，宋乃庆，王雁玲．PISA2018 阅读素养测试内容变化与对我国语文阅读教学的借鉴[J]．比较教育研究，2017(5).

[89]牛丹丹．语文学科核心素养之阅读素养概念探析[J]．教师教育论坛，2017(10).

[90]刘永凤．国际"核心素养"研究的最新进展及启示[J]．全球教育展望，2017，46(2).

[91]黄熙彤．小学生阅读策略对阅读素养的影响：基于潜在剖面分析[A]//中国心理学会．第二十届全国心理学学术会议——心理学与国民心理健康摘要集，2017.

[92]褚宏启．核心素养的概念与本质[J]．华东师范大学学报(教育科学版)，2016(1).

[93]罗德红，龚婧．PISA、NAEP 和 PIRLS 阅读素养概念述评[J]．上海教育科研，2016(1).

[94]李英杰．小学语文课堂提问与理答的现状及反思——基于对 20 节录像课的分析[J]．基础教育课程，2016(3).

[95]张华．论核心素养的内涵[J]．全球教育展望，2016(4).

[96]黄四林，左璜，莫雷，等．学生发展核心素养研究的国际分析[J]．中国教育学刊，2016(6).

[97]《中国学生发展核心素养》发布[J]．上海教育科研，2016(10).

[98]罗士琰，宋乃庆，王雁玲．基于实证的小学语文阅读素养研究：内涵、价值及表现形式[J]．中国教育学刊，2016(10).

[99]北京教育科学研究院基础教育教学研究中心项目组．课堂教学如何为学生核心素养发展提供有效支点？——北京市学生发展核心素养的教与学研究报告(2015)[J]．中小学管理，2016(10)．

[100]陈林．阅读素养，是各种阅读习惯的“绘事后素”[J]．中小学教师培训，2016(11)．

[101]温儒敏．把培养阅读兴趣与习惯，当作语文教学头等大事[J]．语文建设，2016(25)．

[102]刘晶晶，郭元祥．小学语文阅读素养：内涵、构成及测量[J]．课程·教材·教法，2015(5)．

[103]龚婧，罗德红．广西三四年级学生阅读素养的现状分析与教学建议[J]．现代中小学教育，2015(5)．

[104]付媛姝，陈启山．教师支持与控制策略对阅读素养的影响：来自PISA的证据[J]．考试研究，2015(5)．

[105]杨军．当前初中语文阅读教学中存在的问题及对策[J]．语文建设，2015(5)．

[106]魏小娜．反思与聚焦：探寻我国阅读教学的本体[J]．课程·教材·教法，2014(3)．

[107]何光锋．录像课分析在教学质量监测与评价中的应用[J]．教育科学研究，2014(4)．

[108]李英杰．小学语文学科教学质量的课堂评价——基于对11节录像课的分析[J]．教育科学研究，2014(4)．

[109]邬书林．阅读的本质：大数据时代的知识汲取和文化继承[J]．图书馆杂志，2014(4)．

[110]任友群，随晓筱，刘新阳．欧盟数字素养框架研究[J]．现代远程教育研究，2014(5)．

[111]张生，苏梅，王丽丽，等．教师对学生阅读能力的影响研究：阅读投入的中介效应[J]．中国特殊教育，2014(9)．

[112]樊杰．立足于儿童生命成长的经典阅读[J]．湖南师范大学教育科学学报，2014，13(2)．

[113]张文静，辛涛．阅读投入对阅读素养影响的跨文化比较研究——以PISA2009为例[J]．心理发展与教育，2012(2)．

[114]周剑波．感悟：学生阅读素养提升的必由之路[J]．上海教育科研，2012(4)．

[115]沈学珺．上海“抗逆”学生的学习特点——基于PISA2009数据的实证研究[J]．教育发展研究，2012，32(18)．

[116]余小茅．书香中国畅想曲[J]．教育研究，2012，33(1)．

[117]陆璟．阅读参与度和学习策略对阅读成绩的影响——基于上海 PISA2009 数据的实证研究[J]．教育发展研究，2012，32(18)．

[118]高原，吴之奎．课堂互动的社会学分析及优化策略[J]．教育理论与实践，2012(32)．

[119]况小雪，曹亦薇．PISA2000 阅读素养测验的项目功能差异分析[J]．考试研究，2011，7(5)．

[120]刘彭恺．从“输入”到“输出”——背诵法在英语教学中的应用[J]．技术与创新管理，2011，32(4)．

[121]孙素英，李英杰，王云峰．阅读能力：测试框架、发展状况及分析[J]．中国教育学刊，2010(1)．

[122]项目组．“建立中小学生学业质量分析、反馈与指导系统”项目介绍[J]．基础教育课程，2009(7)．

[123]高丽佳，戴卫平．刍议乔姆斯基和韩礼德的语言观[J]．广西社会科学，2008(3)．

[124]王晓平，吴庆麟，胡艳萍．小学四年级叙述文阅读理解策略教学的实验研究[J]．心理科学，2008(5)．

[125]王立群．全民阅读与文化传承[J]．中国出版，2008(5)．

[126]王晓平，胡娇．西方阅读教学模式及其发展述评[J]．江西教育科研，2007(6)．

[127]梁春芳．推进阅读行动加快知识创新——中国阅读学会第九届年会综述[J]．中国出版，2006(6)．

[128]李英杰．小学生阅读能力学业水平评价的研究[D]．北京：首都师范大学，2006．

[129]陈良启．建构中小学语文阅读能力结构体系的设想[J]．成都教育学院学报，2005(1)．

[130]李海林．创造性阅读的理性思考与实践分析——再论创造性阅读[J]．中学语文教学，2005(4)．

[131]陈峰烽．大学图书馆读者阅读素质教育研究[J]．情报理论与实践，2005(5)．

[132]嵇辉．别再让教师成为教材的“奴隶”——新课改中教师教材观的落后现状与对策[J]．四川教育学院学报，2005(8)．

[133]郑玲．高年级学生阅读素养的培养[J]．小学教学研究，2005(10)．

[134]马琳．论巴赫金对话理论的双主体性[J]．济南大学学报(社会科学版)，2004(1)．

[135]马秀芳，李克东．皮亚杰与维果斯基知识建构观的比较[J]．中国电化教育，2004(1)．

[136]赵光武．哲学解释学的解释理论与复杂性探索[J]．北京大学学报(哲学社会科学版)，2004(4)．

[137]李毓秋，张厚粲，李彬，等．中小学生阅读理解能力结构的研究[J]．中国教育学刊，2003(3)．

[138]许明，王晞．国际阅读素养进步研究述评[J]．外国教育研究，2003(12)．

[139]郑太年．论学习的社会性[J]．全球教育展望，2003，32(8)．

[140]王文静．情境认知与学习理论研究述评[J]．全球教育展望，2002(1)．

[141]张卫，林崇德．论儿童发展的新皮亚杰理论[J]．华南师范大学学报(社会科学版)，2002(4)．

[142]张先亮，张继定，蔡伟．论中学生语文阅读能力的层级——《中学生语文水平标准研究》课题组研究报告之一[J]．湛江师范学院学报，2002(4)．

[143]李镇西．阅读教学的解释学思考[J]．语文建设，2002(9)．

[144]张厚粲．关于小学四年级至初中一年级学生阅读理解能力的研究[J]．心理科学，2001(1)．

[145]夏正江．试论中小学生语文阅读能力的层级结构及其培养[J]．课程·教材·教法，2001(2)．

[146]牟海珍．语文教学的当代解释学思考[J]．山东教育科研，2001(1)．

[147]杜殿收．现代认知理论与叶圣陶阅读教育观[J]．中学语文教学，2001(5)．

[148]洪成文．美国中小学阅读和数学课的历史发展及趋势[J]．比较教育研究，2001(10)．

[149]傅伟．学会阅读：中小学语文教学的一项重要任务[J]．中国教育学刊，2000(3)．

[150]周龙兴．小学生阅读策略发展及教学研究报告[J]．教育理论与实践，1999(3)．

[151]高文．维果茨基心理发展理论与社会建构主义[J]．外国教育资料，1999(4)．

[152]王云峰．近二十年阅读能力研究与阅读教学模式的发展[J]．中学语文教学参考，1999(6)．

[153]王云峰．近20年阅读能力研究与阅读教学模式的发展(续)[J]．中学语文教学参考，1999(7)．

[154]臧铁军．小学生阅读能力诊断性测评研究(上)(下)[J]．学科教育，1998(5)(6)．

[155]莫雷．中小学生语文阅读能力结构的研究[J]．华南师范大学学报(社会科学版)，1996(1)．

[156]曹光灿．阅读本质论[J]．西南师范大学学报(哲学社会科学版)，

1996(1).

[157]吴永军，吴康宁，程晓樵，等．我国小学课堂交往时间构成的社会学分析[J]. 上海教育科研，1995(5).

[158]祝新华．语文能力结构研究[J]. 教育研究，1995(11).

[159]陈亚丽．摭谈文章阅读及其能力训练[J]. 上饶师专学报，1993(4).

[160]蔡上鹤．面向全体学生，提高数学素养——义务教育初中数学系列教材简介[J]. 课程・教材・教法，1992(10).

[161]王松泉．论阅读教学内容[J]. 课程・教材・教法，1991(9).

[162]武永明．阅读能力结构初探[J]. 语文教学通讯，1990(9).

[163]章熊．谈谈现代阅读的能力要求[J]. 中学语文教学，1989(1).

[164]刘守立．文感论——阅读教学论系列论文一[J]. 扬州师院学报(社会科学版)，1987(1).

[165]钱梦龙．中学生阅读能力结构浅谈[J]. 教育科研情况交流，1983(3).

[166]田本娜．阅读能力因素分析[J]. 江西教育，1983(11).

[167]邝怀熙．阅读能力结构试探[J]. 中学语文教学，1982(1).

[168]钱兆明．国外英语阅读教学[J]. 外国教育动态，1981(2).

[169]张鸿苓．语文能力及其培养[J]. 语文学习，1981(7).

[170]江怡．维特根斯坦：一种后哲学的文化[J]. 哲学动态，1992(12).

[171]European Parliament Council of the European Union. Recommendation of the European Parliament and of the Council of 18 December 2006 on Key Competencies for Lifelong Learning[J]. Official Journal of the European Union，2009(8).

[172]Elena Silva. Measuring Skills for 21st-century Learning[J]. Phi Delta Kappan，2009(9).

[173]Freed B. Second language learning in a study abroad context [J]. Encyclopedia of language and education. New York：Springer US. 2008.

[174]Kelly Young and Ed Rosenberg. Lifelong Learning in the United States and Japan[J]. The LLI Review Fall，2006(9).

[175]Franc Oise Delamare Le Deist & Jonathan Winterton. What Is Competence? [J]. Human Resource Development International，2005(1).

[176]Fitzgerald J. & Shanahan T. Reading and Writing Relations and Their Development[J]. Educational Psychologist，2000，35(1).

[177]Shepard L. A.，Kagan S. L.，Wurtz E. Public policy report. Goal 1 early childhood assessments resource group recommendations[J]. Young Children，1998，53(3).

[178]Ned A. Flanders. Analyzing teacher behavioras part of the teaching-

learning process[J], Educational Leadership, 1961(12).

[179]Doll W. E.. Developing Competence[A]//Trueit D. Pragmatism, Post-Modernismand Complexity Theory[C]. New York: Routledge, 2012.

[180]Block C. C., et al. Process-based comprehension instruction: perspective of four reading educators[A]//Block C. C. & Pressley M. Comprehension instruction, research-based practices. New York: The Guilford Press, 2002.

[181]OECD. PISA 2009 assessment framework: key competencies in reading, mathematics and Science[R]. Paris: OECD Publishing, 2009.

[182]Rychen D. S., Salganik L. H. Definition and Selection of Competencies: Theoretical and Conceptual Foundations (DeSeCo). Summary of the final report: "Key Competencies for a Successful Life and a Well-Functioning Society" [R]. Paris. 2003.

[183]U. S. Department of Education, NCES. Defining and Assessing Learning: Exploring Competency-Based Initiatives[R]. Washington D. C. 2002.

[184]OECD. Measuring student knowledge and skills: The PISA 2000 assessment of reading, mathematical and scientific Literacy[R]. Paris: OECD Publishing, 1999.

[185]Haworth D, Browne G. Key Competencies (2nd Edition)[EB/OL]. http//files. eric. ed. gov/fulltext / ED351443. pdf.

[186]Partnership for 21st Century Skills (2002) Learning for the 21st century. A report and a mile guide for 21st century skills[EB/OL]. http: //www. p21. org/storage/ documents/p21 _ Report. pdf.

[187]OECD. PISA 2009 TechnicalReport[EB /OL]. http: //www. oecd. org/pisa/ pisaproducts/pisa2009/50036771. pdf.

[188]OECD. PISA 2018 Draft Analytical Framework[EB /OL]. https: //www. oecd. org/pisa/data/PISA-2018-draft-frameworks. pdf.

[189]OECD. Measuring Student Knowledge and Skills: A New Framework for Assessment[EB/OL]. http: //www. pisa. oecd. org/pages/.

[190]OECD. The definition and selection of key competencies[Executive Summary][EB/OL]. http: //www. oecd. org/dataoecd/47/61/35070367. pdf.

[191]IEA. PIRLS 2016 Assessment Framework(2nd Edition)[EB/OL]. http: //timssandpirls. bc. edu/pirls2016/downloads/P16 _ Framework _ 2ndEd. pdf.

[192]National Assessment Governing Board U. S. Department of Education. Reading Framework for the 2003 National Assessment of Education progress[EB /OL]. http: //nces. ed. gov/nationsreportcard/.

[193]The definition and selection of key competencies(Executive Summa-

ry)[EB /OL]. http://www.oecd.org/ dataoecd/47/61/35070367.pdf.

(三)政策文件及工具书

[194]中华人民共和国教育部．普通高中语文课程标准(2017 年版)[S]. 北京：人民教育出版社，2018.

[195]中华人民共和国教育部．义务教育语文课程标准(2011 年版)[S]. 北京：北京师范大学出版社，2012.

[196]中华人民共和国教育部．义务教育语文课程标准(2022 年版)[S]. 北京：北京师范大学出版社，2022.

[197]教育部基础教育司，语文课程标准研制组．全日制义务教育语文课程标准(实验稿)解读[M]. 武汉：湖北教育出版社，2002.

[198]中华人民共和国教育部．教育部关于全面深化课程改革 落实立德树人根本任务的意见[EB/OL]. http://old.moe.gov.cn/publicfiles/business/htmlfiles/moe/s7054/ 201404/xxgk167226.html.

[199]王焕勋．实用教育大词典[M]. 北京：北京师范大学出版社，1995.

[200]陆谷孙．英汉大词典[M]. 上海：上海译文出版社，1993.

[201]张焕庭．教育辞典[M]. 南京：江苏教育出版社，1989.

[202]罗大同．实用语文教学词典[M]. 天津：天津教育出版社，1989.

[203]中国大百科全书总编辑委员会《教育》编辑委员会，中国大百科全书出版社编辑部．中国大百科全书·教育[M]. 北京：中国大百科全书出版社，1985.

附　录

附录1：学生阅读素养调研试卷

阅读试卷

班　级________　　　姓　名________

一、请同学们严格遵守有关测试的规定，听从老师的指导。

二、答题前，请同学们将自己的班级、姓名填写在相应的位置上。

三、答题前认真阅读卷面上的文字，看清每道题的要求，按要求作答。

四、本试卷答题时间为50分钟，测试结束请将试卷交老师收回。

一、阅读短文，完成第1～9题。(共15分)

最佳路径

麦文燕

①世界建筑大师格罗培斯设计的迪士尼乐园，经过3年的精心施工，马上就要对外开放了，然而各景点之间的道路该怎样设计还没有完美的方案。施工部请格罗培斯赶快定稿。

②格罗培斯从事建筑研究40多年，攻克过无数个建筑方面的难题，然而建筑学中一个微小到不值得一提的问题——路径设计却让他大伤脑筋。对迪士尼乐园各景点之间的道路安排，他已修改了50多次，却没有一次令自己满意。这让格罗培斯心里十分烦闷。

③一天，格罗培斯驾车经过地中海海滨。一路上，他看到很多葡萄园主把一篮篮葡萄提到路边，不断地向过往的车辆和行人吆喝，然而很少有人停下来购买。

④当格罗培斯驾车拐入一个小山谷时，他猛然发现那儿停着许多车子。原来这是一个无人看管的葡萄园，人们只要在路边的箱子里投入5法郎，就可以在园内自由采摘，并带走一篮葡萄。格罗培斯一打听，才知道这是当地一位老太太的葡萄园，她因年老无力料理果园，无奈之下才想出这个办法。谁想到，自从采用这个办法后，在这绵延上百里的众多葡萄园里，她的葡萄总是最先卖完。这种给人自由、任其选择的做法使格罗培斯深受启发。

⑤回到迪士尼乐园后，他要求施工部先在迪士尼乐园里撒上了草种。没

多久，小草长出来了，整个乐园都被绿色覆盖了。而后，他又让迪士尼乐园提前开放，在提前开放的一年里，成千上万的游人可以自由地行走于各个景点之间。过了一段时间，草地上就被踩出了许多小道。这些小道有宽有窄，有直有曲，优雅自然。第二年，格罗培斯让人按照这些被人踩出的痕迹铺设了正式的人行道。

⑥1971 年，伦敦国际园林建筑艺术研讨会上，迪士尼乐园的路径设计被评为世界最佳设计。

（选自《新语文学习》2011 年第 3 期，有删改）

1. 第②自然段中写“这让格罗培斯心里十分烦闷”，格罗培斯烦闷的原因是：______________________________。（2 分）

2. 第③自然段写了其他葡萄园主卖葡萄的办法和结果，写这一内容的目的是：______________________________。（2 分）

A. 突出老太太的办法效果好　　B. 表现老太太和其他人的办法不一样

C. 强调老太太年纪太大　　D. 说明这里种植的葡萄又多又好

3. 格罗培斯从卖葡萄的老太太那儿受到的启发是什么？（1 分）

____

____

4. 用“﹏﹏”画出第⑤自然段中描写“小道”样子的句子。（1 分）

5. 请你结合第⑤自然段的内容，概括格罗培斯的设计思路。（2 分）

（撒上草种，长出小草）→（　　　　　　）→（　　　　　　）→（按照痕迹，铺设行道）

6. 第⑤自然段中，格罗培斯让“成千上万的游人可以自由地行走于各个景点之间”，他的做法和老太太的哪个做法相似？请在文中找到相关语句并用“____”画下来。（1 分）

____

____

7. 用简练的语言写出短文的主要内容。（3 分）

____

____

____

8. “在这个世界上，不知道该怎么办的时候，选择顺其自然，也许是最佳选择；同样的道理，人在生活中无所适从的时候，选择顺其本性，也许不失为聪明之举。”

上面这段话如果加在短文中，最合适的位置是（　　）。（1 分）

A. 第①自然段之后　　B. 第②自然段之后

C. 第③自然段之后　　D. 第⑥自然段之后

9. 结合短文内容，你认为格罗培斯是怎样的一个人？并简单写出理由。（2分）

____

____

____

____

二、阅读短文，完成第10～15题。（共14分）

雪的功能

窦光宇

①提起雪的功能，我们的第一反应是给我们带来美的享受。不是吗？我们脱口就能吟出一大串有关雪的诗句：杜甫的“窗含西岭千秋雪，门泊东吴万里船”；高适的“千里黄云白日曛，北风吹雁雪纷纷”……当然我们也知道“冬天麦盖三层被，来年枕着馒头睡”等谚语，知道雪能利于农作物生长。但对雪的其他功能我们了解得就少了。

②从天而降的雪给人们带来了无须额外投入的清洁能源。专家提出，如果用冬天储存的雪制冷，节约的能源将非常可观。

③除了制冷以外，雪还可以用于空气净化。雪花的结构非常复杂，含有一氧化碳、花粉等有害物质的空气从中经过，有害成分就会吸附在雪花上面。如果把空气流量调整至适当程度，雪花可以滤除空气中大量的有害成分。

④雪水是水经过蒸发后重新凝结而成的冰状水，是一种超软水。它不含钾、钠等矿物质，具有很强的渗透力。因此，对人体有着奇妙的保健作用。例如，常用雪水洗澡，可以增强皮肤的抵抗力，促进血液循环，减少疾病。研究表明，清纯的雪水还是一种美妙的天然饮料。雪水中所含酶化合物比普通水多，每天饮用适量的雪水，可使血液中的有害成分显著降低。但由于现代社会工业污染严重，尤其初雪中含有的大气污染物较多，不宜食用。

（选自《百科知识》，有删改）

10. 根据短文的介绍，雪除了能带给人们美的享受，还有________、________、________、空气净化以及保健的功能。（2分）

11. 请在短文中用“________”画出说明雪水可以用于空气净化原因的句子。（2分）

12. 第④自然段中作者说雪“对人体有着奇妙的保健作用”时，举了用雪水洗澡的例子，这样写的好处是________________________________。（2分）

13. 对于喝雪水这件事，作者的观点是（　　）。（2分）

A. 雪水喝得越多越好　　B. 含有污染物的雪水不宜饮用

C. 初雪最好每天食用　　D. 雪水纯净与否都不能饮用

14. 下面是同学们课外查找的有关雪的资料，请你仔细阅读，然后按要求回答问题。(4 分)

A. 雪是水或冰在空中凝结再落下的自然现象。降雪量是以融化后的水来度量的，可分为小雪、中雪、大雪和暴雪 4 个等级。

B. 雪可以在寒冬保护植物不被冻伤，来年开春雪水融化可以为植被提供良好的水分。所以，受雪保护的庄稼可安全过冬。

C. 据报道，日本北海道的美呗市，最近出现了一座以存雪为制冷剂的 6 层空调住宅楼，每年可节约燃油 12 吨。

D. 俄罗斯的医学专家提醒人们，随着年龄的增长，体内的水会日显不足，从而加速人的衰老，所以上了年纪的人喝雪水更有好处。

(1)对理解短文第④自然段有帮助的资料是________。

(2)对理解短文第②自然段有帮助的资料是________。

(3)对理解短文内容的帮助不太大的资料是________。

(4)资料 B 能帮助你更好地理解短文中雪的________功能。

15.“以后如果再和你提起雪的功能，你该不会只想到美的享受了吧。”

上面这段话如果加在短文中，最合适的位置是(　　)。(2 分)

A. 第①自然段之后　　B. 第②自然段之后

C. 第③自然段之后　　D. 第④自然段之后

三、阅读下面一组短文，完成第 16～20 题。(共 11 分)

晋　祠

梁衡

①山西省太原市悬瓮山下，坐落着著名的晋祠。悠久的历史文物同优美的自然风景浑然融为一体，是晋祠给每一位游客留下的深刻印象。

②这里的树，以古老苍劲见长。那周柏，树皮皴裂，卧在石阶旁，宛如老者说古；那唐槐，树枝盘曲，微风拂动，一派鹤发童颜的仙人风度。这里的树，还以造型奇特见长。有的宛如老妇担水，有的好似壮士托天，还有的仿佛仙童献桃，真是不可胜数。

③这里的水，多、清、柔。在园里信步，只见这里一泓深潭，那里一条小渠。桥下有河，亭中有井，路边有溪，日日夜夜发出叮叮咚咚的响声。水的清澈真令人叫绝，无论多深的水，只要光线好，游鱼碎石，历历可见。水的流势都不大，微波轻轻漾起。难怪当年李白赞叹：“晋祠流水如碧玉。”

(选自 1982 年《光明日报》，有删改)

16. 人们对晋祠的总体印象是________________。(1 分)

17. 短文第②自然段介绍了晋祠中树的____________和____________两个特点。(2 分)

18. 请用“____”在文中画出描写晋祠水多的句子。(2 分)

19. 短文第③自然段中“无论多深的水，只要光线好，游鱼碎石，历历可见。”这句话说明____。(1 分)

20.《山西晚报》曾于 2012 年 12 月 10 日刊载了晋祠拟上调门票价格的消息，请阅读这则消息，完成后面的问题。

晋祠门票将于 26 日上调

本报 12 月 10 日讯(记者　苏景岳)　今日，记者从省物价局获悉，太原市晋祠博物馆门票价格将于本月 26 日起上调。根据已经拟定的方案，晋祠的票价将由现行的 60 元/人次调整为 78 元/人次。

此次提出的调价方案，票价将上调 30%，为 78 元/人次。同时，作为省、市两级的爱国主义教育基地，晋祠博物馆在门票价格调整后，仍将对大、中、小学生实行门票减免政策(大中专院校学生半价，中小学生团体参观和 1.4 米以下儿童免费)；对现役军人、残疾人、离休干部、老年人等特殊群体实行免费参观政策。

(本则消息有改动)

(1)根据短文提供的信息回答问题。

刘飞想在晋祠涨价前去参观一次，下列日期中他可以选择的是：________。(1 分)

A. 2012 年 12 月 10 日　　B. 2012 年 12 月 30 日

C. 2013 年 3 月 2 日　　D. 随时去都可以

(2)请填写晋祠调价后，下面这些人参观晋祠的票价。(4 分)

序号	姓名	人员类型	晋祠参观票价(元)
①	王芳	教师	
②	赵勇	现役军人	
③	詹姆斯	外国游客	
④	李响	大学生	

附录 2：学生阅读素养调研试卷细目表

题号	题型	考查目标	分值	预估通过率	预估区分度
1	填空	形成解释	2	95%	较高
2	选择	做出评价	2	75%	高
3	填空	形成解释	1	85%	较高
4	画线	提取信息	1	90%	较高
5	填空	整体感知	2	85%	较高
6	画线	提取信息	1	85%	较高
7	简答	整体感知	3	90%	较高
8	选择	整体感知	1	85%	较高
9	简答	做出评价	2	85%	较高
10	填空	整体感知	2	70%	高
11	画线	提取信息	2	80%	较高
12	填空	做出评价	2	60%	高
13	选择	整体感知	2	80%	较高
14	选择	形成解释	4	80%	较高
15	选择	整体感知	2	80%	较高
16	填空	整体感知	1	70%	高
17	填空	整体感知	2	70%	高
18	画线	获取信息	2	85%	较高
19	填空	做出评价	1	85%	较高
20	选择	形成解释	5	85%	较高
总卷分值：40 分			总卷通过率：81.10%		

附录3：学生阅读素养调研问卷

亲爱的同学：

你好！在这份问卷中，你将看到一些与你的阅读情况有关的问题。问卷中的“阅读”包含所有纸质和电子媒介的图书、杂志等的阅读，但不包括教材、练习册、习题集的阅读。请你认真阅读每一道题目，找到最符合自身情况的选项。问题的答案没有对错之分，所有结果仅为科学研究所用。

感谢你的热情参与！

1. 性别：________(A. 男　B. 女)

2. 年龄：________(下拉菜单)

3. 你的学校所处地域属于：________。

A. 城市　　B. 乡镇　　C. 农村

4. 上学期期末考试中，你的语文成绩是？(　　)

A. 不合格(60分以下)　　B. 合格(60～74分)

C. 良好(75～84分)　　D. 优秀(85分及以上)

5. 你平均每周会读几次书？(　　)

A. 几乎没有　　B. 1～2次　　C. 3～4次　　D. 5～6次

E. 7次及以上

6. 你平均每次阅读的时长是多少？(　　)

A. 10分钟以内　　B. 10～30分钟　　C. 30分钟～1小时　　D. 1～2小时

E. 2小时以上

7. 你平均每天阅读的页数大约是多少？(　　)

A. 0页　　B. 1～5页　　C. 6～10页　　D. 11～20页

E. 20～40页　　F. 40页以上

8. 在过去一年中，你完整地阅读了________本书。(不包括习题集、练习册、作文辅导等)(填空)

9. 你阅读最主要的原因是什么？(　　)

A. 增加知识，开阔眼界　　B. 功课、学习的需要

C. 满足兴趣爱好　　D. 提高修养

E. 休闲消遣　　F. 掌握一些实用技能

G. 满足家长、学校的要求

10. 你阅读最多的书籍类型是什么？(　　)

A. 中外文学名著

B. 科幻或科普读物

C. 童话、寓言等儿童文学作品

D. 优秀作文选或读本

E. 漫画卡通

F. 武侠、青春、言情等通俗文学作品

G. 其他

11. 你最喜欢的书籍类型是什么?(　　)

A. 中外文学名著

B. 科幻或科普读物

C. 童话、寓言等儿童文学作品

D. 优秀作文选或读本

E. 漫画卡通

F. 武侠、青春、言情等通俗文学作品

G. 其他

12. 请把你完整读过的作品勾出来。(　　)(多选)

□《安徒生童话》　□《格林童话》　□《稻草人》

□《宝葫芦的秘密》　□《伊索寓言》　□《鲁滨逊漂流记》

□《格列佛游记》　□《中国神话故事》　□《西顿野生动物故事集》

□《神奇校车》　□《淘气包马小跳》　□《城南旧事》

□《不一样的卡梅拉》　□都没有读过

13. 你觉得自己的阅读最欠缺的是什么?(　　)

A. 自我监控　B. 阅读习惯　C. 阅读效率

D. 阅读技巧　E. 阅读兴趣　F. 阅读时间

G. 感兴趣的阅读内容　H. 阅读环境　I. 其他

14. 请你判断下列说法与自身情况相符的程度。

题号	问题	非常符合	较为符合	一般符合	不太符合	不符合
1	读书是我的爱好之一					
2	我发现读完一本书很难					
3	阅读新文章时，我会根据题目猜测文章的内容					
4	阅读时，我能很快把握所读内容的整体结构					
5	阅读后，我有概括总结和反思的习惯					
6	阅读时，我能迅速从所读内容中找到需要的信息					
7	阅读时，我会边读边将重要内容圈画出来					

续表

题号	问题	非常符合	较为符合	一般符合	不太符合	不符合
8	阅读时，我会通过不断向自己提出问题推进理解					
9	阅读时，我会通过把文字想象成画面推进理解					
10	我能结合自己的生活、读书经验对所读内容形成深入的理解					
11	我经常利用文章中的表格、数字、插图等帮助自己理解文章内容					
12	我会边读边记下自己的感受和想法					
13	阅读有心得体会时，我会主动与同学、老师交流					
14	阅读一本书时，我会关注书的序言、后记等信息					
15	读完一本书，我会寻找这本书作者的其他作品进行阅读					
16	我知道阅读不同类型的书有不同方法					
17	我的阅读总是有清楚的计划					
18	我会根据不同的目的选择合适的文章来读					
19	阅读时，我心里明白哪些内容我还没有理解					
20	阅读时，遇到不理解的段落我会重读一遍					
21	我的阅读速度能满足我的阅读需要					
22	阅读时，我会根据阅读内容的难易程度调整阅读速度					

15. 学校有专门的阅读课吗？（　　）

A. 有　　B. 不清楚　　C. 没有

16. 在过去一年中，班级开展读书活动的次数是（　　）。

A. 0 次　　B. 1～2 次　　C. 3～4 次　　D. 5 次以上

17. 你在下列哪个地方能得到安静的阅读环境？（　　）（多选）

A. 自己家里　　B. 学校教室　　C. 校图书馆　　D. 其他地方

18. 学校图书馆或阅览室的规模如何？（　　）

A. 较大　　B. 较小

C. 不清楚　　D. 没有图书馆或阅览室

19. 在学校图书馆能否找到你想要的书？（　　）

A. 没有图书馆　　B. 基本不能　　C. 基本可以　　D. 总能找到

20. 在过去一年中，你去学校图书馆看书或借书的次数是（　　）。

A. 没有图书馆　　B. 没去过　　C. 少于 3 次　　D. 3～6 次

E. 7～10 次　　F. 11～20 次　　G. 21 次以上

21. 你所在班级读书角有多少本课外书？（　　）

A. 20 本及以下　　B. 21～50 本　　C. 51～100 本　　D. 101～200 本

E. 200 本以上　　F. 没有读书角

22. 你平时阅读书籍的主要来源是（　　）。

A. 家庭自购　　B. 同学、朋友借阅

C. 学校借阅　　D. 网上下载或在线阅读

E. 书吧看书或租书　　F. 社会图书馆借阅

G. 其他

23. 在过去一年中，你被语文老师提问的情况是（　　）。

A. 从来没有　　B. 次数较少　　C. 次数较多

24. 请你根据语文老师的教学情况进行判断。

题号	问题	非常符合	较为符合	一般符合	不太符合	不符合
1	语文老师教给我们许多阅读知识					
2	语文老师提供的阅读方法对我的阅读有帮助					
3	语文老师引导我们对自己的阅读过程进行反思					
4	语文老师经常组织我们讨论、分享阅读内容					
5	小组讨论之前，老师总是先让我们认真默读课文，深入思考					
6	学完一篇课文后，老师经常向我们推荐课外读物					
7	学完一篇课文后，老师总是要求我们把课文的主要内容背下来					
8	老师会安排专门的时间让我们介绍自己课外读的书					

附录4：教师阅读素养及教学状况调研问卷

尊敬的老师：

您好！在这份问卷中，您将看到一些与您的阅读情况和学生的阅读情况有关的问题。问卷中的“阅读”包含所有纸质和电子媒介的图书、杂志等的阅读，但不包括教材、教师参考书的阅读。请您认真阅读每一道题目，找到最符合自身情况的选项。问题的答案没有对错之分，所有结果仅为科学研究所用。

感谢您的热情参与！

1. 性别：________（A. 男　B. 女）

2. 年龄：________

3. 教龄：________

4. 你的学校所处地域属于：________。

A. 城市　　B. 乡镇　　C. 农村

5. 现有学历：________。

A. 大专及以下　　B. 本科　　C. 研究生及以上

6. 职称：________。

A. 高级教师　　B. 一级教师　　C. 二级教师　　D. 三级教师

E. 正高级教师

7. 在过去的一年中，您完整地阅读了________本书。

8. 在过去的一个月中，您阅读了________期(份)学术期刊。

9. 您平均每周会阅读书刊几次？（　　）

A. 几乎没有　　B. 1～2次　　C. 3～4次　　D. 5～6次

E. 7次及以上

10. 您每次阅读的平均时长是多长？（　　）

A. 10分钟以内　　B. 10～30分钟

C. 30分钟到一小时　　D. 1～2小时

E. 2小时以上

11. 您对自己的阅读量满意吗？（　　）

A. 非常满意　　B. 比较满意　　C. 不太满意　　D. 很不满意

12. 您进行阅读最主要的原因是什么？（　　）

A. 增加知识，开阔眼界　　B. 打发时间，休闲消遣

C. 满足兴趣爱好　　D. 掌握一些实用技能

E. 提高修养　　F. 工作学习需要

G. 其他

13. 您最喜欢的书籍类型是什么？（　　）

A. 文学类　　B. 教育类　　C. 哲学类　　D. 文化类

E. 艺术类　　F. 科学类　　G. 休闲类　　H. 其他

14. 请把您完整读过的作品勾出来。（多选）

□《安徒生童话》　□《格林童话》　□《稻草人》

□《宝葫芦的秘密》　□《伊索寓言》　□《鲁滨逊漂流记》

□《格列佛游记》　□《中国神话故事》　□《西顿野生动物故事集》

□《神奇校车》　□《淘气包马小跳》　□《城南旧事》

□《不一样的卡梅拉》　□都没有读过

15. 请按照您的实际情况勾选符合程度。

问题	非常符合	比较符合	一般符合	不太符合	很不符合
我能享受阅读带给我的快乐					
阅读新文章时，我会根据题目猜测文章内容					
阅读时，我能很快地把握所读内容的整体结构					
阅读时，我能迅速从所读内容中找到需要的信息					
我经常利用文章中的表格、数字、插图等帮助理解文本					
我会用自己的话对文章内容进行总结					
阅读时，我会通过不断向自己提出问题推进理解					
阅读时，我会通过把文字想象成画面推进理解					
阅读时，我能结合自己的已有经验对所读内容形成深入理解					
我经常会根据不同的目的选择合适的文章来读					
阅读时，遇到不理解的段落我会重读一遍					
阅读时，我心里明白哪些内容我还没有理解					
我的阅读速度能满足我的阅读需要					
阅读时，我经常会根据阅读内容的难易程度调整阅读速度					
学完一篇课文后，我经常向学生推荐课外读物					
学完一篇课文后，我要求学生必须记住课文讲了什么事					

16. 影响您阅读最主要的原因是(　　)。

A. 工作太忙，没时间　　B. 没有习惯或不喜欢

C. 找不到感兴趣的书　　D. 缺少阅读氛围

E. 因生活琐事没时间读　　F. 其他

17. 在过去一年中，学校开展过多少次面向教师的阅读活动？(　　)

A. 0 次　　B. 1～3 次　　C. 4～6 次　　D. 7 次及以上

18. 学校为教师组织的阅读活动效果如何？(　　)

A. 效果明显　　B. 效果较大　　C. 效果一般　　D. 效果较小

E. 效果很小

19. 在过去一年中，学校为学生开展过多少次阅读活动？(　　)

A. 0 次　　B. 1～3 次　　C. 4～6 次　　D. 7 次及以上

20. 您认为您的同事中喜欢阅读的人占多少？(　　)

A. 10%以内　　B. 11%～25%　　C. 26%～50%　　D. 51%～75%

E. 76%以上

21. 您在下列哪个地方能得到安静的阅读环境？(　　)(多选)

A. 自己家里　　B. 学校教室　　C. 校图书馆　　D. 其他地方

22. 阅读课上，占用您教学时间最多的一项是(　　)。

A. 理解课文内容　　B. 掌握学习方法　　C. 领悟表达方法

D. 阅读相关资料　　E. 有感情地朗读　　F. 背诵和积累

23. 为了更好地帮助学生理解《凡卡》中乡下生活的描写，您觉得最有效的一种教学策略是(　　)。

A. 联系上下文　　B. 抓住关键词语　　C. 补充相关资料

D. 有感情地朗读　　E. 鼓励多元理解　　F. 结合课文整体理解

24. 阅读课上，您最经常利用的一种相关信息是(　　)。

A. 作者的资料　　B. 文中人物、事件的介绍

C. 工具书中的注释　　D. 视频、音频资料

E. 相关的诗文、名言、谚语　　F. 与课文内容相近的文章

25. 一般来说，您在一节语文课上能提问到的学生占全班人数的(　　)。

A. 20%以下　　B. 20%～39%　　C. 40%～59%　　D. 60%～79%

E. 80%以上

26. 指导学生课外阅读时，您最常采用的一种方法是(　　)。

A. 推荐阅读篇目　　B. 开展读书活动

C. 让学生写读书笔记　　D. 其他

27. 请判断阅读教学中，您使用以下阅读教学策略的频率。

问题	从不	偶尔	有时	经常	总是
让学生阅读前根据题目进行猜想或预想					
引导学生在阅读过程中进行自我提问					
让学生用自己的话概括文章大意					
让学生联系文章中的插图、提示语等理解文章内容					
鼓励学生边读边将重要内容圈画出来					
让学生边读边记下自己的感受和想法					
让学生边读边想象画面					
让学生画文章的结构图或人物关系图等					

28. 请判断阅读教学中，学生做以下几种活动的频率。

问题	从不	偶尔	有时	经常	总是
自主读书思考					
小组讨论交流					
反思自己的阅读过程					
听老师讲解阅读相关知识					
质疑或提出问题					

附录5：实验研究后测工具

阅读试卷

班　级________　　　姓　名________

一、请同学们严格遵守有关测试的规定，听从老师的指导。

二、答题前，请同学们将自己的班级、姓名填写在相应的位置上。

三、答题前认真阅读卷面上的文字，看清每道题的要求，按要求作答。

四、本试卷答题时间为50分钟，测试结束请将试卷交老师收回。

一、阅读短文，完成第1～8题。(共17分)

①一位姑娘因为车祸住进了医院。

②自住进来的那天起，姑娘就一直昏迷不醒。她在昏迷中不时地喊着："妈妈，妈妈！"姑娘的爸爸手足无措地坐在病床前，神色凄楚地看着女儿痛苦地挣扎。他不知该如何帮助女儿，只是不停哀求医生："救救我女儿，救救我女儿！"医生无奈地说："该用的药都已经用了，而病人，有时候也是要自救的。能不能活下来，要看她对这个世界是否充满生的渴望。"

③一个护士问："孩子的妈妈呢？你为什么不叫她妈妈来？"男人埋下头，低声说："她妈妈在这次车祸中去世了。"护士皱了皱眉头，默默坐下来。她轻轻(A. 触摸　B. 攥紧　C. 握住)姑娘凉凉的手，柔声说："女儿乖，妈妈在，妈妈在。"男人抬起头，吃惊地看着护士，少顷，脸上流着泪说："谢谢！谢谢！"姑娘唤一声"妈妈"，护士答应一声。而护士与那个姑娘差不多年龄，还没结婚。姑娘像落水者抓到了一根稻草般死死(A. 触摸　B. 攥紧　C. 握住)护士的手，呼吸慢慢均匀下来。

④在以后的日子里，那位护士像真正的妈妈那样。她一直守在姑娘病床前，拉着她的手，跟她说话，讲故事，轻轻地唱歌……直到那姑娘完全醒过来。

⑤医生对人们说："她能苏醒是个奇迹。"姑娘说："我感觉到妈妈用一双温暖的手，一直牵着我，牵着我，把我从一个黑黑的冰冷冷的井里拉上来……"

⑥人们将赞许的目光投向那位护士，护士的脸微微红了。

1. 联系上下文，从括号里选择**最恰当**的词语。(2分)

2. 在"姑娘的爸爸手足无措地坐在病床前，神色凄楚地看着女儿痛苦地挣扎"一句中，"手足无措"的意思是________，这句话写出了姑娘爸爸________的心情。(2分)

3. 姑娘已经无药可用了，为什么还能苏醒过来？（2 分）

____

____

4. 用横线在文中画出**直接描写**“护士像真正的妈妈那样”的句子。（3 分）

5. 短文主要叙述了一件什么事？（3 分）

____

____

6.“男人抬起头，吃惊地看着护士，少顷，脸上流着泪”一句中，男人“吃惊”是因为________________；“流着泪”是因为________________。（2 分）

7. 女护士是怎样一个人？请结合短文内容简要说明理由。（2 分）

____

____

8. 本文的表达顺序是________。（1 分）

二、阅读短文，完成第 9～15 题。（共 17 分）

春　天

①春天是什么？宋祁(qí)说，春天是“红杏枝头春意闹”的胜景；韩愈说，春天是“百般红紫斗芳菲”的画卷；周邦彦说，春天是一方“新绿小池塘”的幽雅；杜甫说，春天是“泥融飞燕子”的生机……

②春天是雨的季节。春雨是柔和的，像小姑娘般温柔，不曾有倾盆之势，但绵长滋润。她无声无息地来到树梢、路面和人们的衣服上……她就这样静悄悄地来到人们的身边。春雨过后，一切显得那么素雅、洁丽。

③春天是花的天堂。各种各样的花争先恐后绽放，似乎都想第一眼看到这美不胜收的大自然。瞧，那火一般红艳的山茶，雪一样洁白的玉兰，还有那“粉色佳人”似的桃花，“水中仙子”般的水仙……这时，多情的蜜蜂、蝴蝶也相继赶来，扑扇着翅膀在花园里忙得不亦乐乎。

④春天是草的仙境。春风吹拂，春雨滋润，草儿都换上了新衣，把山坡点缀成绿色。一片翠绿色在微风中摇曳着，疏疏朗朗地露出星星点点的微红。草，看上去是那么细弱娇小，但它们很坚强，不畏春寒，在料峭的寒风中挺胸抬头，舒展着嫩绿的手臂。霎时，山际间飘荡着薄雾，朦胧得如仙境一般。

⑤春天是人间的乐园。到村庄看看，看那一村艳丽的桃花，看那溪里来回扑腾的鸭子，看那多少时日不曾见的烟囱……到田间地头听听，听青蛙轻调皮鼓，听燕子悄声呢喃，听田鼠回家的脚步，听鱼跃出水面的清响……到农家小园闻闻，闻新翻的泥土气息，闻油菜花的幽香，闻梨树的芬芳……

⑥古往今来，不知有多少人以神来之笔写下了咏春、颂春、惜春的动人篇章，让人不禁拍案叫绝。我想，他们都是被春天的魅力深深吸引而有所触

动吧。

9. 短文是从________；________；________和春天是人间的乐园4个方面描写春天的。(3分)

10. 短文表达了作者__________的情感。(2分)

11. 读第①自然段，按要求填空。(6分)

(1)仿照例子，从文中找到恰当的词语概括作者对古人描写春天诗句的理解。

例：宋祁 胜景　　　　　　韩愈 画卷

周邦彦________　　　　　杜甫________

(2)仿照文中第①自然段相关句子，引用一句古诗把句子补充完整。可以写不同的季节、景物等。

______说，______是“____________________”的。

12. 和第③自然段中“各种各样的花争先恐后绽放”这个句子的**意思最贴近**的词语是(　　)(1分)

A. 春色满园　　B. 百花竞放　　C. 竞相开放　　D. 万紫千红

13. 第④自然段中能概括春草品格的词语是________。(1分)

14. 第⑤自然段从________、________、________3个方面有序地描写了春天是人间的乐园。(3分)

15. “春雨是柔和的，像小姑娘般温柔，不曾有倾盆之势，但绵长滋润。”这句话把春雨写成小姑娘，这样写的好处是生动形象地写出了__________。(1分)

三、阅读短文，完成第16～21题。(共10分)

咖　啡

①适量饮用咖啡对身体是有益处的。科学家发现，在构成咖啡的30余种化学物质中，有一种叫抗氧化剂的物质，它能帮助捕获并中和自由基，从而去除自由基对人体的损害。据挪威的一项研究发现，喝咖啡可能比喝高热量的饮料更有益。例如，一杯相同分量的煮咖啡要比一杯蓝莓汁、菠萝汁等果汁，含有更多抗氧化剂。美国哈佛大学最近的一项研究显示，与不喝咖啡的人相比，喝咖啡的人患心血管疾病的比率较低。

②咖啡虽好，但要科学饮用。咖啡含有的“咖啡因”成分对中枢神经系统有兴奋作用，大量饮用可能导致失眠，也可能导致血压升高。过量喝咖啡还会加速钙从尿液中排泄，可能会导致缺钙。因此，失眠患者、高血压患者、消化道疾病患者以及儿童不宜饮用咖啡。即使是健康人群喝咖啡也要适量，一般每天喝一至两杯为宜，而且最好不加全脂牛奶、鲜奶油和糖，因为这些会令人腰围加粗。

16. 短文从哪两个方面介绍了咖啡？（2 分）

①____________________ ②____________________

17. 第①自然段中画横线的句子举了一个例子，这样写的作用是____。（2 分）

18. 适量饮用咖啡对人体**有益处**是因为它含有____。（1 分）

19.“咖啡虽好，但要科学饮用”一句在全文中的作用是____。（1 分）

20. 根据短文内容，大量饮用咖啡可能会导致的不良影响有____________、____________和____________。（3 分）

21. 读下面一段话，回答问题。（1 分）

越来越多的证据显示，饮用咖啡的人患以下疾病的概率较低：2 型糖尿病、胆结石、帕金森综合征、肝硬化及某些类型的肝癌、乳腺癌、结肠癌。

上面这段话放到短文的什么位置最合适？

A. 第①自然段开头　　B. 第①自然段结尾

C. 第②自然段开头　　D. 第②自然段结尾